Friedrich Seiler

Die Entwicklung der deutschen Kultur im Spiegel des deutschen Lehnworts

Erster Teil: Die Zeit bis zur Einführung des Christentums

Friedrich Seiler

Die Entwicklung der deutschen Kultur im Spiegel des deutschen Lehnworts

Erster Teil: Die Zeit bis zur Einführung des Christentums

ISBN/EAN: 9783956973154

Auflage: 1

Erscheinungsjahr: 2014

Erscheinungsort: Treuchtlingen, Deutschland

Literaricon Verlag Inhaber Roswitha Werdin, Uhlbergstr. 18, 91757 Treuchtlingen
www.literaricon.de
Dieser Titel ist ein Nachdruck eines historischen Buches. Es musste auf alte Vorlagen zurückgegriffen werden; hieraus zwangsläufig resultierende Qualitätsverluste bitten wir zu entschuldigen.

Die

Entwicklung der deutschen Kultur

im Spiegel

des deutschen Lehnworts

von

Friedrich Seiler.

Erster Teil:
Die Zeit bis zur Einführung des Christentums.

Dritte, gänzlich umgearbeitete und stark vermehrte Auflage.

Halle a. d. S.
Verlag der Buchhandlung des Waisenhauses.
1913.

Buchdruckerei des Waisenhauses in Halle a. d. S.

Vorrede zur zweiten Auflage
(vermehrt und vielfach verändert).

Die vorliegende Arbeit setzt sich aus einer Fülle von Einzelheiten zusammen, die bisher, in diesem Umfange wenigstens, nur in lexikalischer Form zusammengefaßt worden sind. Meine Absicht war, etwas Zusammenhängendes, Lesbares zu schaffen, und das war schwerer, als es anfangs schien, weil man bei diesem Stoffe auf eine verhältnismäßig kleine Zahl von Redewendungen angewiesen ist, mit denen es gilt, sorgfältig hauszuhalten. Ich habe mich bemüht, diese Schwierigkeit nach Kräften zu überwinden, muß aber um die Nachsicht des geneigten Lesers bitten.

In sachlicher Hinsicht galt es zunächst, unter dem vielen Unsicheren, welches der Etymologie stets anhaftet, das Wahrscheinlichste zu finden. Es galt ferner, um die einzelnen Entlehnungen in die richtige kulturgeschichtliche Beleuchtung zu rücken, nicht nur ihre Zeit, sondern sozusagen ihren Keimpunkt festzustellen, d. h. dasjenige Lebensgebiet zu bestimmen, auf welchem und womöglich die Ursachen, durch welche sie hervorgebracht worden sind. Denn dies ist keineswegs in allen Fällen von vornherein klar; ist es doch nicht einmal immer möglich, gelehrte von volkstümlicher Entlehnung zu sondern. Der Schein trügt leicht bei allen diesen Fragen, und wer nur völlig Sicheres bringen wollte, der dürfte eine derartige Arbeit überhaupt nicht veröffentlichen.

Was die Anordnung betrifft, so konnte der Stoff nach drei verschiedenen Gesichtspunkten eingeteilt werden: erstens nach der Zeit, wann, zweitens nach den Sprachen, aus denen, und endlich nach den Lebensgebieten, auf denen die Entlehnungen stattgefunden haben. Indessen ließ sich keins dieser drei Einteilungsprinzipien rein durchführen; es mußte zwischen ihnen ein Kompromiß geschlossen werden, welcher alle drei nebeneinander zu ihrem Rechte kommen ließ.

Das vorliegende Buch hat Lehnwörter zum Gegenstand, das sind assimilierte Fremdwörter. Darum ein Wort über die Frage, wie wir uns zu den Fremdwörtern stellen sollen. „Ausrotten die Fremdlinge mit Stumpf und Stiel, soweit wir sie irgend entbehren können!", so lautet die Parole, die seit 20 Jahren ausgegeben ist und die weithin Anklang gefunden hat. Die Wirkungen, die sie ausgeübt hat, sind aber nur teilweise von erfreulicher Art. Meine abweichende Stellung will ich im folgenden begründen.

Wenn junge Leute, die erst noch gebildet werden sollen, wenn halbgebildete Personen darauf aufmerksam gemacht werden, wie lächerlich und unschön der massenhafte Gebrauch oft noch dazu mißverstandener Fremdwörter ist, wenn ihnen gesagt wird, daß das nicht Bildung, sondern Unbildung verrät, so ist das nur zu billigen, und jeder Einsichtige wird in seinem Kreise gegen solchen Unfug ankämpfen. Wenn ferner in Rede und Schrift gegen fremdländische Ladenaufschriften, Geschäftsanzeigen und dergl. agitiert wird, so ist das ebenfalls sehr nötig und nützlich. Denn es ist nicht schön, wenn man in deutschen Städten lesen muß: robes et manteaux oder shoestores. Aber das sind keine Fremdwörter, sondern fremde Wörter; das ist ein Unterschied, der von den Bekämpfern des Fremdworts um jeden Preis in der Regel nicht beachtet wird. Und doch ist es ein fundamentaler Unterschied. Fremde Wörter gehören in keine Sprache, Fremdwörter kann keine entbehren.

In diesen beiden Punkten also stimme ich durchaus mit den Bestrebungen des Sprachvereins überein und unterstütze sie, soweit ich es vermag. Wogegen ich aber im Namen des guten Geschmacks und im Interesse der Kraft und Schönheit unserer Sprache Einsprache erheben muß, das ist das infolge der sprachvereinlichen Agitation und des dabei entfalteten zähen Fanatismus von seiten der Behörden massen- und zwangsweise vorgenommene Umdeutschen längst gebräuchlicher und jedem Gebildeten, oft auch jedem Ungebildeten verständlicher Fremdwörter.

Allerdings sind zur Zeit der Christianisierung unseres Volkes vortreffliche Übersetzungen von Fremdwörtern geschaffen worden (vgl. II², 2ff.). Allein damals besaß die Sprache noch hinreichende Triebkraft für organische Ableitungen und Neubildungen von innen heraus. Das Volk hatte ferner noch nicht die Fähigkeit gewonnen, fremde Gedankenstoffe rasch in sich aufzunehmen und zu verarbeiten, und endlich war es geistig vollständig der Leitung des Priesterstandes anheimgegeben, für den die Übersetzung christlicher Begriffe ein unentbehrliches Mittel war zur Erreichung seiner Zwecke. Diese drei notwendigen Vorbedingungen — jugendliche Triebkraft der Sprache, Unbildung des Volkes, zielbewußte einheitliche Leitung — sind jetzt nicht mehr vorhanden. Wenn an ein Volk von fortgeschrittener Bildung ein neuer Ideenkreis herantritt, so wird es sich dessen sofort mit Begierde und Energie bemächtigen, und nicht erst abwarten, bis die neue Gedankenwelt dem langwierigen und schwierigen Übersetzungsprozeß unterworfen worden ist, sondern mittels der ihm entgegengebrachten Fremdwörter das neue Bildungsgut möglichst rasch erobern. Die politischen, technischen, wissenschaftlichen usw. Gedanken und Erfindungen der neueren Zeit waren wir fähig anzunehmen, ohne ihnen erst ein deutschsprachiges Gewand anlegen zu müssen. Die fremde Terminologie ist nun längst eingewurzelt. Ihre gewaltsame Verdrängung durch mühsam erfundene Übersetzungen empfindet man heute als einen störenden Gewaltakt, der das auf künstlichem Wege wieder trennt, was auf natürlichem Wege bereits zusammengewachsen war,

Wert festgeprägter Kunstausdrücke.

nämlich Wort und Sache, und an Stelle von etwas Scharfumrissenem etwas Verschwommenes setzt.[1]

Man verkennt dabei den großen Wert der Termini für die Sprache. Das sind Ausdrücke, die in der Sondersprache eines Berufs, einer Technik, einer Wissenschaft ein für allemal ihre bestimmte festbegrenzte Bedeutung haben. Der alte Fronsperger am Ende des 16. J. brauchte noch ‚Lade‘ oder ‚Gefäß‘ für das Gestell, auf dem die Kanone liegt. Laden und Gefäße gibt es aber mancherlei und von mancherlei Art. Darum war die Einführung des Terminus ‚Lafette‘ ein großer Fortschritt. Denn dies Wort kann nur von Geschützen gebraucht werden (vgl. IV, 30). ‚Ergebnisse‘ gibt es bei allen Entwicklungen, ‚Resultat‘ ist der mathematische Terminus dafür, ‚Beispiele‘ werden überall gebraucht, ‚Exempel‘ sind und bleiben Rechenbeispiele (IV, S. VI Anm.). ‚Instruktion, instruieren, Instruktor‘ waren bisher die technischen Bezeichnungen für jede Art militärischer An- und Unterweisung. Jetzt sind ‚Unterricht‘ und ‚Anweisung‘ dafür eingeführt worden. Der Soldat soll also nichts Besonderes mehr für sich haben, sondern dasselbe erhalten, was jedem Elementarschüler und Konfirmanden, jedem Lehrling und Laufburschen zu teil wird. Vor einigen Jahren sagte man, um dem Ausdruck seinen militärischen Charakter zu wahren, wenigstens ‚Dienstunterricht‘. Das führte aber wieder zu unerträglich breiten Zusammen-

---

[1] Gildemeister, Der Kampf gegen die Fremdwörter. Essays I, S. 218.

setzungen, wie ‚Dienstunterrichtsstunde, Dienstunterrichtsbesichtigung'. Statt ‚deponieren' wird jetzt amtlich gesagt ‚niederlegen', aber wenn nötig mit dem Zusatz ‚in einem Munitions= oder Proviantdepot'. Das Fremdwort ist also nicht einmal vollständig beseitigt und im Grunde nichts erreicht, als daß ein bezeichnender Terminus durch ein Wort von ganz allgemeiner und daher abgeblaßter Bedeutung verdrängt worden ist. ‚Niederlegen' tut man alles, was man aus der Hand auf dem Boden legt, z. B. die Tornister oder Helme, man legt auch die Arbeit nieder, und am Abend sich selbst; deponieren konnte man nur von Gegenständen sagen, die amtlich in amtlichen Gewahrsam gegeben wurden zu weiterem späteren Gebrauch. Speisehäuser gibt es mancherlei von mancherlei Art, bezeichnende Zusätze müssen angeben, ob ein feines oder gewöhnliches, ein öffentliches oder für einen geschlossenen Kreis bestimmtes gemeint ist. Bei dem Worte ‚Kasino' fühlt man sofort, was für ein Speisehaus darunter zu verstehen ist, man fühlt aber auch, daß ein Kasino keineswegs bloß ein Speisehaus, sondern zugleich ein Gesellschafts=, Unterhaltungs=, Spiel= und Leselokal ist.[1] Wenn also in der Heeressprache statt des historisch gewordenen ‚Kasino' neuerdings offiziell ‚Speiseanstalt' oder ‚Speisehaus' gesagt wird, so ist das einerseits zu weit, andrerseits zu eng. Auch kann ich nicht finden, daß das dienstliche Mischwort ‚Offiziersaspirantenspeise=

---

1) Vgl. Vorrede zu IV, S. XI.

anstalt' eine Verschönerung unserer Sprache darstellt. Es ist eine vierfache Zusammensetzung, und damit berühre ich den wundesten Punkt der obrigkeitlichen Sprachreinigung.

Unsere Sprache vermag nicht mehr in nennenswertem Umfange durch leichte Ableitungs- oder Vorsilben neue Wörter zu bilden, wie etwa früher ‚Heiland, belehren, erlösen, Gewissen, Einheit' und dergl. Die vorhandenen einfachen Wörter sind aber längst fixiert und verbraucht, man kann sie nicht auf neue, speziellere Begriffe übertragen, ohne Mißverständnisse herbeizuführen; darum muß man, um neue Wörter zu schaffen, zur Zusammensetzung greifen. Die meisten der künstlichen Verdeutschungen sind zusammengesetzte Wörter. Nun beruht aber die Schönheit, der Reichtum und die Kraft einer Sprache darauf, daß sie eine möglichst große Zahl einfacher, originaler Wörter besitzt, die ihre Bedeutung lediglich im Klange tragen, und deren Wirkung eben auf dieser ihrer Undurchsichtigkeit und Unmittelbarkeit beruht.

Zusammengesetzte Wörter sind „eigentlich gar keine Wörter", sie geben nämlich die Vorstellungen nicht unmittelbar durch Laute wieder, sondern bilden vielmehr kondensierte Niederschläge von Gedankenprozessen. Der Geist muß die beiden oder gar drei Vorstellungen, die ihm in dem Kompositum entgegentreten, zusammensetzen und zu einer einheitlichen verschmelzen. Dieser Prozeß dauert allerdings bei geläufigen Wörtern nur einen Moment und vollzieht sich in der Regel unbewußt, aber auch ein Minimum von Mehrverbrauch an Zeit macht das Denken und Sprechen schwerfälliger, und wir sollten unsrer Sprache wirklich nicht ein einziges Gramm Schwerfälligkeit zusetzen, sie hat deren bereits genug. Man setze statt ‚Post' etwa ‚Beförderungsanstalt', statt ‚Schule' ‚Bildungsanstalt', und man würde breite Verschwommenheit eintauschen gegen knappe Bestimmtheit.[1] Daher kommt es auch, daß da, wo ein einfaches, klares Fremdwort gestürzt werden soll, so häufig nicht ein Kompositum dagegen in die Schranken geführt wird, sondern eine ganze Reihe. Keines gibt eben den in den Lauten des Fremdworts unmittelbar konzentrierten Vorstellungsgehalt vollkommen wieder, und es sind verschiedene Gedankenprozesse, die der „Verdeutschung" zugrunde liegen können. Eine Anzahl subjektiver Varianten, häßlicher Neubildungen, willkürlicher und schwankender Erfindungen tritt so an die Stelle eines objektiven, klaren, allgemein bekannten Wortes. Die ‚Filiale' wollte man los sein und erfand dafür ‚Zweiggeschäft, Zweigstelle, Zweigniederlassung, Nebengeschäft, Geschäftsstelle, Tochtergeschäft', den ‚Kommis' schaffte man ab und der ‚Handlungsgehilfe, Geschäftsgehilfe, Hand-

---

[1] Jakob Grimm in seinem Aufsatz „über das Pedantische in der deutschen Sprache" — ein Aufsatz, der heute beherzigenswerter ist als je — sagt: „Die Komposition ist dann schön und vorteilhaft, wenn zwei verschiedene Begriffe kühn gleichsam in ein Bild gebracht werden, nicht aber, wenn ein völlig gangbarer, einfacher Begriff in zwei Wörter verschleppt wird."

lungsbeflissene, Handlungsdiener, Ladenjüngling, Ladengehilfe' trat auf.

Die einfachen, naiven Wörter, die unmittelbar durch den Laut, und nur durch diesen wirken, haben auch deswegen eine scharf bestimmte, jedem Gebildeten ohne weiteres verständliche Bedeutung, weil sie keinerlei Mitklingen anderer Vorstellungen oder Begriffe veranlassen. Die Bedeutung von ‚Tragödie‘ und ‚Kasino‘ ist in sich geschlossen und scharfbegrenzt, in ‚Trauerspiel‘ und ‚Speisehaus‘ erwecken die einzelnen Bestandteile Trauer, Spiel, Speise und Haus ganze Vorstellungsreihen, welche die Bedeutungsgrenzen der beiden zusammengesetzten Wörter unbestimmter und verschwommener machen.[1]

Für unsere deutsche Sprache ist aber diese massenhafte Einführung neuer Zusammensetzungen um so gefährlicher, weil sie ohnehin schon zu schwerfälligen Begriffskomplexen neigt, die dem Deutsch lernenden Ausländer ein Schrecken und ein Spott sind.[2] ‚Ober-

---

1) „Gerade die Durchsichtigkeit und Deutlichkeit des deutschen Wortes ist hier vom Übel, weil sie den einzelnen Bestandteil des Begriffs fälschlich als die Hauptsache erscheinen läßt. Tragödie hat für uns eine ganz bestimmte Bedeutung gewonnen, die uns unmittelbar einleuchtet, als wenn es ein deutsches Wort wäre, und kein anderes Wort hat für uns genau dieselbe Bedeutung, keins wirkt auf uns genau ebenso." Gildemeister, Essays 1, 226.
2) Wernecke, Versuch einer formalen Kritik des deutschen Wortschatzes (Essen 1903), S. 8 ff. Diese kleine Schrift ist allen, denen eine gesunde Weiterentwicklung unserer Sprache am Herzen liegt, dringend zu empfehlen. Sie untersucht unsern deutschen Wortschatz nach den drei Prinzipien der Kürze, der Originalität und des Wohllauts und weist nachdrücklich

landsgerichtspräsident, Stadtverordnetenversammlung, Kolonialwarenhändler, Reichsdeputationshauptschluß, Einkommensteuereinschätzungskommission, Staatshaushaltsausschuß, Anstellungsbefähigungsnachweis, Gepäckabfertigungsstelle' und das jüngste parlamentarische Wortungeheuer ‚Reichsvermögenszuwachssteuergesetz' (1913) sind doch sicher ein Hohn auf jeden guten Geschmack. Wie knapp und klar ist der ‚Tram' unsrer Nachbarvölker, wie schwerfällig und gespreizt daneben unsre ‚Dampfstraßen-, Pferde- oder elektrische Bahn', zumal in weiteren Zusammensetzungen, wie ‚Dampfstraßenbahnaktiengesellschaft' oder gar ‚elektrische Eisenbahngesellschaft', die ebenso lächerlich ist wie etwa das ‚Reichsviehseuchengesetz'. Es wäre also für die Einfachheit, Klarheit und Schönheit unserer Sprache dienlicher, wenn man die vorhandenen Zusammensetzungen zu vermindern suchte, statt daß man sie jetzt auf künstlichem Wege vermehrt. Alle diese erdachten Zusammensetzungen tragen den Stempel des Gemachten, Papierenen nur zu deutlich an ihrer breiten Stirn. Aus festgefügten, wie eine stählerne Klinge treffsicher zu führenden Ausdrücken macht man „ungefüge Aktenbündel".[1] Leider hat gerade die Militärbehörde, die doch ganz besonders auf Knappheit, Klarheit und kriegerischen Schwung auch in der Sprache halten

---

darauf hin, daß der jetzige Sprachreinigungsfanatismus alle drei Prinzipien mißachtet und verletzt, und daß unsere Sprache ganz etwas anderes bedarf als die Reinigung um jeden Preis.

1) Schroeder, Vom papierenen Stil S. 20: „Der große Papierne als Sprachreiniger."

Zusammengesetzte Wörter in der Militärsprache.   XIII

sollte, neuerdings um des reinen Deutschtums willen ihre Dienstsprache mit solchen sprachlichen Aktenbündeln belastet. Allerdings, daß sie statt Lisiere ‚Saum' eingeführt hat, ist gut; denn das ist ein einfaches, kurzes Wort und auch gegen die Zusammensetzung ‚Waldsaum' ist nichts einzuwenden.[1] Aber ‚Truppenstandort' statt Quartier, ‚Krankenhaus' statt Lazarett sind üble Neuerungen. Letztere soll sich auch nicht gehalten haben. Der Soldat wird, wie es heißt, jetzt wieder im Lazarett behandelt und nicht, wie jeder Zivilist und jede Wöchnerin, im Krankenhaus.

Auch das einfache klare ‚provisorisch' ist beseitigt worden. Man behilft sich mit dem schrecklichen ‚behelfsmäßig', spricht von ‚behelfsmäßigen Befestigungen, Behelfsbrücken oder Brücken aus Behelfsmaterial'; ein provisorischer Brigadekommandeur wird jetzt umschrieben durch: ‚Allerhöchst mit der Führung der betreffenden Brigade beauftragt.' Der Feldherr ‚reserviert' sich nicht mehr Truppen, sondern ‚scheidet sie zu seiner Verfügung aus', die ‚Reserven' sind noch nicht ganz

---

1) ‚Gelände' statt Terrain schien mir in der vorigen Auflage noch unbedenklich. Jetzt hat mich Wustmann („Sprachdummheiten", Auflage von 1903, S. 415) eines Besseren belehrt. Er weist mit Recht darauf hin, daß Gelände ein poetisches Wort ist und nun in Manöverberichten entadelt wird. In der Tat, noch einen Schritt weiter, und es wird auch Geschäftswort. Man wird Gelände ausbieten und verkaufen. Die Poesie mag sich nach einem andern Wort umsehen. Wustmann warnt a. a O. überhaupt vor undeutschen Verdeutschungen, zu denen er auch Abteil, Schriftleitung u. a. rechnet. Vgl. auch P. Cauer, Von deutscher Spracherziehung 113—123.

ausgerottet, werden aber häufig durch ‚Verfügungs=
truppen' ersetzt. Nun fehlt bloß noch, daß auch der
‚Reservist' zum ‚Verfügungsmann' wird. Die ‚Pa=
trouillen' und ‚Vedetten' halten sich einstweilen noch
tapfer, aber schon schickt man ihnen ‚Suchtrupps' auf
den Hals, um sie zu vernichten. Während man den
Telegraphen ruhig bestehen läßt, hat man dem Tele=
phon den Krieg bis aufs Messer erklärt. Daher das
kaum aussprechbare, dreifach zusammengesetzte ‚Feld=
fernsprecher'! Insonderheit wird das Adjektivum
‚telephonisch' ängstlich gemieden. Statt ‚telegraphische
und telephonische Verbindung' heißt es daher ‚tele=
graphische und Fernsprechverbindung', gewiß ein großer,
sprachlicher Fortschritt!

Im Belagerungswesen sind die bisherigen ‚Par=
allelen' durch ‚Infanteriestellungen' ersetzt worden,
obwohl das Letztere ein viel umfassenderer Begriff —
denn Infanteriestellungen gibt es auch in der offenen
Schlacht — und doch auch keineswegs ein deutsches
Wort ist. ‚Topographisch' ist zwar nicht gänzlich be=
seitigt, weil zu schwer entbehrlich, aber statt ‚topo=
graphischer Kursus' heißt es jetzt offiziell ‚Aufnahme=
kursus', worunter man doch auch mancherlei anderes
verstehen kann, z. B. den Kursus, den man macht, um
die Aufnahme in irgend ein Institut zu erreichen.

Wortzusammensetzungen, besonders dreifache, sind
aber nicht nur schwerfällig, sondern auch häßlich und
unschön. Der unserer Sprache natürliche Rhythmus
besteht in einem Wechsel betonter und unbetonter Silben.

Nun treten aber in solchen zusammengesetzten Kunstprodukten mehrere betonte Silben fast immer nebeneinander. ‚Komité‘, ‚Etát‘, ‚Premiere‘ sprechen sich daher weit flüssiger als ‚Áússchúß‘, ‚Stáátshaúshált‘ und das entsetzliche ‚Érstaúffúhrung‘. In der Poesie sind solche unrhythmischen Zusammensetzungen gar nicht zu gebrauchen. Schiller schrieb deswegen statt ‚Bérgrúcken, Lándénge‘ ‚Bergesrücken, Landesenge‘ und ersetzte die ‚Kórnblúme‘ durch das griechische ‚Kyane‘, während Goethe ‚Ándénken‘ zu ‚Angedenken‘ erweiterte. — Sodann stoßen in den Zusammensetzungen seit dem Wegfall der auslautenden Stammvokale häufig die verschiedenartigsten Konsonanten zusammen, die wir alle gewissenhaft und pedantisch konserviert und oft noch durch ein s vermehrt haben, so daß jetzt „stachlige Kosonantenwälle" beständig unsre Rede unterbrechen. Während ‚Filiale, Tram, Historiker, Chaussee‘ leicht und glatt von den Lippen fließen, erfordern ‚Geschäftsstelle, Dampfstraßenbahn, Geschichtsschreiber, Kunststraße‘ einige Übung im Zischen, und das ‚Reichsstrafgesetzbuch‘ ist für jedes feiner fühlende Ohr selbst eine wahre Strafe.

Außer der Masseneinführung zusammengesetzter Wörter hat die gewaltsame Verdeutschung „entbehrlicher Fremdwörter" noch eine andere üble Folge gehabt, nämlich eine Steigerung des Gebrauchs der Substantiva auf =ung. Daß diese schon an sich zu zahlreich geworden sind und zum Teil in geschmackloser Breite gebildet werden, ist schon lange erkannt und beklagt worden.[1] Nun treten aber gerade die für Fremdwörter gewählten Verdeutschungen sehr häufig in der Ung=Gestalt auf, weil sich mit dieser Endung bequem abstrakte Wörter bilden lassen. Unter den einundzwanzig Übersetzungen, die in der Zeitschrift des deutschen Sprachvereins 1906 S. 273 (vgl. Vorrede zu II S. IV f.) für Explosion vorgeschlagen werden, befinden sich beispielsweise acht Wörter auf =ung, darunter drei schon bisher gebräuchliche (Entzündung, Sprengung, Entladung) und fünf prachtvolle Neubildungen, die, wenn sie durchdrängen, unserer Sprache zur Zierde gereichten, nämlich: Losplatzung, Zerplatzung, Berstung, Platzung, Verpuffung. Andere Verdeutschungen auf =ung, die mir gerade einfallen, sind: Stoffgliederung (Disposition), Vorbereitung (Präparation), Wiederholung (Repetition), Prüfung (Examen), Sitzung (Session), Schriftleitung (Redaktion), Uraufführung (Premiere), Abmessung (Dimension), Anschauung (Intuition), Lebensbeschreibung (Biographie), Erdbeschreibung (Geographie), Rechtschreibung (Orthographie), Umschreibung (Paraphrase), Zusammensetzung (Komposition), Kundgebung (Manifest), Enteignung (Expropriation), Genugtuung (Satisfaktion), Ausschreitung (Exzeß), Instandsetzung (Reparatur), Entlastung (Decharge), Staatsumwälzung (Revolution) und aus der neuesten Militärsprache: Kriegsgliederung,

---

1) Z. B. Inbetriebsetzung, Außerdienststellung, Beiseiteschiebung, Inanklagezustandversetzung, Inwegfallstellung und ähnliche Kostbarkeiten.

Verfügungstruppen, Infanteriestellung, Beitreibung, Dienstanweisung, Anordnung (Disposition). Dieses Überhandnehmen der abstrakten Substantiva auf ‚ung hat schon die Aufmerksamkeit weiterer Kreise erregt. Die „Tägliche Rundschau" brachte am 18. März 1913 einen Artikel von Taube: „Die Verunkung unserer Sprache", der sich gegen den Kanzleistil wandte. Er trifft aber ebensogut die Übersetzungskunstwörter. Diesen Artikel empfiehlt die Z. des Allgem. D. Spr. 1913, S. 147 mit warmen Worten, aber in derselben Nummer (S. 142) bringt sie den Vorschlag, Franko und Porto durch ‚Vorzahlung' und ‚Nachzahlung' zu verdeutschen, also zwei Unken mehr.

Auch auf dem Gebiete des Verbums gewähren die Fremdwörter dem Stilisten einen sehr bedeutenden Vorteil. Der Trennungszwang vieler zusammengesetzten Verba ist ein großer Übelstand für jeden, der sich bestrebt, gutes Deutsch zu schreiben, weil die Präposition dadurch oft weit von ihrem Verbum entfernt wird und in unangenehmer Weise nachhinkt.[1] Hat man doch schon versucht, solche Verba in untrennbare zu verwandeln und zu schreiben: „er anerkannte, ich abmelde" u. ähnl., wodurch natürlich unserer Sprache Gewalt angetan wird. Dieser Übelstand hat wohl manchen fremden Verben Beliebtheit und Verbreitung verschafft. Es ist bequemer zu sagen: er importierte, annoncierte, konstatierte, akzeptierte,

---

1) Vgl. Cauer, Von deutscher Spracherziehung S. 123.

als er führte ein, zeigte an, stellte fest, nahm an. Man wird hier im allgemeinen die deutschen Verba wählen; wenn sich aber zu vielerlei zwischen Verbum und Präposition drängen würde, wird man das Fremdwort bevorzugen müssen.

Wenn man ferner sagt, die Fremdwörter widersprächen unserm Sprachgefühl, so ist das auch nicht richtig. Solche, die unserm Sprachgefühl widersprechen, werden überhaupt nicht zu Fremdwörtern, sondern bleiben ewig fremde Wörter. Im Gegenteil geben gelegentlich eingestreute Wörter von einem etwas ungewöhnlichen Klang und Tonfall eine erfrischende Abwechslung. ,Soldat, Hornist, Pirat' hören wir lieber als ,Söldner, Hornbläser und Seeräuber'; ,Kavalkade, Gondel und Karneval' klingen reizvoller als ,Reitgesellschaft, Lustkahn und Fastnachtsfreude'; ,Basar, Manifest, Regatta, Serenade und Telegramm' berühren unser Ohr angenehmer als ,Warenhaus, Kundgebung, Ruderwettfahrt, Abendständchen und Drahtbericht'.[1] Das Wohlgefallen, das diese Fremdwörter jedem Unbefangenen erregen, der nicht durch verkehrte sprachpatriotische Phrasen verhetzt ist, beruht aber nicht allein auf dem Reiz des Fremdartigen, es hat auch eine wohlberechtigte ästhetische Ursache. Diese Fremdwörter bringen in das eintönige Grau unserer halbstummen, blassen e-Endungen und -Vorsilben volle

---

1) Wernete, Versuch usw. S. 13 zitiert Albalat (L'Art d'écrire): Il y a dans les mots exotiques et rares un charme, une musique spéciale.

Vokalfarben und einen sonoren Klang hinein. Darum sind sie besonders für das Heerwesen passend. Sie wirken gleichsam wie Militärmusik und atmen einen gewissen kriegerischen Schwung. Worte wie ‚General, Offizier, Major, Grenadier, Kanone, Kompagnie, Bataillon, Schwadron, Brigade, Standarte, Parade, Kavallerie' u. a. gleichen in der Tat blankblitzenden Schwertklingen. Es wäre jammerschade, wenn die Militärbehörde in einseitigem Streben nach Deutschheit auch sie noch in graue Aktenbündel verwandelte. „Die Fremdwörter besitzen auf unsern Boden verpflanzt den Reiz der Neuheit und den Zauber der Jugend und bringen mit ihrem lebhafteren Rhythmus und kräftigem Vokalismus eine frische Note und Farbe in den oft monotonen Gang und trüben Klang unserer Sprache. Dieser tut nicht Reinigung im Sinne der falschen Sprachhüter, sondern Bereicherung not. Steht sie schon an gebildeter Fülle und rationeller Verwendung des Wortschatzes den meisten andern Kultursprachen nach, was würde sie erst sein ohne die Anleihen, die sie seit mehr als tausend Jahren unaufhörlich bei diesen gemacht hat! Ohne Zweifel ebenso primitiv und unentwickelt als unsere Kultur es wäre ohne fremde Befruchtung."[1]

Also Rhythmus, vokalischer Klang und konsonantischer Wohllaut werden dem Phantom sprachlicher Reinheit geopfert, einem Phantom, dem in dieser

---

1) Werneke S. 21.

Form kein andres Volk je nachgejagt hat. Im Französischen und Englischen gibt es vielleicht ebensoviel Fremdwörter wie im Deutschen[1], aber nie hat man hier den Ton patriotischer Entrüstung angeschlagen, nie hat man hier zu einer Frage der nationalen Gesinnung gemacht, was doch nur eine Frage des guten Geschmacks ist. Schriftsteller, die diesen besitzen und sich ernstlich bemühen, geschmackvoll zu schreiben, vermeiden, soviel sie können, nicht die verfehmten Fremdwörter, sondern die der Sprache aufgedrungenen kraft- und klanglosen Wortpakete, Dichter aber können erst recht nichts mit ihnen anfangen. Es gibt Studentenverbindungen, in denen der bekannte Vers: „Das Heil, das uns kein Teufel raubt, und kein Tyrannentrug uns kürzet" allem Rhythmus zum Hohn verändert wird in „und Zwingherrntrug uns nie verkürzet." Die jungen Leute wollen deutscher sein als Schiller, der den Möros ruhig zum ‚Tyrannen' schleichen und sich dem ‚Tyrannen' ausliefern läßt. Wie würden sich wohl in Liliencrons „Stapellauf" die Verse: „Treu stehn Mannschaft und Offiziere Und oben steht eisern im schmalen Reviere Der Kommodore in Gischt und Dampf" nach Verdeutschung der Fremdwörter ausnehmen? Unsere Dichter wußten wohl, was ihnen die Fremdwörter an Schmuck und Schwung, an Farbe und Klang, an Reim und Rhythmus boten. Wer möchte wohl Wörter wie ‚Ozean, Orkan, Melodie, Poesie' in unserm dichterischen Sprachschatze missen?

---

1) Gildemeister a. a. O. S. 213 ff.

Fremdwörter im Reim.   XXI

Ganz besonders wertvoll sind die Fremdwörter für den Reim. Dieser ist ein Kind der lateinischen Sprache, die über eine Fülle volltönender Endungen verfügt. Auch den romanischen Dichtern fallen klangvolle Reime von selbst zu. In unsere Dichtung ist er als ein Fremdling verpflanzt und müßte eigentlich von den Vorkämpfern der echten ungemischten deutschen Kultur ebenso bekämpft werden, wie einst von Klopstock. Und in der Tat machen unsern Dichtern das tonlose e, die umgelauteten Vokale und die Ableitungen auf -tum, -heit, -keit, -ung, -haft, -sam erhebliche Schwierigkeiten beim Reimen. Mit Unrecht wird daher in der Zeitschrift des Allg. D. Sprachvereins (1913, Sp. 168—70) die Bereicherung unseres Reimvorrats durch Fremdwörter auf „Bequemlichkeit und Nachlässigkeit" zurückgeführt und Dichter wie Freiligrath, Heine, Platen, Liliencron (vgl. oben Offizier — Revier), Schönaich-Karolath, Gustav Falke getadelt, daß sie Fremdwörter für ihre Reime, auch auf deutsche Wörter[1], benutzt haben. Die wußten wohl, was sie taten, als sie das Fremdwort mit seinen vollen Vokalen zur Bildung ihrer Reime benutzten. Gerade die Bin-

---

1) Freiligrath z. B. erhält eine Zurechtweisung, weil er gereimt hat: „Und leise säuselt über mir die Rüster. Der Teppich rauscht, und strahlend flammt der Lüstre." Der Anstoß ist aber hier nur für das Auge vorhanden. Schreibt man, wie jetzt geschieht, Lüster, so ist gar nichts gegen den Reim einzuwenden. Wie viele Leser dieser Verse wissen denn überhaupt, daß Lüster ein Fremdwort ist, und nicht wie Leuchter ein deutsches! Und wie viele, die es wissen, denken beim Lesen der Verse daran!

dung eines einheimischen mit einem fremden Worte durch den Reim (Schiller: Regionen — wohnen) besitzt einen eigentümlichen Reiz, schon deswegen, weil solche Reime noch nicht so abgeleiert sind wie Liebe Triebe, Herz : Schmerz, Flügel : Hügel.

Man bedenkt ferner nicht, daß man durch rück=sichtslose Beseitigung aller entbehrlichen oder entbehr=lich scheinenden Fremdwörter unserer klassischen Dich=tung den Stempel des Veralteten aufdrückt. Gelänge es wirklich, die Fremdwörter aus dem Sprachschatze des Volkes auszumerzen, so würde damit eine Kluft zwischen der Sprache unserer Poesie und der des Volkes geöffnet, die das Verständnis unserer klas=sischen Literaturwerke beeinträchtigen müßte. Wer nicht mehr weiß, was ‚Quartier‘, was ‚Garnison‘, was ein ‚Grenadier‘ ist, der versteht auch Schillers Verse nicht mehr: „Von des Terzlas Karabinieren, lagen schon lang in diesen Quartieren" und „Lagen in Garnison zu Brieg" und ebensowenig Heines „Nach Frankreich zogen zwei Grenadier', Die waren in Rußland gefangen, Und als sie kamen ins deutsche Quartier Ließen sie die Köpfe hangen". Wenn unsern Nachkommen erst ‚Truppenstandort‘ und ‚Orts=unterkunft‘ in Fleisch und Blut übergegangen sein werden — und daß das geschehe, müssen die Puristen doch wünschen — dann werden sie, wenn sie jene Schillerschen und Heineschen Verse lesen, zum Lexikon greifen müssen wie bei der Lektüre des Nibelungen=liedes. So werden durch die obrigkeitliche Sprach=

reinigung die Dichter der Nation entfremdet, und das soll ein nationales, ein echt deutsches Werk sein!

Zum Glücke kommt es wohl noch nicht so bald dahin. Denn mit der Verdeutschung ist es in der Regel nur eine halbe Sache. Man tötet das Stamm- und Mutterfremdwort, aber seine Schößlinge und Nebenzweige bleiben von dem Verdikt unberührt.

Die durch zusammengesetzte Ausdrücke verdeutschten Fremdwörter werden ja ihrerseits wieder zu Zusammensetzungen gebraucht. So entstehen denn an Stelle von zweifachen Zusammensetzungen dreifache. Daß diese schwerfällig und unschön sind, fühlt jeder. Darum läßt man in den Zusammensetzungen lieber das Fremdwort stehen. Nach der Verdeutschung von Kasino müßte man konsequenterweise von ‚Speiseanstaltsvorstand, Speiseanstaltsordonnanz, Speiseanstaltsinventar (oder noch schöner Speiseanstaltssachenverzeichnis), Speiseanstaltsessen, Speiseanstaltsfest' reden, man hat es aber wohlweislich auch in der amtlichen Militärsprache bei den alten Kasinoordonnanz, -vorstand, -inventar, -essen, -fest gelassen. Ebenso ist das Büro amtlich durch ‚Geschäftsraum' oder ‚Geschäftszimmer' ersetzt worden, aber die Bürokratie ist nicht in eine ‚Geschäftszimmerherrschaft' verwandelt worden und auch vor der ‚Geschäftszimmerordonnanz' dem ‚Geschäftszimmerinventar', dem ‚Geschäftszimmervorstand', der ‚Geschäftszimmerkasse' ist man zurückgeschaudert und läßt es hier lieber bei dem verpönten Büro. Das ‚Quartier' ist gestrichen, aber ‚Quartiermacher' und

‚einquartieren' sind geblieben, die ‚Garnison' ist gefallen aber den ‚Truppenstandortsältesten' hat man nicht gewagt. Die ‚Instruktion' ist aufgehoben, aber der Instruktor ist nicht durch ‚Lehrer' oder ‚Unterrichter' oder ‚Anweiser' ersetzt; auch ‚instruieren' und ‚instruktiv' hat sich behauptet. Ebenso steht es mit Dogma (Glaubenssatz) und dogmatisch, Dogmatiker, dogmatisieren, Geographie (Erdkunde) und Geograph, geographisch, Komponist (Tondichter) und komponieren, Chirurg (Wundarzt) und Chirurgie, Fragment (Bruchstück) und fragmentarisch, Orthographie (Rechtschreibung) und orthographisch, Stil (Schreibweise) und stilistisch, Servis (Wohnungsgeldzuschuß) und Servisklasse, Kritiker (Kunstrichter) und Kritik und vielen anderen. Die künstliche Verdeutschung bleibt bei vielen Fremdwörtern eben illusorisch, da sich zusammengesetzte Wörter weder zu weiteren Ableitungen noch zu neuen Zusammensetzungen gebrauchen lassen.

Wo aber neben den Fremdwörtern gute deutsche Ausdrücke vorhanden sind, sollte man beide ruhig nebeneinander bestehen lassen (vgl. III, 338). Denn einen guten Stil kann niemand schreiben, ohne im Ausdruck abzuwechseln, und zwar ganz besonders, wenn er deutsch schreibt, weil unser Pronominalsystem leider einige hemmende Unvollkommenheiten aufzuweisen hat, die den Ersatz fehlender oder unbrauchbarer Pronomina durch Substantiva notwendig machen (vgl. IV, S. XII).

Der Purist von reinem Wasser freilich sagt: „schreib eintönig, wenn du nur deutsch schreibst!" Er sollte doch bedenken, daß es sich hierbei nicht allein um äußere Schönheit, sondern zugleich um innere Wahrheit handelt. Denn die Fremdwörter decken sich in der Regel mit den einheimischen Wörtern nur äußerlich und unvollkommen. Wenn sie auch für den ersten Anschein die gleiche Bedeutung haben, so bemerkt der tiefer Blickende doch bald, daß sie einen andern Gefühls- oder Phantasiewert, oft auch eine anders gefärbte Vorstellungsnüance bieten. Ein ‚Hotel‘ ist kein ‚Wirtshaus‘, ein ‚Restaurant‘ keine ‚Gastwirtschaft‘, ein ‚Palast‘ kein ‚Schloß‘, ‚Teilnahme‘ deckt sich nicht mit ‚Interesse‘, ‚Courage‘ nicht mit ‚Mut‘ und ‚Bravour‘ verhält sich zu ‚Tapferkeit‘ wie „Allons enfants de la patrie" zu „Ich hatt' einen Kameraden". Wenn es gelänge, die Fremdwörter völlig auszurotten, so wäre damit die Schmiegsamkeit und Feinheit des sprachlichen Ausdrucks vernichtet. Denn „die Sprache dient nicht bloß, um Inventare aufzunehmen, sondern auch, um die Welt mit allem, was darinnen ist, mit ihrer Pracht und Elendigkeit, ihrer Weisheit und Narrheit, künstlerisch darzustellen, mit feinen Strichen zu zeichnen, mit zarten Farbentönen zu malen".

Ein wahres Unglück für unsere Sprache wäre ferner die Vernichtung der internationalen Kulturwörter, die dem Verkehr, dem Handel, der Wissenschaft, Kunst und Technik angehören, wozu die Behörden bereits starke Anläufe gemacht haben. Durch ihre gewaltsame Verdeutschung wird unsere Sprache aus der Kulturgemeinschaft der europäischen Sprachen herausgedrängt, die Schranken, die sie von den andern trennen, erhöht und verstärkt, ihre Erlernbarkeit verringert und dadurch ihre Verbreitung beeinträchtigt. „In Deutschland heißt immer alles anders", klagte mir ein Ausländer, als er sich bemühte, das Wort ‚Fernsprecher‘ zu lernen. Er hatte nicht so unrecht. Es war ein sprachliches Unglück für uns, daß wir uns durch einen Federstrich von oben statt des klangvollen ‚Telephon‘ den übelklingenden ‚Fernsprecher‘ aufhalsen lassen mußten, und zugleich ein Schlag ins Wasser, da wir ‚telephonisch‘ und ‚telephonieren‘ doch nicht entbehren können. Außerdem durften wir wohl, solange wir einen ‚Telegraphen‘ und noch keinen ‚Fernschreiber‘ haben, ruhig auch seinen Bruder beibehalten. Statt des eleganten, abkürzungs- und ableitungsreichen Automobils (Auto, Moppelchen, autlen, Autler, Automobilist, Automobilismus) hat man den schwerfälligen ‚Kraftwagen‘ eingeführt, der zu so schönen Zusammensetzungen geführt hat, wie ‚Lastkraftwagenzug‘ (s. Band IV, S. V).

Die großen Kulturvölker bedürfen eines des andern, und die menschliche Gesittung würde ohne regen materiellen und geistigen Güteraustausch nicht gedeihen können. Natur und Geschichte sind beständig bestrebt, über die trennenden Sprachschranken hinweg kleine sprachverbindende Brücken zu schlagen. Wenn man diese zerstört, so arbeitet man jenen großen Gewalten entgegen, man isoliert seine Sprache und entzieht ihr den Teil ihrer Nahrung, der ihr von außen zukommt; den kann aber eine Kultursprache ebensowenig entbehren, wie die stete Neuschaffung von innen heraus. Große weltbeherrschende Völker, wie die Römer und Engländer, haben sich trotz ihres kraftvollen, ja herben Nationalgefühls nie gescheut, fremdes Sprachgut, das sie brauchen konnten, ebensogut für sich zu nehmen wie fremde Länder. Die Chinesen dagegen sind es, die ihre Kultur und ihre Sprache hermetisch gegen alle Einflüsse der Außenwelt abgeschlossen haben.

Noch mehr beinahe als die Militär= und die Verkehrsbehörden hat die höhere Schule alle Veranlassung, der Verdeutschungsagitation nicht nachzugeben, sondern die historisch gewordenen Fremdwörter konservativ zu bewahren. Nichts erleichtert so sehr das Erlernen einer fremden Sprache, als die Berührungen, welche diese mit der heimischen hat. Ein rationeller Sprachunterricht wird immer an die dem Schüler geläufigen Fremdwörter anknüpfen. Solche sind z. B. ‚Sexta, Quinta usw., Direktor, Professor, Doktor, studieren, repetieren, Klasse, Aula, Quartal, Semester, Kapitel, Paragraph, Kursus, Pensum, Ferien, Remanent, Alumnat, Klausur, Kollegium, Examen, Extemporale' usw. Die Schulbehörden erschweren also Lehrern und Schülern ihre Aufgabe, wenn sie diese althergebrachten Schulausdrücke verbannen und durch Kunstprodukte, wie ‚Lehraufgaben, Prüfling, Leiter, Wiederholungslehrgang' ersetzen wollen.

Auch von einer andern Seite her betrachtet, erschwert sich die Schule ihre Aufgabe, wenn sie dem

Purismus Raum gewährt. Die höhere Schule hat neben andern Aufgaben doch unstreitig die, dem heranwachsenden Geschlecht das Verständnis der Vergangenheit unseres Volkes zu eröffnen. Dieses wird aber durch nichts mehr gefördert als durch die noch fortlebenden Zeugen dieser Vergangenheit. Je mehr auf solche im Unterricht hingewiesen werden kann, um so lebendiger läßt sich das Bild der Vergangenheit gestalten. Nun wacht zwar über den Vergangenheitszeugen der bauenden und bildenden Künste mit peinlicher Sorgfalt der Konservator einer jeden Provinz, die sprachlichen dagegen werden durch die Behörden nicht geschützt, sondern vielmehr angegriffen und ausgerottet. Die Lehn- und Fremdwörter — eine scharfe Grenze existiert nicht zwischen beiden — sind doch nun einmal redende Zeugen der geschichtlichen und kulturgeschichtlichen Entwicklung unseres Volkes; mit jedem vernichteten Fremdwort geht also die Schule eines Apperzeptionsmittels verlustig.

Wenn sie ferner ihre eigenen, aus den Lateinschulen des Mittelalters und der Reformationszeit überkommenen technischen Ausdrücke gewaltsam verdeutscht, so bricht sie mit ihrer Vergangenheit. Der Anfang dazu ist gemacht. Bei dem alten guten Worte ‚Pedell‘ z. B. hatte man, wenn man es nur hörte, im Geiste gleich die ganze mittelalterliche Hochschule mit ihren Einrichtungen vor Augen, der jetzt dafür eingeführte ‚Schuldiener‘ ist dagegen für unser historisches Gefühl tot, er sagt uns so wenig, wie der ‚Kammerdiener‘

oder der ‚Büro'= oder ‚Theaterdiener'. Aus dem ‚Sigrist' oder ‚Mesner' (II, 7) oder ‚Glöckner' ist schon längst ein ‚Kirchendiener' geworden. Nun mache man noch den ‚Kastellan' zum ‚Schloßdiener', dann haben wir eine hübsch gleichförmig uniformierte Dienerschaft. Und dabei ist ‚Pedell' nur ein rückgeflossenes Lehnwort (von ‚bitten' II, 159), ‚Schule' dagegen ein volles (II, 27).

Die Schule sollte also, statt sie zu zerstören, die Bildungsschätze, die im Lehn= und Fremdwort verborgen liegen, heben und ausnutzen. Die Lehrer auf diese hinzuweisen und sie auch den reiferen Schülern zu erschließen, ist ein Nebenzweck dieses sich allerdings an alle Gebildeten wendenden Buches. Männer, welche die Zeichen der Zeit zu deuten verstehen, haben beobachtet, daß der historische Sinn in Gefahr schwebt, von den naturwissenschaftlichen und technischen Interessen aufgesaugt oder wenigstens zurückgedrängt zu werden. Es ist das ja auch ganz natürlich. Der großartige Aufschwung der modernen Technik, die ans Fabelhafte grenzende Fülle sich beständig überbietender Erfindungen und Entdeckungen muß die Jugend notwendig in ihren Bannkreis hineinziehen. Aber sicher liegt hierin zugleich eine gewisse Gefahr. Deshalb sollte der geschichtliche Sinn gerade heute auf alle Weise gepflegt und von allen nur möglichen Seiten her angeregt werden, und hierzu ist eine Verbindung von Geschichts= und Sprachwissenschaft, eine Zurückführung des Sprachbestandes der Gegenwart auf die Einflüsse der Vergangenheit sicher ein vorzügliches Mittel. Dem schnellebenden, gegenwartsstolzen und zukunftserfüllten Geschlecht unserer Tage muß immer aufs neue vor Augen geführt werden, wie wir bis in die tiefsten und feinsten Wurzelfäserchen unserer Zivilisation hinein verwachsen sind mit Vergangenheit und Altertum, und wie wir die Spuren dieser Abhängigkeit in unserer Sprache mit uns herumtragen.

Ziehen wir das Resultat, so müssen wir sagen: Reichtum und Schönheit unserer Sprache ist fürwahr ein Ziel, des Schweißes der Edlen wert. Aber die gewaltsame Verdrängung einfacher Fremdwörter durch neugeschaffene Komposita dient vielmehr zur Verhäßlichung und Verärmerung unserer Sprache. Sie widerstreitet dem guten Geschmack, ist ihrem Wesen nach revolutionär, lockert den Zusammenhang zwischen uns und unsern großen Dichtern, erschwert den Verkehr mit andern Kulturvölkern, hemmt das Verständnis unsrer eigenen Vergangenheit, vergröbert den sprachlichen Ausdruck und macht den deutschen Prosastil noch schwerfälliger, als es ohnedies nur zu leicht ist. Ich möchte daher allen, die ungeblendet durch Schlagwörter von Deutschlands Ehre und Würde, unsere Sprache und unsern Stil zu fördern suchen, zurufen: bekämpft den unheimlich um sich greifenden, künstlich großgezogenen Kompositionsunfug, das Erbübel unsrer Sprache, und schützt jedes einfache, originale Wort, das seine Bedeutung nur im Klange trägt, gegen das Überwuchern der leidigen Zusammensetzungen. Man kann den rastlosen Wechsel menschlicher Rede wohl mit einem Kaleidoskop vergleichen. Wird ein solches etwa reicher und schöner dadurch, daß man glänzende Steine daraus entfernt und den Ausfall durch die Zusammensetzungen der bleibenden zu denken sucht? Ich glaube kaum.

Die à-la-modische Sprachmengerei des 17. Jahrhunderts ist doch nun nachgerade überwunden, und zwar nicht durch die pedantischen Sprachreinigungsgesellschaften jener Zeit, sondern durch die steigende Bildung, durch verfeinerten Geschmack und durch die Wirksamkeit echter Dichter und guter Schriftsteller. Diesen Mächten sollte man es überlassen, auch die etwa noch hängen gebliebenen Reste unberechtigter sprachlicher Ausländerei zu tilgen, nicht aber auf dienstlichem Wege der Sprache zusammengesetzte Wortungetüme für schöne und vollständig eingebürgerte Fremdwörter aufdrängen. Ich schließe mit einem Worte Gildemeisters (Essays I, 224): „Alle diese Sprachreiniger zeichnen sich durch dieselben Mängel aus: Blindheit für die Macht geschichtlich gewordener Zustände, Überschätzung des Einflusses literarischer Belehrung, Unfähigkeit, die feineren Schattierungen des Ausdrucks zu fassen, Ungeschicklichkeit in der Anfertigung vaterländischer Ersatzwörter... Sie haben geglaubt, es genüge, den ungefähren Sinn des Fremdwortes durch Zusammensetzung einiger deutscher Wörter wiederzugeben, und sie sind ungehalten, wenn Schriftsteller und Publikum sich nicht herbeilassen, ihre Erfindung in Gebrauch zu nehmen." Leider muß das Publikum heutzutage viele dieser papiernen Bürogewächse in Gebrauch nehmen, weil das Machtwort der Behörden es dazu zwingt. Mögen diese Zeilen, möge das Buch selbst, indem es zeigt, welche gar nicht hoch genug einzuschätzende Bereicherung unserer Sprache durch die fremden Entlehnungen zuteil geworden ist, die maßgebenden Kreise zu der Erkenntnis führen helfen, daß auf dem Wege der zwangsweisen Verdeutschungen guter Fremdwörter durch Wortzusammensetzungen unserer Sprache kein Heil erwächst, daß Reinheit um jeden Preis ein falsches Prinzip ist und daß das erstrebenswerte Ziel vielmehr eine richtige Mischung des Erbguts mit Lehngut sein muß.

Vorrede zur dritten Auflage.

Für die dritte Auflage habe ich die neueste wissenschaftliche Literatur durchgearbeitet. An wichtigen Neuauflagen waren zu verwerten die siebente des etymologischen Wörterbuchs von Kluge, die fünfte durch Hirt besorgte des Weigandschen Wörterbuchs, die achte von Engler und Schrader bearbeitete des Hehnschen Buchs über die Kulturpflanzen und Haustiere. Neu benutzt sind Schraders Reallexikon der indogermanischen Altertumskunde, Heynes fünf Bücher deutscher Hausaltertümer, Hoops' durch die Vereinigung der philologischen, prähistorischen und botanischen Forschungen lehrreiche Monographie über die Waldbäume und Kulturpflanzen Deutschlands, Feists gediegenes Buch über die Indogermanen, das natürlich auch die Vorgeschichte der Germanen behandelt. Auch der bei Beginn des Druckes erschienene erste Band der grundlegenden und großzügigen deutschen Altertumskunde von Kauffmann konnte noch ausgenutzt werden.[1] Dazu kommt das reiche, in Kluges

---

1) Die genauen Titel aller genannten Werke siehe im Literaturverzeichnis.

Zeitschrift für deutsche Wortforschung niedergelegte Material, sowie die höchst ergiebigen und anregenden Forschungen Meringers und seiner Schule, die anfangs in den „Indogermanischen Forschungen", neuerdings in der neuen von Meringer begründeten, mit Abbildungen versehenen Zeitschrift „Wörter und Sachen" niedergelegt sind. Auch die Resultate der römisch-germanischen Forschung, die in den letzten zehn Jahren so sehr durch Ausgrabungen gefördert worden ist, habe ich weit ausgiebiger verwertet als in der zweiten Auflage, wobei mir namentlich Cramers Schriften gute Dienste geleistet haben. Während ich mich ferner ursprünglich, wenigstens im Prinzip, auf die noch lebendigen Lehnwörter beschränkte, habe ich nunmehr auch die wieder abgestorbenen, soweit ihnen eine kulturgeschichtliche Bedeutung innewohnt, herangezogen. Die Einleitung, die bisher vor dem dritten Bande stand, ist jetzt an ihren natürlichen Platz, den Anfang des ganzen Werkes, gestellt worden. Auch sie ist nicht unverändert geblieben.

Durch diese neuen Stoffe und Gesichtspunkte ist das Buch gänzlich umgestaltet und so stark vermehrt worden, daß es kaum noch eine neue Auflage, sondern eher ein neues Buch zu nennen ist. Ich hoffe indessen, daß es durch die Einarbeitung des gelehrten Materials nicht an Lesbarkeit verloren hat. Meine Absicht wenigstens ist dieselbe geblieben. Ich habe nicht sowohl für Gelehrte und Forscher schreiben wollen, als für Gebildete, die sich für das Werden und Wachsen unserer Sprache und unserer Kultur interessieren.

In der Fremdwörterfrage ist mein Standpunkt ebenfalls derselbe geblieben. Er hat, nachdem er im Anfang fast nur Gegnerschaft erfahren hatte, allmählich doch auch manche Billigung gefunden. Immerhin erschien es notwendig, das ihn darlegende Vorwort zur zweiten Auflage nochmals zu wiederholen, wobei ich ebenfalls starke Zusätze, Änderungen und Weglassungen vorgenommen habe, so daß auch diese Vorrede eine andere Gestalt angenommen hat.

Mit einem meiner Herren Kritiker möchte ich mich hier noch kurz auseinandersetzen. In der Vorrede zu Band III, S. IX ff. habe ich darauf hingewiesen, daß die Eindeutschung der Fremdwörter durch nichts mehr gefördert werden würde, als durch möglichste Angleichung unserer Schrift an unsere Aussprache. Die Konsequenzen dieses übrigens keineswegs neuen Gedankens sind, wie ich nicht anders erwartet habe, angegriffen worden. Das Auge widerstrebt eben neuen Wortbildern, wie Toalette, Biljet, Basseng, während Ohr und Zunge sich den Lauten willig akkomodieren. Daher schreibt der mein Buch sonst anerkennende Sigmund Feist, der Verfasser der „Indogermanen" (s. o.), im Jahresbericht für germanische Philologie 1910, S. 126: „Unverständlich ist mir, weshalb Verfasser die abscheuliche Aussprache *basseng ſolches* befürwortet oder gar ſo geſchrieben haben will, obwohl er doch ſonſt dem ‚Fremdwörterunweſen‘ gegen= über einen ſehr vernünftigen Standpunkt einnimmt."

Darauf erwidre ich: Ohne eine „abſcheuliche Aus= ſprache" wird man nie ein Fremdwort eindeutſchen, und wenn man dieſe abſcheuliche Ausſprache in der Schrift nicht möglichſt getreu wiedergibt, werden die Fremdwörter immer ihr undeutſches Ausſehen behalten. Als die Oberdeutſchen aus persicum Pfirſich, aus paraveredus Pferd, aus schola Schule machten, was war das anders als eine abſcheuliche Ausſprache der lateiniſchen Wörter? Nur daß damals noch nicht der Schulmeiſter hinter dem Schreibenden ſtand, ihm auf die Finger klopfte und ihn bedeutete, er habe nicht das abſcheuliche pfirsich, pferd, scuola zu ſchreiben, ſon= dern hübſch korrekt persic, paravered, schola. Oder um ein Beiſpiel aus der Neuzeit zu wählen, was für eine abſcheuliche Ausſprache haben wir jetzt für *blond, corpulence, prétentieux*, indem wir dafür blond, Korpu= lenz, prätentiös ſagen? In Wahrheit ſprechen wir jedes Fremdwort ohne Ausnahme ſchlecht aus; denn in keinem klingen unſere Laute genau ſo, wie die der fremden Sprache. Unſer ‚Miniſter‘, unſer ‚Militär‘, unſere ‚Eleganz‘ hört ſich anders an als das franzö= ſiſche *ministre, militaire, élégance*. Fremdwörter müſſen ſich eben gefallen laſſen, daß ſie ſchlecht, ja daß ſie abſcheulich ausgeſprochen werden, ſonſt bleiben ſie fremde Wörter. Die Schrift und der Druck aber ſollten der Ausſprache möglichſt weit und möglichſt ſchnell folgen.

Denn das Natürliche ist doch die Übereinstimmung zwischen Aussprache und Schrift, wie sie die Italiener nahezu vollständig durchgeführt haben. Ich hoffe zuversichtlich, daß sich dieses Naturale, mag es auch zuerst als turpe erscheinen, allmählich doch mehr und mehr durchsetzt. Wir sprechen doch nun einmal, wenn wir ungezwungen reden, wenigstens im bei weitem größten Teile unseres Sprachgebiets, Vassäng wie eng, Biljet, Fotölj, Büro. Sollen wir es deswegen nicht schreiben, weil die geschriebenen Laute dem Auge des Schulmeisters, der nun einmal in jedem Deutschen steckt, wehe tun? Dann hätten wir auch bei Squadron, Merkatant, Lieutenant und Affuite stehen bleiben sollen, statt Schwadron, Marketender, Leutnant und Lafette zu schreiben. Ich verlange also nur konsequentes Weiterschreiten auf dem Wege, den wir seit lange mit bestem Erfolg eingeschlagen haben. Warum sollen wir uns auf ihm eine Schranke gefallen lassen mit der Inschrift: „Bis hierher und nicht weiter!"?

Wittstock (Dosse), im Juni 1913.

Friedrich Seiler.

Inhalt.

			Seite
Einleitung			1
	I.	Die Ursachen der Entlehnung	1
	II.	Wege der Entlehnung	8
	III.	Die Richtungen der Entlehnung	11
Kapitel	I.	Das Alter der deutschen Lehnwörter	13
Kapitel	II.	Wanderzeit. Keltische, griechische, italische Wörter	28
Kapitel	III.	Die Römer	59
Kapitel	IV.	Kriegswesen und Verwaltung	79
Kapitel	V.	Schiffahrt und Handel	99
Kapitel	VI.	Der Steinbau	118
Kapitel	VII.	Der Weinbau	145
Kapitel	VIII.	Obstzucht und Gartenbau	154
Kapitel	IX.	Ackerbau und Viehzucht. Jagd und Fischfang	178
Kapitel	X.	Handwerk und Hauswirtschaft. Körperpflege	204
Kapitel	XI.	Die ersten kirchlichen Entlehnungen	233
Kapitel	XII.	Rückblick	252
Literatur			259
Abkürzungen			261
Wörterverzeichnis			262

Einleitung.

Am Wesen und Werden einer sprachlichen Entlehnung oder einer Gruppe von Entlehnungen zu erkennen, muß man sie nach drei Gesichtspunkten hin prüfen: 1. Durch welche Ursachen ist die Entlehnung bewirkt worden? 2. Auf welchem Wege ist sie erfolgt? 3. Welche Richtung hat sie genommen?

I. Die Ursachen der Entlehnung.
A. Geschichtliche Veranlassungen.

1. Dem entlehnenden Volke werden Gegenstände bekannt, die ihm bis dahin unbekannt waren. Es behält dann die Bezeichnung bei, unter der es sie kennen lernte: Pfeffer, Löwe, Orange, Neger, Platina, Prärien. Hierher gehört auch die neue kulturelle Verwertung schon bekannter Dinge: Schilf, Pilz, Taxus, Primel, Pularde, Zichorie usw.

Eine Erweiterung dieser Ursache besteht darin, daß

2. durch den Einfluß einer fremden Kultur einem Volke ganz neue Kulturkreise eröffnet werden, in denen es eine Menge ihm bis dahin unbekannter Dinge und Begriffe kennen lernt. So lernten wir

von den Römern den Steinbau, die Wein- und Obst-
kultur, das Christentum und die Wissenschaft kennen.

Im engsten Zusammenhang hiermit steht:

3. Schon vorhandene Kulturkreise werden durch
den Einfluß einer fremden Kultur umgewandelt, ver-
feinert und gehoben. So Recht und Verwaltung durch
die Römer, materielles, gesellschaftliches und geistiges
Leben durch die Franzosen, Handel und Musik durch
die Italiener, Leibesübungen durch die Engländer.

Eine Steigerung von 2 und 3 ist:

4. Ein fremdes Volk erhält ein so bedeutendes
Übergewicht über ein anderes, daß die höheren Schichten
des letzteren die Sprache des ersteren lernen und also
zweisprachig werden. Sie verlieren dann das Gefühl
für den Unterschied der beiden Sprachen, mischen in
ihre Rede Ausdrücke der fremden Sprache ein und
geben sie im Verkehr weiter an die mittleren und
unteren Schichten, die sie als etwas Vornehmes und
Besonderes gern aufnehmen. Das Übergewicht des
fremden Volkes kann

a) auf politischer Herrschaft beruhen. Die staat-
liche Abhängigkeit eines Volkes von dem andern
ist stets verbunden mit der dauernden Anwesenheit
zahlreicher Personen aus dem herrschenden Volke, und
zwar in regierenden Stellungen. Diese legen den
Gebrauch ihrer eigenen Sprache denen auf, die mit
ihnen amtlich oder außeramtlich zu tun haben. Die
höheren Schichten des unterworfenen Volkes lernen
darum die fremde Sprache, um ihre gesellschaftliche

und wirtschaftliche Stellung zu behaupten und wenn möglich Anteil an Verwaltung und Regierung zu bekommen. Daher die fränkischen Elemente im Französischen, die normannisch-französischen im Englischen, die deutschen im Polnischen und Tschechischen. Ein derartiger Zustand kann leicht zum völligen Untergang der einheimischen Sprache führen, wie in den zum römischen Reiche gehörenden Provinzen und in den slawischen Landschaften des östlichen Deutschlands.

b) Das Volk bleibt zwar politisch unabhängig, die Kultur eines fremden Volkes gewinnt aber ein solches Übergewicht über die einheimische, daß eine kulturelle Abhängigkeit entsteht, die eine ähnliche, wenn auch nicht so intensive Wirkung ausübt, wie die politische. Die Römer sind von der griechischen Kultur derart beeinflußt worden, daß ihre gebildeten Schichten zweisprachig wurden. Wir Deutschen sind wieder von der griechisch-römischen Kultur abhängig geworden, zuerst infolge der Herrschaft der römischen Kirche in Deutschland, dann infolge des Eindringens des römischen Rechts und der römischen Verwaltung, endlich infolge des Studiums des klassischen Altertums, das besonders kräftig im Zeitalter der Renaissance und des Neuhumanismus wirkte. In allen drei Beziehungen besteht das Abhängigkeitsverhältnis noch fort, wenn auch teilweise in sehr geschwächtem Maße. Die geistlichen und gelehrten Kreise sprachen und schrieben infolgedessen lateinisch ebensogut wie deutsch. Im 17. und 18. J. kamen wir dann in kulturelle Abhängigkeit von den Franzosen. Infolgedessen wurden die Kreise der Höfe und des Adels zweisprachig und bedienten sich mit Vorliebe in Rede und Schrift des Französischen.

B. Psychologische Ursachen.

1. Mit den Sachen und Begriffen nimmt man die Worte an, die sie bezeichnen, weil dies das Bequemste und Natürlichste ist. S. 1.

2. Zweisprachigkeit führt zur unwillkürlichen Vermischung beider Sprachen. S. 2.

3. Unter dem Einfluß einer älteren schon vorgeschrittenen Kultur vollzieht sich eine zunehmende Abstraktion und Verfeinerung des Denkens, dessen fortschreitende Bedürfnisse durch die Ausdrucksmittel, die der heimischen Sprache zu Gebote stehen, überhaupt nicht oder wenigstens nicht sofort gedeckt werden können. In jeder Sprache liegt etwas ewig Unzulängliches schon deshalb, „weil sie fossil gewordene Anschauungen der Vergangenheit immer weiter schleppt und dem Denken Ausdrucksmittel aufnötigt, die dereinst in einem gänzlich andersartigen und weitaus beschränkteren Zustand der geistigen Gesamtlage zuerst entstanden sind."[1] In Zeiten, wo der Kontrast zwischen den vorhandenen sprachlichen Ausdrucksmitteln und der geistigen Gesamtlage eines Volkes besonders stark wird, weil die letztere durch die Einwirkung der überlegenen Kultur eines andern Volkes eine rasche Umwandlung und Er-

---

1) Ostwald, Annalen der Naturphilosophie 1908, 385 ff.

höhung erfährt, tritt dann auch die Sprache des die neue Kultur vermittelnden Volkes hilfreich ein und gewährt die Bezeichnungen für die neuen Begriffe und Anschauungen, die es dem andern Volke übermittelt: Nation, Religion, Faktum, Quantität, Idee, Manier, Saison. Dies gilt speziell von den feineren Nuancen des geistigen und seelischen Lebens, die erst bei fortschreitender Abstraktion und wachsender psychologischer Vertiefung in ihrer Besonderheit erkannt und gewürdigt werden: subtil, genial, Sentimentalität, Diskretion, abstrahieren, perhorreszieren, kombinieren.

4. Viele Fremdwörter drücken gewisse Gedanken-, Gefühls- oder Phantasieschattierungen aus, die in den entsprechenden heimischen Wörtern nicht zur Geltung kommen. Derartige Fremdwörter werden weniger in der ernsthaften Sprache gebraucht, mit der man sich an das große Publikum wendet, da hier der Gedankenkreis mehr ein allgemeiner ist, als in der gewöhnlichen Umgangssprache, die die persönlichsten und innigsten Gedanken und Gefühle zu ihrem Rechte kommen lassen will.[1] Schon das Fremde, Ungewohnte und dabei Wohlklingende gibt dem Worte eine Schattierung, die es in der fremden Sprache, in der es heimisch ist, nicht zu haben braucht, z. B. die der Liebkosung, des Schmeichelns.[2]

---

1) Salverda de Garve, De Franse woorden in het Nederlands S. 124.

2) Le terme étranger a une nuance de caresse, de prédilection, de „Liebkosung". A. Counson, in der Revue de l'Instruction publique en Belgique: Les mots empruntés S. 13.

Papa, Mama, Tante, Onkel, Kusine sind ursprünglich Koseworte gegenüber dem mehr offiziellen Vater und Mutter und dem steifen Muhme, Oheim. Auch *frère* wird gegenüber Bruder, Baby gegenüber Kind in schmeichelndem Sinne gebraucht. Noch häufiger sucht und findet man in dem Fremdwort die Nuance des Außergewöhnlichen, also der Vornehmheit oder Eigenartigkeit. Eine Robe ist vornehmer als ein Kleid, ein Talar vornehmer als ein Rock, ein Bukett vornehmer als ein Strauß oder Buschen. Bekanntlich wird das Streben nach Vornehmheit durch den Gebrauch von Fremdwörtern bei Halbgebildeten oft zur Ziererei und durch die Fehler, die dabei gemacht werden, lächerlich: „despektierst du denn mein Amt nicht?" u. a. in Shakespeares „Viel Lärmen um Nichts". Hiermit zusammen hängt die euphemistische Verwendung von Fremdwörtern, durch welche grobe heimische Ausdrücke vermieden werden: Exkremente, Kurtisane. Umgekehrt geben Fremdwörter sehr häufig nicht das Edlere, Vornehmere wieder, sondern das Gemeinere, Gewöhnlichere. Man vergleiche: Kurage — Mut, Kalamität — Unglück, power — arm, perfid — treulos, Patron — Herr, parlieren — sprechen, sich genieren — sich scheuen, merci — danke, pardon — Verzeihung usw. Besonders gern werden Schimpfwörter aus der Fremde entlehnt; schon der fremde Klang bewirkt eine Verstärkung der Beleidigung. Der gemeine Mann faßt jedes ihm unverständliche Wort leicht als Beschimpfung auf.

5. Die heimischen Wörter verlieren durch den langen Gebrauch ihre eigentliche bezeichnende Bedeutung, sie verblassen und werden minderwertig gleich abgegriffenen Münzen. So bedeutet „liebenswürdig" jetzt längst nicht mehr wert geliebt zu werden, sondern einfach freundlich, und auch bei „freundlich" denkt niemand mehr an eine einem Freunde gemäße Handlung. Diesem Verblassen der ursprünglichen Wortfarben steht gegenüber das natürliche Verlangen jedes Menschen, seine Rede von der gewöhnlichen abzuheben, ihr einen besondern Nachdruck zu verleihen, was nur durch den Gebrauch seltener und eigenartiger Ausdrücke erreicht werden kann. So vollzieht sich ein beständiger Ersatz abgegriffener Ausdrücke durch neue, unverbrauchte, und den kann die heimische Sprache allein nicht aufbringen. Besonders werden gern lobende und tadelnde Bezeichnungen aus der Fremde entlehnt, da die Mittel der heimischen Sprache für den stets wachsenden Bedarf nicht ausreichen: nett, famos, süperbe, brillant, horribel, affrös, miserabel.

6. Auch die bloße Mode spielt eine gewisse Rolle bei der Entlehnung, freilich bei weitem nicht eine so große, wie man ihr vielfach beilegt. Bei sehr vielen der für bloße Modewörter gehaltenen Fremdwörter ist eine der eben genannten Ursachen bei der Entlehnung wirksam gewesen. Trotz allen über sie ausgeschütteten Tadels hat aber auch die bloße Mode ihre gute Berechtigung. Das folgt schon daraus, daß sie auf allen Gebieten des Lebens in höherem oder geringerem Grade

zu finden ist, daß sie stets gewirkt hat und unausrottbar weiter wirken wird. Kommt sie doch einem ebenfalls unausrottbaren Bedürfnis des menschlichen Geistes entgegen, dem Verlangen nach Wechsel. Und auch dies Verlangen ist doch wohl als eine weise Einrichtung der Natur anzusehen. Ohne dasselbe und ohne die ihm entstammende Mode würde das Leben recht monoton und armselig werden. Denn die Mode setzt neben das Alte das Neue und vermehrt so den Besitz, sie beseitigt sodann das Verbrauchte und Abgeleierte und bringt Neues und Frisches, das doch nicht deswegen schon schlecht zu sein braucht, weil es neu ist.

7. Endlich übt auch der größere Vokalreichtum und der volltönendere Klang der fremden Wörter einen eigenen Reiz auf das deutsche Ohr aus, etwa ebenso wie die Farben der südlichen Landschaft auf das deutsche Auge. Die romanischen Fremdwörter geben uns etwas zurück, was unserer Sprache seit dem 11. J. abhanden gekommen ist, nämlich klangreiche Endungen und reine, nicht umgelautete Vokale in den Stammsilben.

II. Wege der Entlehnung.

A. Direkt: Persönliche Berührung mit fremdsprachigen Personen.

Solcher findet statt im Grenz- und Handelsverkehr. Daher die zahlreichen Fremdwörter in den Grenzprovinzen. Ferner durch den Aufenthalt fremder Personen, z. B. feindlicher Truppen, im eigenen Land ober Einheimischer im Ausland, die dann Fremdwörter mit nach Hause bringen.

B. Indirekt: Das Lesen fremder Schriftwerke.

Hierher gehört die persönliche, geschäftliche und amtliche Korrespondenz. Ferner das Studium gelehrter Werke. Endlich die Unterhaltungsliteratur, das Theater, die Zeitungen und Zeitschriften. Namentlich die letzteren bringen Bekanntschaft mit fremden Einrichtungen und Ausdrücken. Es liegt den Lesern nahe, Worte, die sie häufig lesen, dann auch selbst in Schrift und Rede in Gebrauch zu nehmen. Da nun seit Einführung der allgemeinen Schulpflicht das Lesen auch in den untersten Volksklassen zu einer allgemeinen Fertigkeit und Lieblingsbeschäftigung geworden ist, so hat in der neuen Zeit diese Quelle der Entlehnung einen Umfang und eine Stärke angenommen, wie nie zuvor.

C. Der Unterricht.

Dieser Weg ist eine Vereinigung der beiden andern. Direkt wirkt das Wort des Lehrers, der der fremden, aber auch der einheimischen Nation angehören kann, indirekt das Lesen der fremdsprachlichen Bücher.

Ein auf weitere Kreise des Volkes sich erstreckender Unterricht findet immer nur in solchen Sprachen statt, die für das betreffende Volk eine besondere Bedeutung haben, also eine Kultur vermitteln, von der die des eigenen Volkes in irgendwelcher Beziehung beeinflußt und also abhängig ist. Diese Abhängigkeit kann eine sehr partielle und auf Gegenseitigkeit beruhende sein, ein Verhältnis, wie es jetzt etwa zwischen der deutschen und englischen Kultur besteht. Sie kann aber auch eine fast vollständige sein, so daß die fremde Kultur die einheimische geradezu beherrscht, wie in dem Verhältnis der griechisch-römischen und der französischen zu der unsrigen (S. 3). Die Folge eines solchen Zustandes ist dann ein umfassender Unterricht der höher strebenden und bildungsbeflissenen Volkskreise in derjenigen Sprache, durch welche die überragende Kultur vermittelt wird. Auf den höheren Schulen Deutschlands war im Mittelalter und bis tief in die Neuzeit hinein Lateinisch der wichtigste Unterrichtsgegenstand, und Französisch lehrte man außer in den Schulen auch in den vornehmen Häusern selbst durch Bonnen, Gouvernanten, Instrukteure und ähnliche Lehrpersonen. Wer aber außer seiner Muttersprache noch eine fremde Sprache gelernt hat, der wird unwillkürlich beim Sprechen und Schreiben in stärkerem oder schwächerem Maße seiner Muttersprache Ausdrücke und Wendungen aus der andern beimischen, es sei denn, daß er dies, wie etwa Cicero es tat, mit bewußter Absicht vermeidet.

Natürlich können fremde Worte auch auf mehreren dieser Wege zugleich aufgenommen werden. Ein Fremdwort wird etwa zuerst in den Zeitungen gelesen und dann auch im Gespräch mit Fremden gehört, oder es wird umgekehrt zuerst im Gespräch gehört, dann durch

Lesen wieder aufgefrischt und befestigt, oder man lernt
es im Unterricht, liest es dann wiederholt und wendet
es zuletzt selbst an.

III. Die Richtungen der Entlehnung.

A. Von unten nach oben.

Das Volk greift fremde Ausdrücke, die ihm be-
kannt werden, auf, verarbeitet sie nach seiner Bequem-
lichkeit und gibt sie dann zum Teil weiter hinauf zu
den mittleren und oberen Schichten. Viele bleiben
aber auch im Volksmunde, ohne nach oben zu steigen.
Daher besitzen die Mundarten zahlreiche Lehnwörter,
die die gebildete Sprache nicht kennt, z. B. Krischeln
(Stachelbeeren, fr. *groseille*), Krusch (Kleie, it. *crusca*),
rabotten (arbeiten, slaw. *rabot*). Dies sind die popu-
lären oder volkstümlichen Entlehnungen. Sie erfolgen
wohl ausnahmslos durchs Ohr.

B. Von oben nach unten.

Die zuerst von den höheren Schichten des Volkes
übernommenen Fremdwörter sickern allmählich durch
den Verkehr und die Lektüre hinunter in die mittleren
und unteren Schichten des Volkes, wo sie lautlich viel-
fach verändert werden und dann den Anschein echt
volkstümlicher Entlehnungen erwecken, ohne es doch
zu sein, z. B. Mamsell (*mademoiselle*), nobel (*noble*),
Fragebunt (*vagabond*), rasaunen (*raisonner* mit An-
klang an rasen).

In der alten Zeit vor Einführung des Christentums, mit der wir es im vorliegenden Bande zu tun haben, gab es im Volke noch keinen Unterschied zwischen Gelehrt und Ungelehrt, Gebildet und Ungebildet. Dieser Gegensatz kam erst durch die neue gelehrte und zu lernende Religion in das bis dahin einheitliche Volk. Daher gab es in jener Zeit auch noch keine buchmäßigen, literarischen Lehnwörter. Es gab auch noch keine Sondersprache der Vornehmen, die sich über die Rede des gemeinen Mannes erhoben hätte. Das ganze Volk redete ein= und dieselbe Sprache. Daher sind auch die Lehnwörter aus jener Zeit Gemeingut des ganzen Volkes. Es gibt keine Lehnwörter für einzelne Stände oder Berufskreise. Darin liegt ein Hauptreiz, den die Betrachtung des Lehnguts jener Zeit bietet. Ein anderer, noch stärkerer liegt darin, daß wir in den Lehnwörtern jener Zeit wie in einem Spiegel erkennen können, wie die Grundlagen unserer Kultur gelegt wurden, während die der späteren Perioden uns nur ihren Aus= und Weiterbau vor Augen führen.

Kapitel I.
Das Alter der deutschen Lehnwörter.

Ganz rein und unvermischt mit fremdem Sprach=
gut ist wohl keines Volkes Sprache. Denn noch kein
Volk der Erde hat sich von der Berührung mit andern
gänzlich abschließen können. Bei solchen Berührungen
wird aber immer ein Austausch von Gütern und Be=
griffen stattfinden, der durch Übernahme von Wörtern
aus der einen Sprache in die andere seinen Ausdruck
findet. „Die Worte wandern mit den Waren", so
hat man kurz gesagt; eine Entlehnung weist immer
darauf hin, daß entweder eine materielle Kulturüber=
tragung oder eine geistige Beeinflussung des entlehnen=
den Volkes stattgefunden hat. Allerdings können solche
Beeinflussungen auch stattgefunden haben, ohne daß sie
durch sprachliche Entlehnungen zum Ausdruck gebracht
worden sind. Die Völker verhalten sich verschieden
gegenüber den fremden Worten und Dingen, die zu
ihnen kommen. Die Griechen haben für die Gegen=
stände und Begriffe, die sie aus dem Orient erhielten,
zumeist eigene griechische Worte gebildet, die Römer
dagegen ließen bei ihnen von den Griechen zukom=

menden Begriffen in der Regel auch die griechische Benennung. Auch wir Deutschen haben gewöhnlich mit den fremden Dingen die fremden Namen übernommen. Die Kultureinflüsse, denen wir im Laufe der zwei Jahrtausende, auf die wir zurückblicken können, von andern Völkern her ausgesetzt gewesen sind, haben daher in unserer Sprache ihre deutlichen Niederschläge zurückgelassen, und wir können an der Hand der Lehnwörter unserer Sprache einen Einblick in die Reihenfolge und Art der ausländischen Einflüsse gewinnen, denen wir im Verlauf unserer Volksgeschichte ausgesetzt gewesen sind.

Notwendige Voraussetzung, um das mit Erfolg zu tun, ist die Bestimmung des Alters der einzelnen Lehnwörter. Will man kulturgeschichtliche Schlüsse aus einer Entlehnung ziehen, so muß man ungefähr wissen, wann sie erfolgt ist. Für die Altersbestimmung einer Entlehnung genügt in den späteren Zeiten in der Regel die Feststellung ihres ersten Auftretens in der Literatur, besonders in den großen Wörterbüchern. In der älteren Zeit dagegen, wo die Literatur noch nicht umfassend und reichhaltig ist, ist dies Kriterium unzureichend. Denn es können Jahrhunderte darüber hingehn, bis ein seit lange übliches Wort zufällig in einer schriftlichen Quelle zutage tritt. So findet sich z. B. der Pfirsich erst im 12. J. belegt, und doch muß er spätestens bereits im 5. J. in Deutschland bekannt gewesen sein. Um dieselbe Zeit muß die Lärche nach Deutschland gekommen sein, und doch erscheint der Baum in der Literatur erst im 13. J. Für die ältere Zeit sind also nicht literarische, sondern sprachliche und sachliche Kriterien die ausschlaggebenden.

Von dem Augenblicke an, wo ein Fremdwort wirkliche Aufnahme gefunden hat in einer Sprache, so daß es im Munde der Leute gebraucht wird, erleidet es genau dieselben Wandlungen, welchen die betreffenden Laute und Lautgruppen in den einheimischen Wörtern unterliegen, falls nicht etwa gelehrte Schulmeisterei diesen natürlichen Entwicklungsgang hemmt.[1] So kann z. B. bei den Klassenbezeichnungen unserer höheren Schulen nicht das den deutschen Lautgesetzen entsprechende Sexte, Quinte, Quarte usw. durchdringen, weil die lateinischen Formen auf *a* stets auf künstlichem Wege wiederhergestellt werden, wogegen in der Fechtkunst die Quinte, Quarte und Terz, also die volkstümlichen deutschen Formen, längst die lateinischen verdrängt haben. In der Urzeit gab es eine derartige gelehrte Festlegung der Formen noch nicht, und auch in späterer Zeit hat der Sprachgeist wirklich volkstümlich werdenden Worten stets sein Gepräge aufzudrücken verstanden. Der ‚Leutnant' hat über den lieutenant, der ‚Offizier' über den officier gesiegt. Je länger also ein Wort in unserer Sprache heimisch ist, um so mehr Lautwandlungen muß es durchgemacht haben, um so vollkommener muß es sich durch eine gemeinsame Geschichte unserer Sprache eingegliedert haben.

---

1) Paul, Prinzipien der Sprachgeschichte S. 342 ff.

Die einschneidendsten Lautveränderungen, welche unsere Sprache durchgemacht hat, sind die beiden sogenannten Lautverschiebungen. Die erste, sogenannte gemeingermanische Lautverschiebung (z. B. lt. *cord* = germ. *hert* Herz), von der alle germanischen Sprachen betroffen worden sind, die also bereits in der germanischen Grundsprache eingetreten sein muß, setzt man gewöhnlich um 600 v. Chr. an.[1] Für die Lehnwörter kommt sie kaum in Betracht. In jener alten Zeit vor der ersten Lautverschiebung sind ja sicher schon viele Entlehnungen gemacht worden (vgl. Kap. II), sie lassen sich aber schwer von den Erbwörtern unterscheiden, und zwar eben deshalb, weil beide die Lautverschiebung durchgemacht haben. Allgemeine kulturgeschichtliche Erwägungen müssen hier die exakten sprachlichen Kriterien ersetzen. Hanf z. B. (urgerm. *hanap) kann nach den Lauten zu urteilen dem gr. κάνναβις ebensogut urverwandt, wie aus ihm (oder einer andern, etwa skythischen Sprache, s. S. 51) entlehnt sein. Da der Hanf nicht in Germanien, sondern in Osteuropa heimisch ist, so ist das letztere wahrscheinlich. Solche alte, vor die erste Lautverschiebung fallende Entlehnungen sind vielleicht noch Affe, Pfaid, Pfad, Pflug und aus dem Keltischen Walch (welsch), Reich, *marah* (Mähre), *hadu* (Kampf). (Kap. II).

---

1) Kauffmann, Deutsche Altertumskunde S. 117 setzt sie dagegen in die ältere Bronzezeit, d. i. 1200—800 v. Chr., jedenfalls zu früh.

Um so wichtiger für die Zeitbestimmung der Lehn=
wörter ist dagegen die zweite Lautverschiebung, die
man die hochdeutsche nennt, weil von ihr nur die
oberdeutschen und zum Teil die mitteldeutschen Dialekte
ergriffen wurden (vgl. hd. Zeichen gegen nd. Teeken).
Sie bildet den wichtigsten chronologischen Markstein
für die Entlehnungen der älteren Zeit. Diejenigen
Fremdwörter nämlich, welche vor ihr oder während
ihrer in der deutschen Sprache Aufnahme fanden,
müssen sie notwendigerweise entweder ganz oder
wenigstens zum Teil mitgemacht haben, diejenigen
dagegen, welche erst nach ihr aufgenommen wurden,
nicht mehr. Denn ein Nachholen des einmal Ver=
säumten gibt es in der sprachlichen Entwicklung nicht.

Aber nicht alle Einzelerscheinungen der hochdeut=
schen Lautverschiebung sind für die chronologische Be=
stimmung von gleichem Werte. Die drei alten Medien
d, b, g wurden nämlich nicht zu vollwertigen Tenues
p, t, k verschoben, sondern nur zu einem in der Mitte
zwischen beiden stehenden schwankenden Laut, der bald
durch die Media, bald durch die Tenuis bezeichnet
wurde. Es werden daher einerseits solche Lehnworte,
die schon vor der Lautverschiebung übernommen waren,
noch mit der Media d geschrieben, z. B. *drahho* für
trahho, anderseits erst nach derselben übernommene
noch mit *t*, z. B. *tictôn* für *dictôn*.[1] Ferner waren
die Lautgruppen *ht* und *ft* im Deutschen so gewöhn=

---

1) Franz, S. 9, 14, 19, 30.

lich), daß sie auch nach der Lautverschiebung noch die Verbindungen *kt* und *pt* häufig zu sich hinüberzogen, ein Vorgang, den man Lautsubstitution benannt hat. Wenn also aus *dictare dihtôn* oder *tihtôn*, aus *crypta cruft* geworden ist, so folgt daraus nicht, daß diese Worte vor der Lautverschiebung aufgenommen worden sind. Sie können es ihrer lautlichen Beschaffenheit nach sein, brauchen es aber nicht; denn das *ht* und *ft* kann auch erst später durch Substitution entstanden sein. Dasselbe gilt von den selteneren Gruppen *hs* und *fs*.[1]

Kein Kriterium ferner für das Alter der Entlehnung ist die ungemein häufige Verschiebung von *k* zu *ch* in den oberdeutschen Dialekten. Denn da die hochdeutsche Sprache seit der Lautverschiebung kein eigentliches *k* mehr besaß, gab sie häufig auch noch im 9. J. das *k* entlehnter Wörter durch *ch* wieder. Wörter wie *chrûzi, chapella, canunih* (canonicus) sind also keineswegs etwa wegen des *ch* als vor der Lautverschiebung entlehnt anzusehen.[2] Dagegen ist die Verschiebung des *k* zu *ch* (oder *hh*) im Innern eines Wortes, besonders zwischen zwei Vokalen, welche nicht bloß das Allemannische und Bairische, sondern auch die süd- und mittelfränkischen Dialekte und noch unsere heutige Sprache aufzuweisen haben, ein vollgültiger Beweis vollzogener Lautverschiebung, z. B. *kuchina*, Küche.

1) Franz, S. 12 A., S. 24 A.
2) Franz, S. 24, 73.

Es bleiben also als Kriterien des Alters einer Entlehnung von den Erscheinungen der Lautverschie=
bung nur übrig die Verschiebung von *t* zu *z* (oder *z = ß*), von *p* zu *pf* (ober *ph* oder *ff* oder *f*), end=
lich von inlautendem *k* zu *ch* (oder *hh* oder *h*). Der ganze Prozeß erfolgte in der zweiten Hälfte des 5. und im 6. J.[1], und zwar in der angegebenen Reihen=
folge, so daß zuerst *z* aus *t*, dann *pf* aus *p*, zuletzt *ch* aus *k* wurde. Das lateinische *porta* kam nun in das Deutsche, als das *t* seine Verschiebung bereits hinter sich hatte, das *p* dagegen noch nicht verschoben oder noch in der Verschiebung begriffen war; so mußte im deutschen Worte **Pforte** das *t* unverschoben bleiben, das *p* dagegen zu *pf* werden. In Mitteldeutschland aber und am Niederrhein, wo die Lautverschiebung später eintrat als in Oberdeutschland, wo also auch *t* erst später zu *z*, *p* aber gar nicht mehr verschoben wurde, mußte aus *porta* umgekehrt **Porze** werden. **Pech** dagegen konnte aus lateinischem *picem* entstehen, als das *p* bereits nicht mehr verschoben wurde, wohl

---

1) Der Name des 453 gestorbenen Hunnenkönigs Attila (gotisch = Väterchen) ist mhd. zu **Etzel** verschoben. Die Laut=
verschiebung kann also nicht vor etwa 440 bis 450, wo der Name allgemein bekannt wurde, eingetreten sein. Wäre sie das, so wäre Attila unverschoben geblieben. — Kluge (Wort=
forschung und Wortgeschichte 171, 173) schließt aus ‚Etzel, Maut' (f. Kap. XI) und einigen andern lehnwörtlichen Tat=
sachen, daß die zweite Hälfte des 5. J. und spätestens die Zeit etwa um 500 das Zeitalter der Lautverschiebung war. Er drängt diesen Prozeß also in einen kürzeren Zeitraum zu=
sammen, als man gewöhnlich annimmt.

aber noch das *k*.[1] Die Übernahme von Pforte müssen wir also etwa in den Anfang des 6., die von Pech vielleicht ein Menschenalter später setzen.

Für eine kleine Anzahl von Wörtern ist die Vertretung des lateinischen *v* das entscheidende Kriterium. In alter Zeit wird dieses von den Deutschen mit der jetzt wieder üblichen *w*-Aussprache übernommen, so in ‚Wein, welsch, Weiler, Weiher‘. Später sprach man es wie das deutsche *v*, also = *f*, z. B. in ‚Veilchen, Vers, Vesper, Vikar, Vogt‘. Wenn also das deutsche Wort Wall nicht ‚Vall‘ lautet, so ist damit bewiesen, daß es bereits in vorchristlicher Zeit aus *rallum* entlehnt worden ist.[2]

Ein zweites Mittel, die Zeit der älteren Entlehnungen zu bestimmen, ist der Rückschluß, den das deutsche Wort auf die lautliche Beschaffenheit des fremdsprachlichen zur Zeit der Übernahme gestattet. Hierbei kommt besonders ein Punkt in Betracht. Das lateinische *c* wurde im Altertum überall wie *k* gesprochen. Cicero nannte sich Kikero. Vor den hellen Vokalen *e* und *i* wurde nun in der zum Romanischen fortschreitenden Sprache aus *k* durch die Zwischenstufen *kj* und *tj* hindurch *ts*, unsere heutige Aussprache. Dieser Vorgang der sogenannten Assibilierung vollendete sich am Ende des 6. und am Anfang des 7. J. Die lateinischen Wörter also, die vor dieser Zeit an das Ohr der Deutschen schlugen, klangen ihnen als mit *k*

---

1) Franz, S. 33.
2) Franz, S. 20, 22.

gesprochen, aus dem durch die Lautverschiebung *ch* werden mußte. Daher Kicher aus *kiker*, Pech aus *pikem*, Lärche aus *larikem*. Wäre das letzte Wort erst nach der Assibilierung des *c* zu uns gedrungen, so hätten wir heute keine ‚Lärche‘, sondern eine ‚Lärze‘, wie wir umgekehrt ein ‚Kreuz‘ und kein ‚Kreuch‘ besitzen.[1] Einige andere, subtilere Kennzeichen des Alters der Entlehnung führt Kluge in der Vorgeschichte der altgermanischen Dialekte 1906, S. 347ff. an. Die gotischen Lehnwörter aus dem Latein (*pund, wein, akeit, asilus* u. a.) müssen schon vor 300 entlehnt worden sein. Ferner ist die Quantität und Qualität des hochlateinischen Vokalismus in vielen Lehnwörtern beibehalten, es zeigen sich also in diesen noch nicht die Lautneigungen, die im jüngeren Vulgärlatein auftreten, z. B. die Dehnung von Kürzen unter dem

---

1) Auch die Verwandlung eines lateinischen *e* vor *n* mit folgendem Konsonanten in deutsches *i* kann bisweilen zum Beweise dienen, daß das betreffende Lehnwort aufgenommen wurde, bevor im Deutschen selbst bei gleicher Stellung älteres *e* in *i* überging, wie dies z. B. bei *wint (rentus), binden* (πενθ-, πεῖσμα Seil), *fimf* (äol. πέμπε) geschehen ist. Darum wird jetzt *minza* aus *menta*, *zins* aus *census* in ältere Zeit gesetzt als *spenden* aus *expendere* (Porzeziński: Einleitung in die Sprachwissenschaft 1910, S. 147). Bei *minza* trifft dies zu, und hier beweist auch schon die Verschiebung des *t* zu *z* das hohe Alter der Entlehnung. Zins jedoch kann erst nach Abschluß der Assibilierung, also nicht vor dem Beginn des 7. J. entlehnt sein; damals aber war der Übergang von *e* zu *i* vor *n* mit Konsonanten im Germanischen längst abgeschlossen. Das *i* in *zins* muß also auf einer späteren Analogiebildung beruhen. Auch in dem von ‚spenden‘ hergeleiteten ‚Spind‘ (III, 61) ist *e* noch in späterer Zeit zu *i* geworden.

Einfluß des Iktus, die zuerst bei Aujonius zutage tritt. Diese Lehnwörter müssen schon in den ersten drei bis vier Jahrhunderten n. Chr. übernommen sein. Es fehlt aber auch nicht an solchen, die spätere vulgärlateinische Lauterscheinungen zeigen, z. B. *sĕcurus* statt *sēcurus*, und ebensowenig an vulgärlateinischen Wörtern wie *molina* (statt *mola*), *conucula* (statt *colus*), *cuprum* (statt *cypreum*), *stupila* (statt *stipula*).

Eine besondere Erwägung erheischen die lateinischen Lehnwörter im Angelsächsischen.[1] Die Auswanderung der Angeln, Sachsen und Jüten nach Britannien erfolgte bekanntlich in der ersten Hälfte des 5. J., doch unternahmen schon vorher, mindestens seit der Mitte des 4. J. einzelne Scharen dieser Völkerstämme Raubzüge dorthin. Man nahm nun bisher im allgemeinen an, daß sie diejenigen lateinischen Lehnwörter ihrer Sprache, die dem Angelsächsischen und Hochdeutschen in lautlich entsprechender Form gemeinsam sind, aus der festländischen Heimat in die neuen Wohnsitze mit hinübergenommen hätten, daß also das Vorhandensein in beiden germanischen Sprachen zum Beweis diene, daß die betreffende Entlehnung im 4., spätestens am Anfang des 5. J. stattgefunden habe. Jetzt ist man hiervon zurückgekommen. Man hat erkannt, daß z. B. die lateini-

---

[1] Ich schließe mich im wesentlichen den Auseinandersetzungen Hoops' (Waldbäume und Kulturpflanzen S. 566 bis 589) über diese schwierige Frage an, die im einzelnen noch sehr der Klärung bedarf.

schen Obstnamen den Angeln in Südschleswig und den Sachsen in Holstein und an der Nordseeküste unmöglich bekannt geworden sein können, weil die römische Obstkultur niemals bis zu jenen Gegenden vorgedrungen ist. Dasselbe gilt von den auf den Wein- und den Steinbau bezüglichen Lehnwörtern und von den ältesten kirchlichen Ausdrücken (s. Kap. XI). Nur die auf dem Handel beruhenden Lehnwörter können Anspruch darauf erheben, schon in so früher Zeit bis nach Schleswig-Holstein vorgedrungen zu sein, weil auch die römischen Waren durch den Seehandel vom Niederrhein her bis dorthin gelangten. Solche lateinisch-angelsächsische Handelsworte sind: *cypan* (kaufen), *cēapmon* (Kaufmann), *esol* (Esel), *mynet* (Münze), *oncor* (Anker), wohl auch *wīn* (Wein), *pipor* (Pfeffer) und Gefäßnamen wie *ciste*, *cest* (Kiste), *omber* (Eimer). Auch von einigen militärischen Ausdrücken wie *cāsere* (Kaiser), *draca* (Drache), *pīl* (Pfeil) läßt sich annehmen, daß sie durch Landeskinder in die Heimat gebracht wurden, die im römischen Heere als Söldner gedient oder sich germanischen Häuptlingen, die gegen Rom kämpften, angeschlossen hatten.

Die meisten und für das Leben bedeutsamsten Kulturgüter lernten die Angelsachsen aber sicher nicht in ihren alten Wohnsitzen kennen, sondern zum Teil in dem eroberten Britannien, das ja kaum weniger von der römischen Zivilisation durchdrungen war, als das römische Germanien und Gallien. Solche insulare Lehnwörter sind wohl: *pāl* (Pfahl), *soler* (Söller), *mūr*

(msc. gegenüber hd. die Mauer), *segn* (Feldzeichen), *ceaster* (Lager), *carcern* (Kerker), *tunuce* (tunica), *cisten* (Kasta=
nie), *fann* (Futterschwinge), *cod-æppel* (*cotonia* Quitte).

Nun gibt es aber noch eine ganze Anzahl latei=
nischer Lehnwörter im Ags., die mit den entsprechenden
deutschen in der Lautgebung vollständig übereinstimmen,
die aber aus sachlichen Gründen unmöglich bereits in
der kontinentalen Heimat den Angeln und Sachsen zu=
gekommen sein können, weil sie eine dauernde und enge
Verbindung mit der römischen Kultur voraussetzen.
Für diese muß man eine Entlehnungsheimat annehmen,
die in demselben römischen Kulturgebiet gelegen war,
von dem auch die deutschen Stämme kulturell und
sprachlich beeinflußt wurden. Dieses Ausstrahlungs=
zentrum kann nur in den Landschaften am Niederrhein
gefunden werden.[1] Durch historische Zeugnisse steht
fest, daß dauernde Niederlassungen der Sachsen seit
der Mitte des 4. J. sowohl in der Normandie wie
in Westflandern bestanden.[2] Daß von diesem „säch=
sischen Gestade" aus die Hauptmasse der Sachsen nach
Britannien übersetzte, war schon früher u. a. daraus
geschlossen worden, daß die Sachsen gerade die Süd=
küste Britanniens besetzten. Ebenso hatten die Angeln

---

1) So schon Kluge in Pauls Grundriß der germani=
schen Philologie I ², 348 f. Jetzt ist diese Vermutung weiter
ausgeführt und fester begründet durch Hoops, Waldbäume
und Kulturpflanzen S. 577 ff.

2) Das litus Saxonicum wird seit etwa 410 erwähnt;
Ortsnamen auf *-em* in der Gegend von Gent sind aus ags.
-hām (= heim) (*Uxem*, *Ceyem*) hervorgegangen.

zusammen mit den Warnen und Türingern das heutige Nordbrabant östlich der unteren Schelde erobert und setzten von hier aus nach Britannien über. Diese niederrheinischen Gegenden also waren es, wo die Sachsen und Angeln in längere Zeit dauernde, intensive Berührung mit der römischen Kultur kamen, wo sie den Stein- und Straßenbau, die Obstzucht sowie einige Einrichtungen der christlichen Kirche kennen lernten. Für die Erscheinungen, die ihnen dort als neu und bedeutsam entgegentraten, entlehnten sie natürlich die lateinischen Ausdrücke. Aus dieser Heimat stammen also Lehnwörter wie *porte* (Pforte), *post* (Pfosten), *tīgle* (Ziegel), *cealc* (Kalk), *pytt* (Brunnen), *strǣt* (Straße), *sicol* (Sichel), *pise* (Erbse), *earfe* (*ervum*), *cyrfet* (Kürbis), *pere* (Birne, s. Kap. VIII), *wealhnutu* (Walnuß), *persoc* (Pfirsich), *biscop* (Bischof), *cyrice* (Kirche). Es gibt natürlich auch Lehnwörter, bei denen sich nicht entscheiden läßt, ob sie schon am Niederrhein oder erst in Britannien übernommen worden sind, z. B. einige Obstarten wie *plūme* (Pflaume), *cirisbēam* (Kirschbaum) und die meisten Gewürze und Gemüse.

Nur durch die Annahme dieser niederrheinischen Entlehnungsheimat vieler lateinischen Lehnwörter im Angelsächsischen erklärt sich auch, daß manche im Mittel- und Oberdeutschen vorhandene lateinische Lehnwörter im Ags. fehlen, z. B. Kammer, Speicher, Fenster, Pfeiler. Diese Wörter haben eben eine andere Entlehnungsheimat, nämlich den Mittel- oder Oberrhein.

Nur so erklärt sich auch die deutlich hervortretende besondere Übereinstimmung der ags. mit den speziell nordwestdeutschen Entlehnungen gegenüber den hochdeutschen. Der Sonnabend heißt im Ags. und in den nordwestdeutschen Dialekten Saturni dies: ndl. *zaterday*, nd. *sāterdach*, ags. *sæternesdag*, engl. *saturday*, im Hd. dagegen Samstag (Kap. XI).¹ Die Walnuß dort ‚Walnuß‘, hier ‚welsche Nuß‘ (Kap. VIII), die Mispel ist nur im Hd. Lehnwort, in den nd. Mundarten und im Ags. heißt sie drastisch *openærs* (culus apertus), Apenärseken. Das lt. *meretrix* erscheint in der lex Salica, also in der Vulgärsprache am Niederrhein, als *meletrix* (woraus altfr. *meautrice*); die Angelsachsen nahmen das Wort als *miltestre* mit hinüber, ebenso *clibanus* als *elcofa* ‚geheiztes Gemach‘ (Kap. VI) und *sorbus* (Spierling, ein Fruchtbaum) als *syrfe*. Endlich ist noch darauf hinzuweisen, daß das Niederländische eine Anzahl alter Lehnwörter aus dem Latein besitzt, die sonst in keiner Mundart belegt sind: *pepel* und *kapel* aus *papilio*, *polre* aus *pullarium* Hühnerhof (Kap. IX), *stīl* aus *stela* (στήλη Pfeiler, Kap. VI), *noker* aus *nucarius* (fr. *noyer* Nußbaum, Kap. VIII). Hier in den Niederlanden floß also im 4. J. eine starke Entlehnungsquelle, die sowohl nach Niederdeutschland wie nach England übergeströmt ist. — Dieselben niederrheinischen Landschaften haben dann wiederum im

---

1) Auch der Sonntag, ags. *sunnandæg* und der Wodanstag (Mittwoch), ags. *wōdnesdæg* haben ihre Namen am Niederrhein erhalten (Kap. IV).

Mittelalter (II² 107) und zum dritten Male in der Neuzeit (III, 90f.) ein solches Entlehnungszentrum für romanische Worte abgegeben. Sie sind eben durch ihre geographische Lage und ihre Verkehrsverhältnisse dazu prädestiniert, das Bindeglied zwischen dem romanischen und germanischen Sprach= und Kulturgebiet zu bilden.

Zu diesen rein sprachlichen Kriterien kommt als untrügliches und oft ausschlaggebendes Alterskennzeichen der archäologische Befund. In den letzten Jahrzehnten sind umfassende Ausgrabungen auf der Saalburg, am römischen Limes und an andern Orten vorgenommen worden. Dadurch sind wir über vieles aufgeklärt worden, was bisher unsicher war. Wenn man z. B. früher die Entlehnung der Obstnamen bis ins 7. J. hinabsetzen zu können glaubte, so haben uns jetzt die Ausgrabungen auf der Saalburg gelehrt, daß auf dem rechten Rheinufer schon im 2. J. Kirschen, Pflaumen und Pfirsiche gezogen wurden. Wir werden also gezwungen, die Entlehnung der Namen ebenfalls in diese Zeit zu setzen. Denn daß zwischen Bekanntwerden der Sachen und Entlehnung der Worte ein längerer Zeitraum verstrichen sein sollte, ist ganz unwahrscheinlich.

Mit den angegebenen Mitteln zur chronologischen Bestimmung ausgerüstet, betrachten wir in diesem Bande diejenigen Lehnwörter, welche vor dem Abschluß der Lautverschiebung, also vor der Christianisierung des deutschen Volkes und vor dem Beginne der Literatur in unsere Sprache aufgenommen worden sind; es ist das die vorrömische, die römische und die Merowingerzeit.

Kapitel II.

Wanderzeit. Keltische, griechische, italische Wörter.

Die Germanen werden von Tacitus (Germ. 2) für indigenae, Ureinwohner Germaniens erklärt, die durch keinerlei Einwanderungen vermischt seien. Das ist die Annahme eines Historikers, der mit seinen Hilfsmitteln zu keinem andern Schluß kommen konnte, und der bei dem großen Werte, den das Altertum auf die Autochthonie legte, auch dem von ihm mit Liebe geschilderten Volke diesen Vorzug zusprechen zu müssen glaubte. In Wirklichkeit sind die Germanen ebenso wie alle andern indogermanischen Völker in ihre historischen Wohnsitze durch Wanderungen auf dem Landwege gelangt, mag man nun die Heimat des indogermanischen Urvolks, von dem die Germanen sich losgelöst haben, nach Nord- oder Nordosteuropa, nach Südrußland oder, wie früher die meisten Forscher, jetzt wieder, auf gute Gründe gestützt, Feist[1], nach

---

1) Feist, Kultur, Ausbreitung und Herkunft der Indogermanen (1913), S. 486 ff. — Die Annahme Hirts, daß die Heimat des indogermanischen Urvolks ein Teil der norddeutschen Tiefebene sei, wird schwerlich Zustimmung finden.

Asien verlegen. Auf dieser längeren oder kürzeren Wanderung mußten die Germanen, ebenso wie ihre Brudervölker, vielfach mit andersfprachigen Volks= stämmen in friedliche und kriegerische Beziehungen treten, denn die Indogermanen waren doch nicht die einzigen Menschen, die es gab. Sie fanden ferner das Land, das ihre Heimat wurde, also Norddeutschland südlich bis zum deutschen Mittelgebirge bei ihrem Ein= zug durchaus nicht als eine menschenleere Öde vor. Die prähistorischen Forschungen, die Funde und Aus= grabungen der neuesten Zeit haben vielmehr erwiesen, daß auch das nördliche Europa schon lange vor der Be= siedlung durch die Germanen und Kelten von durchaus nicht ganz unzivilisierten Völkern bewohnt war. Diese Urbevölkerung, von der die dänischen „Küchenabfall= haufen" herrühren, unterwarfen die einwandernden in= dogermanischen Scharen und prägten ihr ihre Sprache auf, „indogermanisierten" sie, umgekehrt aber über= nahmen sie ihrerseits einen nicht geringen Teil des Wortschatzes der Unterworfenen. Ebenso ist es den andern indogermanischen Sprachen ergangen. Ihnen allen sind starke Bestandteile aus dem Sprachmaterial derjenigen Völker beigemischt, die die Einwandernden in ihren neuen Wohnsitzen antrafen, unterwarfen und indogermanisierten. Die Verschiedenheit dieser fremd= artigen Wortbeimischung in den einzelnen Ländern sowie

---

Aber selbst in diesem Falle wären die Germanen bei ihrer weiteren Ausbreitung überall mit nichtindogermanischen Nach= barvölkern in Berührung gekommen.

auch die Verschiedenheit der Lautartikulation und Wortakzentuation in den fremden Sprachen, die sich bei der Verschmelzung bis zu einem gewissen Grade der herrschenden indogermanischen Sprache mitteilen mußte, bewirkte das weite Auseinandergehn der indogermanischen Sprachen, ebenso wie die modernen romanischen Sprachen zwar alle Vulgärlatein sind, aber durchsetzt mit Wörtern der ursprünglichen Sprache des betreffenden Landes und gesprochen nach dem Artikulations- und Akzentsystem seiner ursprünglichen Bewohner.[1]

Solche aus den Sprachen der ursprünglichen Bevölkerung in die indogermanischen Sprachen übergegangenen Wörter nennt die Sprachwissenschaft jetzt „ureuropäisch" oder „vorindogermanisch". Sie sind daran kenntlich, daß sie nicht durch irgendwelches Ablautverhältnis[2] mit Wörtern anderer indogermanischer Sprachen zu verwandtschaftlichen Gruppen verbunden sind, wie es z. B. bei lt. *granum*, altslav. *zrno*, deutsch *Kern* und *Korn* der Fall ist, sondern isoliert, d. h. ohne etymologischen Zusammenhang dastehn. Im Griechischen machen sie sich oft schon durch ungriechische Suffixe kenntlich, wie $\vartheta άλ-ασσα$ Meer, $ἀσάμ-ινϑος$ Badewanne, $κυπάρ-ισσος$ Zypresse.

Im Germanischen gehören gerade solche Wörter zu den ureuropäischen, in denen der Charakter der

---

[1] Kauffmann, Teutsche Altertumskunde S. 52, 66, 116.
[2] Ohne Ablaut liegt allemal der Verdacht der Entlehnung nahe, z. B. bei *ἄροτρον*, *aratrum*, altn. *arthr* Pflug. Kauffmann, S. 53.

norddeutschen Landschaft am deutlichsten hervortritt.[1] So das Meer und das Seewesen: *See, Ebbe, Kahn, Kiel, Segel*; das Gelände und seine Eigentümlichkeiten: *Strand, Haft, Klippe, Düne, Geest, Torf, Wald, Honig, öde, eben*; Fische: *Butte, Felchen, Hecht, Hering, Karpfen, Roche, Sprotte, Stör*; wilde Tiere: *Dachs, Fuchs, Hamster, Iltis, Marder, Reh, Rentier*; Vögel: *Drossel, Eule, Fink, Gauch, Habicht, Kauz, Lerche, Meise, Möve, Reiher, Wachtel*; wildwachsende Pflanzen: *Beere, Binse, Brom*(beere), *Dill, Distel, Efeu, Klee, Klette, Kresse, Lauch, Rade*. Es wurden also die Benennungen der Landschaft samt den zu ihr gehörenden Tieren und Pflanzen und der bereits von den Ureinwohnern ausgebildeten Seeschiffahrt von den indogermanischen Einwanderern, denen dies alles neue, unbekannte Erscheinungen waren, einfach übernommen. Von zahmen Tieren sind *Rind* und *Schaf* ureuropäisch. Diese Haustiere wurden allerdings schon von den Indogermanen gezüchtet und haben auch im Germanischen sonst indogermanische Benennungen (*Stier, Kuh, Joch*, ahd. ouwi Schaf = lt. ovis, *Wolle*). Die Entlehnung der beiden unindogermanischen Benennungen mag also darauf beruhen, daß die Germanen neue Rassen oder eine neue Zucht- und Nutzweise bei den keineswegs unkultivierten Vorbewohnern des Landes kennen lernten. Ureuropäisch sind ferner verschiedene Zahlbegriffe, wie *Mandel, Stiege*,

---

1) Feist, Indogermanen, S. 31—34; Kauffmann, Deutsche Altertumskunde, S. 66, Anm. 5.

Schock, und die ältesten Krankheitsbezeichnungen: *krank, siech, Beule, Blatter, Drüse, Gicht, Krampf, Räude*. Ferner Bezeichnungen der Zeit: *Tag, Zeit, Winter*, und verschiedene andere Ausdrücke wie: *arm, arg, Kraft, Adel, klug, Grund, Ort, (Ant)litz, Weib, Knabe, Schalk, Dieb, Norden*. Endlich Verba wie *laufen, rufen, trinken* u. a. Manche der eben genannten Wörter hat man sich von indogermanischen Wurzeln abzuleiten bemüht, bisher aber ohne rechten Erfolg.

Eine andere Art von entlehnten Wörtern sind solche, die zugleich mit den von ihnen benannten Kulturgütern von Volk zu Volk weitergegeben worden sind. Man nennt sie „Wanderwörter" oder „Kulturwörter".[1] Sie können indogermanischen Ursprungs sein, dann sind sie als Wanderwörter nur durch das Fehlen des Ablauts von den Erbwörtern zu unterscheiden (S. 30, Anm. 2), oder nichtindogermanischen Ursprungs, dann fehlt ihnen der etymologische Zusammenhang mit einer indogermanischen Wurzel. Zu den letzteren rechnet man *Silber*[2], *Pflug* (doch s. Kap. IX), *Lein*, dessen verschiedene Sorten später, als er heimisch geworden war, mit den germanischen Ausdrücken ‚Haar' (davon ‚Hede' = Werg) und ‚Flachs'

---

1) Kauffmann, Altertumskunde, S. 52. Hirt, nhd. Etym., S. 94.
2) Hehn[8] S. 575 hat die beachtenswerte Vermutung ausgesprochen, das Silber habe von der pontischen Stadt Ἀλύβη für Σαλύβη seinen Namen bekommen. Homer nennt diese Jl. 2, 857 den ‚Ursprung des Silbers', und das ihr benachbarte Armenien war das Hauptsilberland Vorderasiens. Schrader, Sprachv. 261 ff., Reall. 766.

benannt wurden¹, *Hanf* (doch s. S. 51), *Pfad* (doch s. S. 52), *Apfel* (doch s. S. 57), *Roggen*, ahd. *roggo*, ags. *ryge*, lit. *rugys*, das vermutlich auf thrakisches βρίζα mit der Grundform *rrugja* zurückgeht. Die Thraker haben die wilde Stammpflanze des Roggens, die in den Gebirgen des Mittelmeergebietes heimisch ist, wahrscheinlich zuerst in Kultur genommen und diese Kenntnis dann den nördlich wohnenden Völkern weiter vermittelt.² Zu den ältesten Ackerbaupflanzen Nordeuropas gehört der Roggen keinesfalls, sondern nur Hirse, Gerste und Weizen. Auch *Erbse*, ahd. *araweiz*, *Rübe*, ahd. *ruoba* und *ruba*, vielleicht auch *Mohn*, ahd. *mago*, und *Bohne*, *bona*, scheinen alte Lehnwörter unbekannter Herkunft zu sein, die mit der Kenntnis der Gewächse von Volk zu Volk weitergegeben wurden und daher weitgehenden Veränderungen und Entstellungen ausgesetzt waren.³

Auch ein Tier ist in diesem Zusammenhang zu nennen. Von dem Affen nämlich, ags. *apa*, gibt Hesychios an, die Kelten hätten ihn *abranas* genannt. Man hat dafür *abbanas* vermutet und gemeint, die Kelten hätten das Tier frühzeitig irgendwo, vielleicht von Massilia aus, kennen gelernt und seine Kenntnis

---

1) Kauffmann, Deutsche Altertumskunde S. 164.
2) So Schrader, Reallexikon II. 693. Hoops, Waldb. und Kulturpfl. S. 448—450 vermutet dagegen, daß die sarmatische und kaspische Ebene die Heimat der Roggenkultur war und daß der vielleicht türkische oder skythische Name zugleich mit der Pflanze von da nordwärts zu den Slawen, Germanen und Finnen, westwärts zu den Thrakern gelangte.
3) Hoops, Waldb. und Kulturpfl. S. 352, 464.

samt dem Worte den Germanen übermittelt.¹ Jedenfalls muß es schon sehr früh nach Nordeuropa gelangt sein, und der fahrende Mann mit Bären, Affen und Kamel, umdrängt von der schaulustigen Jugend, geht danach bis in das graueste Altertum unseres Volkes zurück.² Auch mögen sich manche Fürsten und Vornehmen, wie jener Molosserhäuptling (Cic. de div. I, 34), eines dieser possierlichen Tiere zur Kurzweil gehalten haben.

Auch Gefäß- und Umhüllungsbezeichnungen werden häufig zu Wanderwörtern, wie das in Kap. V zu behandelnde *Sack*, das wir aus dem Lateinischen bezogen haben. Aus unbekannter Quelle stammen *Kump*, *Kumpen*, oberd. *Kumpf* und gr. *κύμβος*, ‚Gefäß‘, *κύμβη* ‚Gefäß, Nachen‘, *Krug*, *Krause* und andere. Wenn im Berliner Obsthandel noch heute nach *Tinen* (= etwas über 17 Liter), mnd. *tine*, gerechnet wird, so scheint auch dies nicht eine direkte Entlehnung aus vulgärlt. *tina* ‚Bütte‘ (fr. *tine*) zu

---

1) Schrader, Sprachv. und Urg. 401, Reall. 26.
2) Auf nordischen Bildwerken sind Jongleurkünste dargestellt, die von Affen ausgeführt werden. Auf späteren Affenimport deuten ags. *sprinca*, entstellt aus lat. *spinga* (auch *sphinga*, *sphinx*, *sphingion* eine Affenart), mnd. *simme* aus *simia*, Diminutiv *simminkel* aus *simmiuncula*. Darauf, daß auch Kamele schon in vorgeschichtlicher Zeit von wandernden Gauklertruppen vorgeführt wurden, läßt got. *ulbandus*, ahd. *olbanta* ‚Kamel‘ schließen. S. unten. Much im Anzeiger für deutsches Altertum XXVIII, S. 312. Daß auch Löwen (Kap. IV) und Strauße (II² 79) durch fahrende Gaukler in das Innere Deutschlands gebracht seien (Kauffmann 314), ist doch wohl zu bezweifeln.

sein, sondern ein Wanderwort, das sich auch im Litauischen, Finnischen und Estnischen findet.[1] Im übrigen lassen sich diese in unserer Sprache uralten Ausdrücke, die sich nur dem geschärften Blick des modernen Etymologen als mutmaßliche Entlehnungen enthüllen, nicht als „Lehnwörter" bezeichnen, auch keinerlei kulturgeschichtliche Schlüsse aus ihnen ziehen, da wir die Quelle nicht kennen, aus denen sie geflossen sind, ja nicht einmal mit voller Sicherheit sagen können, daß sie aus fremder Quelle geflossen sind.

Das erste nachweisbare Volk, von dem die Germanen Wörter entnommen haben, sind ihre westlichen und südlichen Nachbarn, die Kelten. Diese nahmen seit etwa 400 v. Chr. einen gewaltigen Aufschwung, bis ihre Macht im letzten Jahrhundert durch Cäsar endgültig gebrochen wurde. In politischer Beziehung bezeugen das ihre großen Eroberungszüge, die sie bis nach Rom führten, in kultureller die von ihnen ausgehende Latenekultur[2], welche sich durch eine hochentwickelte Eisenindustrie, durch bedeutende Mengen von Edelmetallen, die auch zur Prägung von Gold- und Silbermünzen verwandt wurden, und durch einen eigenen neuen Stil in der Herstellung des Arbeitsgeräts, der Waffen, des Tongeschirrs von der vorangehenden, eben-

---

1) Feist, Indogermanen, S. 228.
2) So benannt von dem reichen Altertumsfund, der in den 70er Jahren des 19. J. in einer Untiefe (la tène) am Nordende des Neuenburger Sees gemacht wurde, und der vorwiegend Eisengerät enthält. Kauffmann, Altertumskunde 209.

falls keltischen Halstattperiode¹ scharf abhebt. Während dieser Lateneperiode, also in den letzten vorchristlichen Jahrhunderten, sind die Germanen von seiten der weit überlegenen keltisch-gallischen Kultur sehr stark beeinflußt worden. Belgier und Gallier waren ihre Nachbarn im Westen, Helvetier im Süden, Bojer im Südosten, bis im 2. J. v. Chr. die Helvetier aus dem westlichen Süddeutschland nach der Schweiz, die Bojer aus Böhmen nach Norikum, Gallien und Pannonien auswanderten und in die menschenleer gewordenen Länder germanische Sueben aus den ostelbischen Landschaften einzogen.² Die Berührungsfläche zwischen den beiden großen Völkern war also eine sehr ausgedehnte, und die Einwirkung des höher zivilisierten, viel reicheren und entwickelteren auf das noch unentwickelte, arme, aber strebsame und aufnahmefähige mußte demgemäß eine ganz bedeutende sein. Die Zahl der dem Germanischen und Keltischen gemeinsamen alten Worte und Kulturbegriffe ist so groß, daß man von einer engen Kulturgemeinschaft beider Völker gesprochen hat, deren Folge ein gemeinsames Prägen von Begriffen und damit ein gemeinsames Schaffen von Wörtern gewesen sei. Diese Annahme hat einen mystischen Charakter und verschleiert mehr als sie erklärt. Die beiden Sprachen gemeinsamen Wörter sind vielmehr entweder urverwandt oder sie sind germanische Entlehnungen aus dem Keltischen. Eine sichere Entscheidung ist durchaus nicht immer möglich.

---

1) Kauffmann, Altertumskunde S. 173.
2) Kauffmann, Altertumskunde S. 217, 220, 239.

Ich führe im folgenden diejenigen deutschen Wörter auf, die mit Sicherheit oder wenigstens großer Wahrscheinlichkeit als Lehnwörter aus dem Keltischen zu betrachten sind.[1]

Da sind zuerst zahlreiche germanische Eigennamen zu nennen, die einen durchaus keltischen Charakter tragen. Bojorix allerdings, der spätere Führer der Cimbern, ist wohl sicher ein Bojer, also ein Kelte gewesen, der sich mit seiner Schar in Böhmen den Cimbern angeschlossen hatte[2], denn sein Name bedeutet ‚Bojerkönig‘. Aber Germanen waren z. B. *Arioristus, Marobodus, Teutobodus, Malorix, Boiocalcus*, deren Namen doch rein keltisch sind. Keltisiert sind germanische Namen wie *Hadurih* zu *Caturix*, *Hadumār* zu *Catumērus*, *Diotrih* zu *Teutorix*, *Sigimar Sigimund* zu *Segimerus Segimundus*, *Dagmar* zu *Dagomārus* u. a. Diese Übereinstimmung der Namen hat man durch Annahme einer mehrere Jahrhunderte hindurch dauernden Fremdherrschaft der Kelten über die Germanen, welche den germanischen Adel zweisprachig gemacht habe, zu erklären gesucht.[3] Dafür haben wir indessen keinerlei

---

1) Much, Deutsche Stammeskunde[2] S. 44 ff.; Kluge, Vorgesch. der altgerm. Dialekte in Pauls Grundriß I[2], S. 324—327; Hirt, Etymol. der nhd. Spr. 74, 95 ff.; Kauffmann, Altertumskunde S. 252—254.
2) Kauffmann S. 232.
3) So Bremer, Ethnographie der germanischen Stämme (Sonderabdruck aus Pauls Grundriß[2]), S. 53 (787). — Eine noch viel radikalere Hypothese hat neuerdings Feist aufgestellt und mit recht scheinbaren Gründen gestützt. Die Germanen, so führt er (Indogermanen 480) aus, seien gar keine Indogermanen, sondern ein ursprünglich anders-

geschichtliches Zeugnis. Wahrscheinlicher ist, daß keltische oder keltisch aussehende Namen bei den Germanen als

---

sprachiges Volk, das seit Ende der Eiszeit in Nordeuropa heimisch sei und von Anfang an denselben hohen, blonden und langschädeligen Typus gehabt habe, den wir noch heute als germanisch bezeichnen. Dieses Volk sei durch die Kelten, die um 500 v. Chr. eine gewaltige Expansionskraft entfalteten und die herrschende Stellung in Mitteleuropa einnahmen, unterworfen und „indogermanisiert" worden, in ähnlicher Weise, wie die ursprünglich türkischen Bulgaren an der mittleren Wolga slawische Sprache annahmen. Die indogermanisch-keltische Sprache habe aber im Munde der anderssprachigen Germanen, die natürlich auch anders veranlagte Sprachorgane hatten, große Veränderungen erlitten. Es seien nämlich die gemeingermanische Lautverschiebung, ferner die ausschließliche Betonung der Stammsilbe und der dadurch bewirkte Verfall der Flexion die Folgen des Übergangs der keltischindogermanischen Sprache in die unindogermanischgermanischen Sprachorgane gewesen. Gleichzeitig mit dem Sprachwechsel hätten die Kelten den Germanen den Übergang von der Bronze- zur Eisenkultur gebracht. Was werden die Verfechter der germanischen Idee, die in den Germanen das Ur- und Kernvolk der Indogermanen sehen, von dem die übrigen indogermanischen Völker erst ausgestrahlt seien, zu dieser Ketzerei sagen? Noch komplizierter wird die Sache dadurch, daß die Germanen auch mit ihren östlichen Nachbarn, den Slawen, lange Zeit in einer engeren Kulturgemeinschaft gelebt haben müssen. Das erweist Schrader („Die german. Bestandteile des russischen Wortschatzes" in den Beiheften zur Zeitschr. d. Allgem. Deutschen Sprachv. 23—24) durch eine auch hier vorhandene uralte Übereinstimmung des Wortschatzes. Auch diese erklärt sich nach Schrader nur durch die Annahme, daß schon in früher, vorgeschichtlicher Zeit die Vorfahren der Germanen und Slawen, wenn auch bereits sprachlich geschieden, doch eine gemeinsame „Kulturepoche" durchlebten, in der sie zusammen eine Reihe wichtiger kultureller Neuerwerbungen machten und benannten, z. B. Gold, tausend, Arbeit. Diese slawisch-germanische Kulturepoche müßte natürlich vor die „Indogermanisierung" durch die Kelten gesetzt werden. Die Germanen wären demnach zweimal indogermanisiert worden, zuerst partiell durch die Slawen, dann um 500 total durch modern und vornehm galten. Daher legten sich Fürsten und Führer, die auch im Ausland etwas bedeuten wollten, keltische Namen bei oder sprachen wenigstens ihre deutschen Namen gallisch aus, so wie noch heute Deutsche in Frankreich ihre Namen leider französieren oder in Polen polonisieren.[1]

War dies also eine bloße Modesache, die vorüberging, so sind zwei keltische Völkernamen dauernd in unserer Sprache haften geblieben. Die *Boii* gaben der von ihnen bewohnten Landschaft den Namen *Boihaemun* (Tac. Germ. 28) ‚Heimat der Bojer‘, der als Böheim, Böhmen fortlebt. Noch bedeutsamer für unsere Sprache aber wurde der Name eines Teilstammes der Bojer, der noch zu Cäsars Zeit (bell. Gall. VI, 24) in Mitteldeutschland seßhaften *Volcae*. Die Germanen übertrugen ihn auf alle Kelten und, seitdem diese romanisiert waren, auf die Romanen. Der Wortstamm *Volk*- wurde schon vor der ersten Lautverschiebung übernommen, ags. *Wealh*, ahd. *Walah*; davon ist abgeleitet das Adjektivum *walahisc*, jetzt welsch, womit wir alles Romanische und aus romanischem Lande Stammende bezeichneten, die Welschen, Wallonen, Welschland, Welschkohl, welsche oder Walchnuß, jetzt Walnuß (S. 26). — Die zahlreichen keltischen Ortsnamen werden im nächsten Kapitel besprochen werden.

---

die Kelten. Ich glaube, diese Fragen werden ebensowenig je gelöst werden, wie die nach der Heimat der Indogermanen oder des Menschengeschlechts. Ignorabimus.
1) Kauffmann, Altertumskunde, S. 253.

Bei den Kelten lernten die Germanen Gemein=
wesen kennen, die umfassender und fester organisiert
waren als ihre eigenen Stammesverbände, und die
ihnen deshalb imponierten. Daher stammen die beiden
Entlehnungen Amt und Reich. Das bei lateinischen
Schriftstellern (z. B. Caesar bell. Gall. VI, 15, 2)
öfter als keltisches Wort vorkommende *ambactus* von
gall. *amb-* ‚um‘ und *ag-* ‚treiben, senden‘ bedeutet
eigentlich ‚Herumgesandter, Bote‘, dann überhaupt
Dienstmann, Gefolgsmann.[1] Die Germanen über=
nahmen das Wort zusammen mit dem gesamten Gefolg=
wesen, wie es Tacitus in der berühmten Stelle (Germ.
13. 14) schildert, von den Kelten und machten sich es
mundgerecht, indem sie es an ihre Vorsilbe *and-* an=
lehnten, wodurch es den Anschein eines deutschen Wortes
bekam[2], got. *andbahts* ‚Knecht‘, *andbahti* ‚Dienst‘.
Im Hochd. wurde daraus der *ambaht* ‚Knecht‘ und
das *ambaht* ‚Dienst‘. Das Maskulinum ist ausge=
storben, das Neutrum hat sich in vergeistigter Bedeu=
tung erhalten. Im Beowulf sind die *ombihtas* die
eaxelgesteallan des Königs, die ihn im Kampfe an
der Achsel stehen.

---

1) Baist, Z. f. d. W. 9, 33. Das mlt. *ambactia* oder
ambactiata ‚Auftrag‘, fr. *ambassade* ‚Gesandtschaft‘ sind nicht
unmittelbar aus dem Keltischen, sondern zunächst aus dem
germ. *ambaht* geflossen.

2) Schrader, Reall. 817. J Grimm, Gesch. der deut=
schen Sprache S. 94, wollte es deutsch erklären und stellte es
zu *bak* ‚Rücken‘ „der Freund, der uns den Rücken wahrt“.
Die Bedeutung trifft zu, nicht aber die Etymologie.

Unser Reich geht nämlich zurück auf den kelti=
schen Wortstamm *rīg*, der sich in vielen Eigennamen
findet, z. B. Dumnorīx, Vercingetorīx und ‚Fürst,
Herr‘ bedeutet. Der Beweis der Entlehnung liegt in
dem langen *i*; wäre ‚Reich‘ urgermanisch, so müßte
das Wort dem lt. *rēg-is* entsprechend *rēk*, später *rūk*
lauten und wir hätten jetzt ein ‚Rach‘,‘ kein Reich.
Auch im Gotischen heißt *reiks* noch ‚Herrscher‘ neben
dem davon abgeleiteten *reiki* ‚Herrschaft‘, im Hd.
blieb nur das *rîhhi*, *rîche*, und zwar in beiden Be=
deutungen, abstrakt und konkret. Wir kennen die
letztere, Oberhaupt des Reiches, nur noch in der
Formel ‚Kaiser und Reich‘, wo ‚Reich‘ dasselbe be=
deutet wie ‚Kaiser‘. Die Entlehnung muß noch vor
der ersten Lautverschiebung stattgefunden haben und ist
deshalb, wie Amt, gemeingermanisch. Sie ist nur ver=
ständlich, wenn man annimmt, daß die Germanen in
jener Zeit noch keine Stammesoberhäupter kannten,
welche die Machtbefugnisse und Würde der keltischen
Könige besessen hätten. Der Begriff des Herrschers
muß ihnen etwas Neues und Imponierendes gewesen
sein. Auch bei ihnen werden dann einzelne Gau=
fürsten, gestützt auf ihre *ambacti*, sich zu Alleinherr=
schern über mehrere Gaue gemacht haben[1], wenn auch

---

1) Schrader (Beiheft 10 zur Zeitschr. des deutsch. Spr.
S. 155 und Reall. 452) vermutet ansprechend, daß die kelti=
schen *rīges* diejenigen seien, die verschiedene Sippenverbände
oder *pagi* unter ihrer Herrschaft zu einer *civitas* vereinigt
hätten, eine Entwicklung, die dann später auch bei den Ger=
manen einsetzte. — Vgl. auch Seeck, Untergang der antiken
Welt I, 214. 493.

ihre Herrschaft keineswegs eine dauernde war, so daß wir bei Cäsar (6, 23) wenigstens die westlichen Stämme wieder ohne Könige sehen. Von dem Substantivum ‚Reich‘ wurde auch das Adjektivum reich abgeleitet mit der Bedeutung ursprünglich ‚königlich‘, dann ‚mächtig‘, dann, weil die Macht des Königs in erster Linie auf dem Hort beruhte, aus dem er Armringe spendete, ‚begütert‘.

Da ferner an den keltischen Königshöfen in Irland die Geiseln unterworfener Stämme stehend einen Teil des königlichen Gefolges bildeten und der urkeltische Wortstamm *geislo* sich im Germanischen, und zwar nur im Germanischen wiederfindet, so ist anzunehmen, daß unser Geisel, ahd. *gisal*, aus dem altgallischen *gēslo-* entlehnt ist, um so mehr, da in beiden Sprachen das Wort auch häufig zur Bildung von Eigennamen verwandt wird (*Co-geslus*, *Giselher*). Unter dem Einfluß des keltischen Königtums haben die Germanen demnach auch diese Institution kennen gelernt. Mit dem König zugleich scheint auch die Gestalt des Sängers und seines Instruments zu den Germanen gekommen. Wenigstens ist die Bezeichnung des Saiteninstruments *hrotta* Rotte, die zuerst in fränkischer Form bei Venantius Fortunatus (7, 8) vorkommt (*chrotta britanna canat*), sicher dem altgallischen *crotta* entlehnt.

Zum staatlich=rechtlichen Gebiete gehören noch einige andere Entlehnungen: Eid (*aitha-*), altir. *oeth* — got. *liugan* heiraten, ahd. *ur-liugi*, Orlog (Krieg), eigentlich ‚außerhalb des Vertrags‘, altir. *linge* Eid — Wert, kymr. *gwerth* — *hadu* Kampf, gall. *catu* — *badu* Kampf, kelt. *bodu* — *wîg* Kampf, altir. *fich*¹ — Held, ir. *kaleto* hart — got. *arbi* Erbe, altir. *orbe* — frei, kelt. Grundform *prijo*, daher kymr. *rhyd* — got. *magus* Knabe, altgall. *magos* Sohn, Diener — nd. *tūn*, Zaun, gall.-lat. *-dunum* in Ortsnamen wie *Lugdunum*, altir. *dūn* Stadt, Burg — *Dorf*, altir. *treb* — *Burg*, altir. *brig*. Man sieht, daß diese Ausdrücke das Schließen von Verträgen, den Krieg, die soziale Gliederung und das Ansiedlungswesen betreffen. In diesen Beziehungen haben die Germanen also keltische Einflüsse erfahren. — Bei den Kelten hatte sich ferner ein besonderer Priester= stand, die Druiden, entwickelt. Diese Priester pflegten auch die Heilkunde, welche in der alten Zeit zumeist im Besprechen bestand. Diese Heilmethode übernahmen die Germanen² und damit das keltische Wort für Arzt. Irisch *liaig* ‚der Besprecher‘ wurde got. *lêkeis*, ahd. *lâchi* ‚Arzt‘, davon wurde abgeleitet *lêkinôn*, ahd. *lâchinôn* ‚heilen‘. Die ursprüngliche Bedeutung trat dann wieder im mhd. *lâchenen* ‚besprechen‘, *lâchenære* ‚Beschwörer‘ hervor, während das engl. *leech* sich zu der Bedeutung ‚Tierarzt‘ verengert hat. Im Schweizer Dialekt gibt es noch heute Lachsner = Besprecher, Lachsnerin = Quacksalberin, lachsnen = hexen und auch in Eigennamen wie Lochner, Lachner, Lachmann lebt das uralte Lehnwort weiter. Die Heilkunde und

---
1) Kauffmann, Altertumskunde, S. 264.
2) Heyne, Körperpflege, S. 175.

die Zauberformeln wurden von den Priestern natürlich geheim gehalten, ir. *rūn* Geheimnis; auch dies Wort übernahmen die Germanen als *rūna* Geheimnis, Rune = geheimes Schriftzeichen, raunen = geheimnisvoll murmeln.

Auf dem Gebiete der materiellen Kultur tritt als die bei weitem wichtigste Neuerung die allgemeine Einführung des Eisens in den Vordergrund, das in der vorangehenden sogenannten Halstattperiode seit etwa 600 nur spärlich auf dem Handelswege von Südosten in das östliche Mitteldeutschland, Böhmen, Schlesien, Niederlausitz, Posen, gelangte.[1] In der Lateneperiode hatten die Gallier, teils von den Römern (Plin. hist. nat. 12, 5), teils vom griechischen Massilia her angeregt, eine blühende Eisenindustrie entwickelt, deren Produkte von wandernden Eisenhändlern und Eisenschmieden auch zu den Germanen gebracht wurden. Diese lernten die neue Kunst des Schmiedens allmählich auch selbst ausüben, aber das teuere Eisenerz mußten sie immer aus keltischen Bergbaubezirken beziehen, weil sie selbst keinen Bergbau trieben. Daher war noch zu des Tacitus Zeit das Eisen selten in Germanien (Germ. 6)[2], aber es war doch seit dem 4. J. allgemein

---

1) Kauffmann, Altertumskunde, S. 173—175, 262. Halstatt liegt im Salzkammergut. Die Ausgrabungen fanden in den Jahren 1847—64 statt und erstreckten sich auf nahezu tausend Gräber. Die reichen Salzlager des Landes lieferten den Exportartikel, für den das vielbegehrte neue Metall von Italien her eingehandelt wurde. Eine Eisenindustrie, wie in der Lateneperiode, gab es damals bei den Kelten noch nicht.

2) Kauffmann, S. 262 f. — Die Nachricht des Tacitus über den geringen Eisenbestand bei den Germanen führt man

Entlehnungen aus dem Keltischen.

bekannt geworden und wurde sehr begehrt. So drang es unaufhaltsam von Südwesten nach Nordosten vor und schränkte den Gebrauch der Bronze immer mehr und mehr ein. Es ist nur natürlich, daß die Germanen mit dem Eisen auch das Wort dafür von den Kelten übernahmen. Die keltische Sprache hatte für das Metall von einem mit *aes* urverwandten Wortstamme *īs* mittels der Ableitungssilbe *-arn* das Wort *īsarn* gebildet. Dies Wort gelangte nun in der zweiten Hälfte des 4. J. v. Chr. in die germanischen Sprachen (got. *eisarn*); das sonst nicht germanische Suffix *-arn* verrät den fremden Ursprung. Später verloren die keltischen Sprachen das *s* zwischen Vokalen und aus dem so entstandenen irischen *iarn* entlehnten die Nordgermanen ihr *jarn*[1], so daß wir also im Germanischen zwei Entlehnungen des Eisens, beide aus dem Keltischen, haben. Der Name des Eisens wurde auch zur Bildung von Eigennamen verwandt (vgl. *Isangrimus*), was mit dem Kupfer nicht geschehen war; daraus darf man vielleicht schließen, daß das Kupfer noch keinen tiefgreifenden Einfluß auf das Leben der Germanen gewonnen hatte, als es durch das Eisen ersetzt wurde.[2]

---

jetzt auf einen „veralteten Gewährsmann" zurück, weil schon die Sweben des Ariovist mit Eisenwaffen gut versehen gewesen seien. Wer sagt denn aber, daß sie diese mit aus der Heimat gebracht haben? Den größten Teil werden sie wohl von ihren gallischen Bundesgenossen erhalten und kann weiter von ihren gallischen Feinden erbeutet haben.

1) Schrader, Sprachwissenschaft, S. 302.
2) Schrader, Sprachwissenschaft, S. 308.

Auch ein zweites Metall haben wir von den Kelten empfangen, das Blei. Das ahd. *blio* geht sicher auf den keltischen Wortstamm *blīvo*, d. i. ‚blaues Metall', zurück, und ebenso der westgermanische Name des Bleies Lot, ahd. *lōt* (engl. *lead*), von dem später das aus Blei gegossene Gewicht benannt wurde, auf die keltische Grundform *laudo*. Da Gallien reich an Blei ist und die Gallier den Bergbau früher betrieben als die Germanen, so werden wir bei beiden Wörtern nicht Urverwandtschaft, sondern Entlehnung aus dem Keltischen anzunehmen haben.[1]

Die Einführung des Eisens bedeutete einen höchst bemerkenswerten Fortschritt in der Wehrhaftigkeit des Volkes. Denn es diente zunächst und vor allem zur Verbesserung der Waffen, die nun nach keltischer Art aus Eisen gefertigt und infolgedessen keltisch benannt wurden. Dies geschah mit der Hauptangriffswaffe, dem Ger, ahd. *gêr* aus gall. *gaison* (daher der Name *Radagaisus*), das auch in das Lt. (*gaesum*), ja sogar in das Griech. (γαῖσον) eindrang, und mit einer wichtigen Schutzwaffe, der Brünne, got. *brunnjō*, ahd. *brunna* aus altirischem *bruinne* ‚Brust'. Die Kelten leisteten gerade in der Panzerfabrikation Hervorragendes; das geht sowohl aus historischen Nachrichten[2] hervor, wie aus dem späteren Lehnwort Harnisch (II² 126). Als ein Kriegswerkzeug haben wir jeden-

---

1) Schrader, Sprachwissenschaft, S. 316, Reallexikon, S. 96; Much, S. 48; Kauffmann, S. 254.
2) Schrader, Reallexikon, S. 611.

falls auch die **Gabel**[1] von den Kelten übernommen, irisch *gabul*, dazu *gabla* Schere, wovon auch lt. *gabalus* gegabeltes Holz, Galgen. Sie wurde aber bald zum friedlichen, landwirtschaftlichen Gerät (ahd. *mistgabala, gartgabala*) und drang im Mittelalter aus dem Stall in die Küche vor, wo sie zum Tranchieren diente (*vleischgabel*). Erst im Anfang des 16. J. gelangte sie unter dem Einfluß einer verfeinerten, aus Italien stammenden Tischzucht als Eßgerät in das Speisezimmer und die Hände der Herrschaft.

Nicht nur die Metallindustrie, sondern auch die Keramik bekam durch die keltische Kultur neue Antriebe. Sprachlich tritt dies in der Entlehnung des Wortes **Pott** hervor. Obwohl die germanischen Frauen seit der Urzeit aus Tonerde oder Lehm Gefäße formten, so fehlte doch in der deutschen Sprache eine allgemeine Bezeichnung für das, was wir ‚Topf' nennen. ‚Topf' selbst, wohl eigentlich ‚Tiefgefäß', ist jüngeren Datums und kommt erst im Mhd., und auch da nur vereinzelt vor. ‚Hafen' (zu ‚heben' in der Bedeutung ‚fassen'), ahd. *havan*, ist nur den oberdeutschen Dialekten eigen. Pott ist niederdeutsch (engl. und ndl. *pot*) und aus dem Keltischen (*pot* oder *poit*) entlehnt, aus dem auch fr. *pot* und vulgärlt. *pottum* stammen. Die Entlehnungsheimat des Wortes ist wohl der Niederrhein, mit dem die Germanen und Kelten in engster Berührung standen. — Auch für die Bezeichnungen dreier

---

1) Schrader, Reallexikon, S. 261.

Kleidungsstücke nimmt man jetzt mit gutem Grund keltischen Ursprung an[1]: Rock, ahd. *roch*, irisch *rucht*, Bruch, ahd. *bruoh*, Kleidungsstück für Unterleib und Oberschenkel, gall.-lt. *brāca*, und Hose, ahd. *hosa* Langstrumpf, kelt. *hos* und *hosan*. — Mit der Verbesserung der Bekleidung ging eine sorgfältigere Bearbeitung der Tierhäute für den menschlichen Gebrauch Hand in Hand. Daher die Entlehnung des Wortes Leder, ahd. *ledar* aus altir. *lethar*.

Meister waren die Kelten von altersher in der Zucht der Pferde und im Fuhrwesen. Bei ihren ausgedehnten Wanderzügen führten sie Weib und Kind und alle Habe auf Wagen mit sich. Caes. de bell. Gall. 4, 2 berichtet, daß die Gallier an den Pferden die größte Freude gehabt und sie teuer bezahlt hätten, und ein späterer Schriftsteller[2] rühmt die Schönheit der gallischen Stuten. In gallischen Namen begegnen daher oft die beiden Bezeichnungen für Pferd: *Epo-redo-rix* eig. „Pferde-wagen (*reda*

---

1) So Heyne, Körperpflege S. 258, 260; Schrader, Reall. 434. Andere nehmen bei Rock nicht Entlehnung, sondern Urverwandtschaft mit ir. *rucht* an (Indogerm. Forsch. 18, 508), und Entlehnung des Keltischen aus dem Germanischen bei Hose (Hirt-Weigand) und Bruch. Letzteres soll nach Schrader (Reall. 380, Z. f. d. W. 1, 238) zu ags. *brēc* Steiß gehören, also eigentlich „Steißbekleidung" bedeuten. Dem widerspricht aber die Tatsache, daß die ältere bronzezeitliche Kleidung bei den Germanen erst in historischer Zeit durch die Nationaltracht der Gallier, die lange Hose, verdrängt worden ist. Feist, Indog. 485. Kauffmann, Altertumskunde 311.

2) Trebellius Pollio, vita Claudii 9, 4.

f. u.)=König' und *Marco-magnus*. Der letztere enthält das als altgallisch überlieferte (Pausanias 10, 19, 4) *marka* ‚Roß', und dies haben unsere Vorfahren schon in früher Zeit als *marah*, *meriha* Mähre, ags. *mearh* entlehnt.[1] Das altheimische germanische Pferd, das wir durch Abbildungen auf der Antoninussäule und auf Grabsteinen sowie durch Skelettfunde in Gräbern kennen — neuerdings wurde wieder in Neukölln ein Reitergrab mit ziemlich vollständig erhaltenem Pferdeskelett aufgedeckt[2] —, war klein und unansehnlich, hatte einen dicken Kopf, plumpe Füße, krause Mähne und einen langen Schwanz, der bis zum Boden reichte. Tacitus berichtet also (Germ. 6) vollständig der Wahrheit gemäß, daß das germanische Pferd sich weder durch Schönheit noch durch Schnelligkeit ausgezeichnet habe, und daß die Germanen demgemäß kein Reitervolk gewesen seien. Das germanische Pferd war eben das nur wenig oder gar nicht veredelte diluviale Wildpferd, wie es sich im Dachauer Moos bis heute erhalten hat. Im übrigen wurde es schon in alter Zeit durch die höher gezüchteten Reit- und Wagenpferde der Kelten verdrängt, und damit schwand auch vor dem keltischen das altgermanische Wort für Pferd: ahd. *ehu*, got. *aihva*, das dem gr. ἵππος, lt. *equus*, kelt. *epo* urverwandt war.

Den Reisewagen nannten die alten Gallier *rēda*, was auch ins Lateinische übergegangen ist (Caes. de

---

1) Schrader, Reall. 625; Heyne, Nahrungswesen 173; Kluge, Vorgesch.² 325; Feist, Indogerm. 515.
2) Prähistorische Zeitschrift IV, 395; Feist, Indog. 515.

bell. Gall. 6, 30). Dazu gehörte das Verbum altir. *riad* fahren. Dieser Wortstamm ist ins Germanische aufgenommen als agf. *rīdan*, ahd. *ritan* reiten. Die ursprüngliche Bedeutung des Wortes ‚fahren‘ tritt noch zutage in engl. *road* Fahrstraße. Der große Wander= und Transportwagen hieß altgallisch *carrus*, in den jetzigen keltischen Dialekten *karr*, dies ging ebenfalls ins Lateinische und Germanische über: ahd. msc. *karro*, fem. *karra* Karren und Karre. Die Germanen setzten das Wort zusammen mit *hago* Hag, d. i. Einfriedigung, Burg. Dieses germanische *karrhago* ‚Wagenburg‘ ist von lateinischen Schriftstellern der Kaiserzeit vielfach bezeugt als *carrago*. Vornehmer als der *carrus* war die davon abgeleitete gall.=lt. *carrūca*, ein ebenfalls vierräderiger, bedeckter Reise= wagen (später auch für den Radpflug gebraucht, Kap. IX), daher ahd. *charruh*, mhd. *karrech*, Karch.

Weit weniger als der keltische Westen hat der griechisch=byzantinische Osten, der ja auch räumlich den Germanen viel ferner lag, auf deren Sprache eingewirkt. Aber ganz ohne Einfluß ist auch er nicht geblieben. Bastarnische, also germanische Hilfstruppen standen im 2. J. vor Chr. im Solde des makedonischen Königs Perseus. Später kamen die Goten in friedliche und kriegerische Berührung mit den Oströmern, wovon ja die Bibelübersetzung des Ulfilas (310—383) ein sprechendes Zeugnis ablegt. Durch diese östlichen Stämme wurden dann vereinzelte griechische Wörter den weiter nach Westen wohnenden stammverwandten Völkern vermittelt und gleichsam von Stamm zu Stamm weitergegeben.

Schon vor der ersten Lautverschiebung wurde aus dem Griechischen entlehnt *βαίτη* Ziegenfell, dann Rock aus Fell als Kleid der Hirten und Bauern.[1] Das Wort erscheint mit regelmäßiger Verschiebung got. als *paida*, ags. *pād*, alts. *pēda*, ahd. *pfeit*, alles mit der Bedeutung eines warmen Pelzrocks, ahd. auch Hemd. Es lebt dann fort als mhd. *pfeit* hembartiges Unterkleid und noch jetzt im Bayr.-Österr. als die Pfaid. Davon wurde das Dimin. mhd. *pfeitel* ntr., österr. *phaitel* abgeleitet und hiervon wieder der Pfeidler gebildet, wie man noch heute in Wien einen Hemden und Kleider verkaufenden Händler benennt.

Vor oder während der ersten Lautverschiebung ist auch der Name der für die Bekleidung so wichtigen Faserpflanze Hanf wahrscheinlich aus dem gr. *κάνναβις* entlehnt worden, got. nicht belegt, altnord. *hanpr*, ags. *hænep* mit regelmäßiger Verschiebung des *κ* und *β*, ahd. dann mit der zweiten Lautverschiebung *hanaf*.[2] Auch der Name der Griechen ist

---

1) Thumb in der Z. f. d. W. 7 (1905), 261 ff. Kauffmann, Altertumskunde 311.

2) Gr. *κάνναβις* ist sicher aus einer osteuropäischen Sprache entlehnt worden, vielleicht aus der der Skythen, bei denen der Hanf wild wuchs und auch angebaut wurde (Herodot 4, 74). Aus derselben Sprache leitet man in der Regel jetzt das germanische Wort her (Kluge und nach ihm Schrader bei Hehn[8] 192, Hoops 172), aber nur, weil es kein Lehnwort aus dem Griechischen oder Lateinischen gebe,

wohl schon in jener alten Zeit zu den östlichen Germanen gedrungen, und zwar wohl durch Vermittlung illyrischer Stämme, welche die Hellenen *Γραικοί* benannten und diese Benennung auch den Römern weitergegeben haben. Gotisch erscheint der Name nämlich mit regelmäßiger Verschiebung des Anlauts als *krēks*[1], ahd. *krêch*, *kriach*. Bei solchen Analogien ist sehr wohl möglich, daß auch Pfad, ahd. *pfad*, ags. *paed*, engl. *path*, keineswegs, wie man jetzt anzunehmen pflegt, aus einem skythischen Dialekt, sondern aus dem gr. *πάτος* entlehnt ist.[2]

Zu den alten Lehnwörtern aus dem Griechischen ist trotz aller Bedenken möglicherweise auch Humpen aus gr. *κύμβος* ‚Gefäß, Becher' zu rechnen. Das

---

das die erste Lautverschiebung mitgemacht hätte, da der Einfluß dieser Sprachen sich erst lange nach derselben, in den ersten Jahrhunderten nach Christi Geburt, geltend gemacht habe. Allein dieser Satz erleidet Ausnahmen, das beweist *βαίτη — paida*. — Meringer (Indog. Forsch. 21, 1907, 295) vermutet, daß auch ahd. *oran* Ofen nichts anderes sei als gr. *ἰπνός*, entlehnt noch vor der ersten Lautverschiebung. Er stützt sich darauf, daß auch vier andere Bezeichnungen der Feuerungsstätte aus dem Griechischen stammen: Stube *clibanus caminus* und *caculus* (s. Kap. VI). Got. *aúhns* Ofen ist dagegen das alte germanische Wort, urverwandt mit lt. *aux-illa* Topf, vielleicht auch mit *ἰπνός*.

1) Ich stimme auch hier Thumb bei. Die jetzt herrschende Annahme, welche got. *krēks* auf lt. *graecus* zurückführt, sucht das *k* entweder durch Lautsubstitution (Kluge) zu erklären oder durch Angleichung an den Stammauslaut, wie Klocke, teutsch statt Glocke, *diutisc* (Behaghel, Z. f. d. W. 4, 250).

2) Die Entlehnung würde dann erfolgt sein zu einer Zeit, wo *p* nicht mehr verschoben wurde, wohl aber noch *t*, also ein Analogon zu lt. *portd*, ahd. *porzc* aus der zweiten Lautverschiebung (S. 19).

Wort steht isoliert da ohne jede Anknüpfung im Deutschen oder anderen germanischen Sprachen und erweist sich dadurch als Lehnwort. Es erscheint in der Schriftsprache zuerst im östlichen Mitteldeutschland, was auf östliche Herkunft deutet. Allerdings ist es erst seit etwa 1650 literarisch belegt, aber es kann deswegen doch Jahrhunderte lang im Volksmunde gelebt haben (vgl. Spind III, 61). Die Laute entsprechen den Gesetzen der ersten Lautverschiebung, so daß es mit Humpen genau so steht wie mit Hanf, nur daß Hanf als das kulturell ungleich bedeutsamere Wort schon viel früher schriftlich belegt ist, während Humpen sich lange Jahrhunderte hindurch im Dunkel mündlicher Überlieferung gehalten hat.

Schon in der vorchristlichen Zeit bekamen ferner die germanischen Völker Kunde von dem gewaltigsten und größten der lebenden Landtiere. Der erste Elefant kam allerdings erst im Jahre 802 nach Deutschland, und zwar als Geschenk des persischen Königs an Karl den Großen. Dieser Elefant hieß Abalas und wurde dem Kaiser zu Aachen übergeben.[1] Aber lange vor diesem ersten Erscheinen des Elefanten in Deutschland müssen die Germanen Kunde von seiner Existenz und ein gewisses Interesse für das Tier gehabt haben. Schon die Goten kannten das griechische Wort ἐλέφας, -φαντος. Sie hatten es auf volkstümlichem Wege von den Oströmern entlehnt. Daher die starke Ent-

---

1) Einhardi Annales 802; Schultheß, Höf. Leben I, S. 451.

stellung *ulbandus*. Auch war ihnen unklar, welches Tier eigentlich unter dem ἐλέφαντ-ος = *ulbandus* zu verstehen sei. Sie wußten weiter nichts davon, als daß es ein gewaltiges lastentragendes Tier der südlichen und östlichen Gegend sei, und übertrugen daher die Benennung auf das Kamel, welches ihnen durch den Augenschein bekannt war, weil es, wie der Affe (S. 34), von umherziehenden Gauklern ins Land gebracht wurde und natürlich das größte Interesse bei jung und alt erregte. So kam es, daß das Volk das Kamel *ulbandus*, *olbanta* oder ähnlich benannte, und aus dem Volksmund zog Ulfilas seine Übersetzung *ulbandus* des gr. κάμηλος.[1] Nun wanderte das Wort in dieser Bedeutung zu den weiter westwärts und nordwärts wohnenden Germanenstämmen: ahd. *olbanta*, ags. *olfend*, noch mhd. *olbente*. Der Import elfenbeinerner Gegenstände brachte dann durch die Erzählungen der Händler genauere Kunde von dem Tier und eine neue populäre Entlehnung, diesmal aus dem Lateinischen. Aus der vulgären Form *elpant-em* für *elephantem* machten die Germanen ahd. mit Lautverschiebung *elafant*, nd. *elpen-dēr* (*dēr* = Tier, vgl. Tigertier), ags. *ylpend*, *elpend*; die Deutschen lehnten das Wort dann volksetymologisch an *helfan* helfen an, ahd. und noch mhd. *helfant*, *helpen-dier*.[2] Daß das Wort durchaus als deutsches gefühlt wurde, beweist

---

1) Schrader, Reall. 405; Much, Anz. f. d. Altertum 28, 312.
2) Schrader, Reall. 405.

die betreffende Stelle des Physiologus[1]: „sô heizzit ein tier eleuas, daz ist ein helfant", wo also die lateinische Form durch die deutsche geradezu verdolmetscht wird. Wertvolle, aus dem Stoßzahn des Elefanten hergestellte Gegenstände müssen schon in sehr alter Zeit, und zwar zuerst auf dem Land=handelsweg von Südosten donauaufwärts nach Ger=manien gekommen sein. Denn die deutsche Bezeichnung der Masse ist ahd. *helphantbein*, mhd. *helfenbein*, Elfenbein. Hätten wir das Elfenbein zuerst aus dem römischen Süden oder Westen bezogen, so würden wir zugleich mit ihm sicherlich seine lt.=romanische Bezeichnung *eboreus*, it. *avorio*, fr. *ivoire* erhalten haben.

Vom Südosten her durch die Goten wurde den Westgermanen auch ein anderer kostbarer Schmuck=gegenstand zugeführt, die Perle. Die Goten, die den Wert der Perlen bei den Oströmern kennen lernten, übernahmen zugleich mit diesem Schmuckgegenstand das gr. Wort μαργαρίτης und machten in volkstümlicher Veränderung daraus *marikreitus*. Die Westgermanen, zu denen dann auch Perlen gebracht wurden, lehnten das unverständliche Wort in volksetymologischer Um=deutung an ‚Meer' und ‚Gries' an und machten dar=aus ahd. *marigreoz, mericreoz*, mhd. *mergrieze*, altf. *merigriota*, agf. *meregrēot*.[2]

---

1) Müllenhoff=Scherer, Denkmäler[3], S. 264.
2) Schrader, Reall. 617. — Einwirkung des lt. *mar-garita* auf das Westgermanische ist an sich natürlich möglich.

Auch Italien sandte schon vor der Berührung der Germanen mit den Römern seine Handelswaren über die Alpen in die germanischen Länder. Mit der Bronzezeit beginnen die Spuren etruskischer Einfuhr, und es zeigen die aufgefundenen Überreste einen weit stärkeren Import von dorther, als man früher annahm. Die spätere römische Einfuhr erscheint jetzt eigentlich nur als eine verstärkte Fortsetzung der früheren etruskischen. Ganz besonders willkommen waren den Germanen Gefäße aus Bronze, Eimer, Schöpfkellen[1] mit dazugehörigen Sieben, Prunk- und Ziergeräte, aber auch Spangen, Sporen, Messer, alles Dinge, die den Toten auch mit ins Grab gegeben wurden, und die jetzt aus den Gräbern in unsere Museen gelangt sind. Der größte Teil dieser Waren wurde in Kapua, dem Mittelpunkt der italischen Bronzeindustrie angefertigt[2], aber die Sprache weist darauf hin, daß in früherer Zeit das vielbegehrte Metall auch aus dem von alters her durch seine Waffenfabrikation berühmten[3] etruskischen *Arretium* eingeführt wurde. Die Germanen gestalteten dies *aes Arretium* oder *de Arretio* zu altnd. *arut*, ahd. *aruzi* Erz um. Der Umstand, daß dies Wort allen germanischen Spra-

---

Doch ist zu beachten, daß die germanischen Wörter als Maskulina zum gotischen und griechischen Worte stehen, während das lateinische Femininum ist.

1) Kramer, Deutschland in römischer Zeit 137. Kauffmann, S. 469 ff., setzt die Einfuhr der kapuanischen Bronzegefäße erst in die römische Zeit, 1.—2. J. n Chr.
2) Kramer a. a. O. S. 138.
3) Livius 16, 28, 45.

chen außer dem Deutschen fremd ist, macht wahrscheinlich, daß ‚Erz‘ ein Lehnwort ist, und eine bessere Herleitung desselben ist noch nicht gefunden worden.[1]

Umgekehrt unternahmen die nordischen Völker Raubzüge nach dem Süden, bekannt ist ja der große Galliersturm von 390, und durch diese Züge ist vielleicht das erste Edelobst nach dem Norden gebracht worden, nämlich der Apfel. Das nd. *p* (ags. *æppel*, altn. *eple*), hd. *pf* (ahd. *apful*) entspricht keltischem *b* (*aball*). Das Wort hat also die erste gemeingermanische Lautverschiebung mitgemacht, muß also bereits längere Zeit vor Beginn unserer Zeitrechnung in unserer Sprache vorhanden gewesen sein. Man vermutet nun, daß der Name des Apfels von der kampanischen Stadt Abella (jetzt Avella vecchia) herrühre, welche sich durch ihre Obstzucht vor allen italischen Städten hervortat. Von ihr hat die Haselnuß den Namen abellana (nux) erhalten, sie rühmt Virgil (Aen. 7, 740) ausdrücklich als äpfelreich (malifera Abella), und warum soll nicht wie der Pfirsich von einem Lande, wie die Quitte von einer Stadt, so auch der Apfel von einer Stadt benannt worden sein? Das Wort *abellanum* (nämlich *malum*) könnten leicht die Kelten von ihren um 400 v. Chr. beginnenden Raubzügen samt der Frucht

---

1) Schrader, Reall. S. 203. — Eine bemerkenswerte Parallele zu dieser Herleitung der Metallbenennung aus dem Namen einer italischen Stadt bildet das erst seit 1730 auftretende ‚Bronze‘, it. *bronzo* aus *aes Brundisinum* (III, 208). — Zu ‚ehern‘, das von dem alten, mit lt. *aes* urverwandten *êr* abgeleitet ist, hat ‚Erz‘ keine etymologische Beziehung.

selbst mit nach Norditalien gebracht und dann ihren Stammesgenossen jenseits der Alpen weitervermittelt haben.[1] Von denen ist es dann zu den Germanen und durch diese wieder zu den Litauern und Slawen gekommen. Doch ist auch möglich, daß ein vorindo= germanisches *abal* (oder etwas Ähnliches) die Quelle für das keltisch=germanische *aball* gewesen ist.[2] Natür= lich bezeichnete dann das Wort zunächst nur den in Europa heimischen Holzapfel und wurde erst später auf die aus dem Süden stammenden Kulturäpfel über= tragen. Ob in diesem Falle *Abella* von demselben Urwort seinen Namen erhalten hat, also ‚Apfelstadt' bedeutet, läßt sich ebenfalls nicht entscheiden.

---

1) Allerdings ist *malum abellanum* nicht, wie *nux abellana*, aus dem Lateinischen überliefert, aber schon in einem irischen Glossar aus dem 9. J. ist irisches *aball* aus *malum abellanum* hergeleitet (Stokes, three Irish glossaries, London 1862, S. 43, 45). — Vgl. Schrader, Sprachv. und Urgesch. S. 400, Reall. 43 und bei Hehn[3] S. 627.
2) So Hoops S. 479; Kluge s. v. aus lautchronologi= schen Gründen; Feist, Indogerm. 190.

Kapitel III.

Die Römer.

———

Die im vorigen Kapitel behandelten Lehnwörter geben Zeugnis von einer ganzen Reihe wichtiger Kulturerrungenschaften der Vorzeit. Aber so bedeutsam diese auch im einzelnen sein mochten, eine Umgestaltung des ganzen Lebens vermochten sie nicht zu bewirken. Auf eine höhere Stufe der gesamten Zivilisation wurden unsere Vorfahren durch sie nicht gehoben. In die eigentliche Zucht und Lehre kamen die Germanen erst seit der Zeit, als das römische Reich nach der Unterwerfung der Kelten durch Cäsar seine Grenzen bis an den Rhein und bald auch bis an die Donau vorgeschoben hatte. Sie traten von da an in eine Jahrhunderte dauernde, unmittelbare Berührung mit dem alten, großen Kulturvolke, das ihnen in jeder Beziehung, nur nicht in der Frische und Jugendlichkeit, überlegen war, von dem es also Unendliches zu lernen gab.

Der mächtige Eindruck, den eine gewaltige historische Persönlichkeit auf ein einfaches, für alles Heldentum empfängliches Volk auszuüben pflegt, tut sich darin kund, daß das erste Wort, welches die Germanen dem Latein entnahmen, der Name des großen Heerführers und Kriegsfürsten war, der die keltischen Nachbarn für immer ihrer Unabhängigkeit beraubte, und mit dessen unheimlicher Kriegskunst sie selbst so schwere Kämpfe zu bestehen hatten. Sein Name muß damals bis weit in das Innere Germaniens hinein genannt worden sein. Er klang den Germanen aus dem Munde der Gallier und Römer als *Kaësar* entgegen (mit einem dem *i* nahestehenden *e*, daher auf römischen Inschriften auch *Caisar* geschrieben), und blieb unauslöschlich in ihrem Gedächtnis haften, um so mehr, da auch die späteren Prinzen, die an der Spitze mächtiger Heere ins Land drangen, und die Imperatoren in der Hauptstadt selbst diesen Namen als Titel führten. Daher wurde auch das deutsche Wort aus einem Eigennamen zur Bezeichnung des Titels, got. *kaisar*, agj. *kasere*, ahd. *kaisar*, mhd. *keiser*; die Schreibung mit *ai* wurde erst von der kaiserlichen Kanzlei unter Friedrich III. und Maximilian I. eingeführt. Kaiser ist das erste Lehnwort der deutschen Sprache aus der römischen Zeit, noch vor Christi Geburt übernommen. Wäre es erst im 1. J. nach Christus entlehnt worden, so hätten die Germanen *kēsar* gehört und daraus ein ‚Kieser‘ gemacht. Den Namen ihrer neuen Nachbarn, Römer, ahd. *Rômari*, leiteten die Germanen selbst mittels des Lehnsuffixes *-ari* (Kap. X) von *Roma* ab; die Goten hatten den Völkernamen *Romani* direkt als *Rumōneis* übernommen.

Die Beziehungen der Germanen zu diesem großen Eroberervolk entwickelten sich nun folgendermaßen.[1] Im Jahre 15 v. Chr. drang die Römerherrschaft bis zur Donau vor, das freie Germanien war nun von zwei Seiten her umfaßt, zwanzig Jahre lang, von 12 v. Chr. bis 9 n. Chr. war auch das Land zwischen Rhein und Elbe römische Provinz. Auf die Varusschlacht folgten die Heerfahrten des Caesar Germanicus im Innern des Landes. Seit Domitian und Hadrian wurde die mächtige Grenzstraße, der sogenannte limes, angelegt, der sich etwa von Andernach bis zur Altmühlmündung in einer Länge von 540 Kilometer hinzieht und jetzt von Reichs wegen erforscht wird. Das dahinter gelegene Land, also das ganze Neckargebiet und der untere Main, war zwei Jahrhunderte hindurch in unbestritten römischem Besitz. Die germanische Bevölkerung dieses Landstriches war teils vernichtet, teils vertrieben; gallisch-römische Kolonisten waren an deren Stelle getreten, das Land war völlig romanisiert. Das weltbeherrschende Volk betrachtete es ebensogut wie Gallien oder Spanien als für ewig erworben und richtete sich mit all seinen Bedürfnissen dort häuslich ein. Zahlreiche Legions- und Handelsstraßen wurden nach einem großartigen Systeme angelegt[2];

---

1) F. Dahn, Urgeschichte der germanischen und romanischen Völker, Band II, 1881. — Am bequemsten orientieren jetzt über die Beziehungen zwischen Römern und Germanen in politischer und kultureller Beziehung Fr. Kramer, Deutschland in römischer Zeit (Sammlung Göschen) 1912 und Kaussmann, Altertumskunde, von S. 315 an.
2) Dahn a. a. O. S. 448.

an deren Kreuzungspunkten, an den Flußübergängen und an den Truppenstandlagern entwickelten sich Städte mit Tempeln, Altären, Amphitheatern, Bädern und Wasserleitungen, z. B. Wiesbaden, Baden=Baden, Rottenburg, Ladenburg.[1] Dazu kamen die großartigen Lagerorte am Rhein, Mainz, Köln, Xanten usw.

Erst durch diese große Grenzwehr wurden die westlichen Germanen zu rechter Seßhaftigkeit genötigt. Wie erziehlich der Limes gewirkt hat, zeigt sich darin, daß gerade die ihm zunächst wohnenden Germanenstämme in den Stürmen der folgenden Jahrhunderte am wenigsten Neigung zeigen, ihre Sitze zu verlassen. Er ermöglichte in dem durch ihn gesicherten Hinterlande ein ruhiges und ungestörtes Kulturleben nach römischer Art, wodurch den anwohnenden Germanen ein lehrreiches Vorbild für eigene Kulturfortschritte gegeben wurde. — Wie unmännlich und verweichlicht ihnen auch das ganze Leben und Treiben in den romanisierten Strichen zuerst vorkam, konnten sie doch dem Zauber der überlegenen Kultur auf die Dauer nicht widerstehen.[2] Massenhaft drängte sich ferner die germanische Jugend zum Kriegs= und Wachtdienst unter die Adler des kaiserlichen Heeres. Hier lernten die jungen Germanen, wie z. B. Arminius (Tac. ann. II, 10), die lateinische Sprache und verbreiteten natürlich nach ihrer Rückkehr die Kenntnis vieler bis dahin unbekannter Gegenstände und Wörter in der Heimat

---

1) Mommsen, Römische Gesch. V, 145.
2) Gebhardt, Handbuch der deutschen Geschichte I, 80.

Die Blüte der Römerherrschaft im rechtsrheinischen Lande fällt in den Anfang des 3. J.[1] Allmählich beginnt dann die Rückströmung. Um 260 überschritten die neuentstandenen Stämme der Franken und Alemannen den rheinischen Grenzwall und besetzten das römische Zehntland. Zwar leistete der Limes auch späteren Kaisern, wie Probus (276—83) und Julianus (361—63), noch treffliche Dienste zur Abwehr wie zum Angriff, aber vollständig wurden die Germanen nicht wieder aus dem Zwischenlande zwischen Grenzwall und Rhein vertrieben, und sie behaupteten es zuletzt trotz aller Gegenstöße kräftiger Cäsaren. Jedoch blieben hier unter germanischen Herren eine Menge römischer Hörige, Kolonen und Sklaven wohnen, wie die zahlreichen auf -wal, walch (= welsch, S. 39) ausgehenden Ortsnamen beweisen; von ihnen stammt wohl auch die große Menge dunkelhäutiger und dunkelhaariger Menschen, die es noch jetzt im südwestlichen Deutschland gibt.[2] Die Berührung mit der römischen Kultur mußte also in diesen Gegenden noch weit wirksamer werden, als sie es vorher beim bloßen Grenzverkehr gewesen war.

Weiter und weiter ging die germanische Flut nach Westen und Süden. Schon im Jahre 340 finden wir Alemannen und Franken auf dem linken Rheinufer als seßhafte Bauern und Herren des Landes[3],

---

1) Dahn S. 455.
2) Dahn S. 451.
3) Dahn S. 244.

und die völlige Germanisierung des linksrheinischen Landes erfolgte rasch, seitdem im Jahre 406 der Zug der Vandalen und Sueven der römischen Herrschaft in diesen Gegenden ein Ende bereitet hatte. Bald nach 400 wurde auch die Donau von den Germanen dauernd überschritten. Die alten Römerstädte an beiden Strömen fielen nun für immer in ihre Hände. Das Land wurde germanisiert, soweit es noch jetzt deutsch ist.

Gewiß sind unendlich viele Kulturgüter bei diesem Hinüber- und Herüberschwanken des großen Völkerkampfes zerstört worden, aber die Tradition ist niemals vollständig abgerissen. In völlige Barbarei sind die gesegneten Landstriche an Rhein und Donau keineswegs durch die germanische Eroberung und Besiedelung zurückgeschleudert worden. Die unterworfene römische Provinzialbevölkerung, die keineswegs ausgerottet wurde, vermittelte ihre alte Kultur den neuen Herren, so daß zwischen römischem und germanischem Wesen, zwischen antiker und deutsch-christlicher Kultur ein ununterbrochener Zusammenhang besteht. Das haben die römisch-germanischen Forschungen bewiesen, die gegen Ende des 19. J. durch die Einsetzung der Reichs-Limeskommission und im 20. J. durch die der römisch-germanischen Kommission in Frankfurt a. M. einen mächtigen Aufschwung genommen haben.

Die mit Nachdruck und bestem Erfolg nicht nur am Limes sondern auch an vielen anderen Orten vorgenommenen Ausgrabungen haben durch den Augenschein gezeigt, daß die römische Kultur nicht vernichtet worden ist, sondern die Grundlagen abgegeben hat, auf der sich die neue fränkisch-christliche Kultur aufbaute. Mit der staatlich-militärischen Germanisierung des Reiches geht umgekehrt die kulturelle Romanisierung des Germanentums Hand in Hand.[1] Die römischen Kastelle wurden zu germanischen Dörfern unter Beibehaltung der römischen Straßenzüge und unter vielfacher Benutzung der römischen Mauern und Türme. In Trier zog um 470 der erste fränkische Graf einfach in die Dienstwohnung des letzten römischen Statthalters, die alte Basilika. In Großkrotzenburg bei Hanau wurde einer der Ecktürme des Limeskastells zum Gefängnis des mittelalterlichen Amtshofes. Auch in Frankfurt a. M. ist neuerdings eine ununterbrochene Bebauung des Domhügels nachgewiesen von Domitians (84) Zeit an, der dort ein noch in Resten erkennbares Kastell gegen die Chatten anlegte, durch die alemannische und fränkische Zeit hindurch bis ins eigentliche Mittelalter[2] und weiter in die Neuzeit. Auf dem linken Rheinufer fand die Benutzung römischer Bauanlagen durch die Franken und Alemannen in noch ausgedehnterem Maße statt. Die römischen Stadtpläne von Straßburg, Trier, Mainz und Köln, die

---

1) Kramer, Römisch-germanische Forschung in der Monatsschrift für höhere Schulen 9 (1910), 660—669. Derselbe, Das römische Trier (1912). Kiekebusch, Der Einfluß der römischen Kultur auf die germanische im Spiegel der Hünengräber des Niederrheins (1908).
2) Kramer, Mon. f. h. Sch. 9, S. 662f.

jetzt genau erforscht sind, sind in der Hauptsache auch die der betreffenden fränkischen und mittelalterlichen Städte.[1]

Bei diesem nie unterbrochenen Zusammenhang der Besiedelung war es natürlich, daß auch die Namen der Ortschaften von den germanischen Ansiedlern sehr häufig einfach beibehalten und nur lautlich germanisiert wurden. Diese von den einwandernden Deutschen übernommenen Ortsnamen[2] waren bei alten gallischen Orten keltischen Ursprungs, aber latinisiert, also kelto-lateinisch, bei römischen Gründungen rein lateinisch.

Zur ersten Klasse gehören die mit keltischen Suffixen gebildeten. Das bei weitem häufigste von diesen ist *-ācum*, *-iacum*, keltisch *-acon*, *-iacon*. Es bezeichnet, wie das deutsche *-ingen*, die Zugehörigkeit eines Ortes zu einer Person und wird an den Namen des ersten Besitzers des Gutes gehängt. Es ist ursprünglich eine Adjektivbildung, wozu ein Wort mit der Bedeutung ‚Wohnsitz‘, ‚Gut‘ gedacht wurde, dann wurde es substantiviert.[3] Dies Suffix erscheint allein in der Rheinprovinz in über 300 Ortsnamen. Im Deutschen wurde aus diesem Suffix =ich, z. B. Jülich Juliacum, Gressenich (bei Aachen) Gratiniacum, Zülpich Tolbiacum, Zieverich (bei Bergheim) Tiberiacum, oder =ach, z. B. Bacharach Bacariacum, Andernach Antunnacum vom gallischen Personennamen Antunnus, Brei-

---

1) Kramer, Mon. f. h. Sch. 9, S. 664, 662.
2) Vgl. zu diesem Abschnitt über die Ortsnamen Kramer, Rheinische Ortsnamen aus vorrömischer und römischer Zeit (1901).
3) Kramer, Ortsnamen, S. 42.

fach Brisiacum, auch bloß =ch, Lorch Lauriacum oder =egg, Kißlegg (in Oberschwaben) Caesclliacum. Es fiel auch gänzlich ab, z. B. Deuß aus Divitiacum über Divitia, Mainz aus Mongontiacum über Mogontia (Magantia), Cröv aus Croviacum über Crovia. Viele dieser Ortsnamen mit abgefallenem -*acum* endigen nun mit der scheinbar deutschen Endung -*en*, z. B. Merten (Kreis Bonn) neben Merzenich (Kr. Düren) aus Martiniacum (fr. Martigny), Merken (Kr. Düren) neben Merkenich (Kr. Köln) aus Marciniacum (fr. Marcenay), Bretten i. Pfalz neben Brettenach bei Diedenhofen aus Britiniacum (fr. Bretigny). Nicht selten wurde auch das kelto=lt. -*iacum* von den Deutschen volksetymo= logisch umgestaltet in das germanische -*ingen*. Der keltische Ursprung geht in solchen Fällen aus erhaltenen Parallelformen auf =ich oder aus dem entsprechenden fr. -*igny*, -*ignac*, -*y* hervor[1], z. B. Mehring (bei Trier) hieß früher Merrike, Merniche aus Mariniacum (fr. Marigny, Marignac), Münzingen (Kr. Saarburg) erscheint im 11. J. als Minziche aus Monciacus, Bollingen (bei St. Gallen) im 11. J. als Pauliniago; Rolingen (Kr. Saarburg) steht neben Rully (Oise) aus Ruliacus, Schillingen (bei Trier) neben Silhac (Ardèche) Silly (Aisne) aus Siliacus, Leiningen (St. Goar) neben Linay (Ardenne) aus Liniacum. Der Übergang von kelt. -*iacum* zu germ. -*ingen* wurde erleichtert durch

---

1) Ursprünglich deutsches -*ingen* ist im Munde der romanischen Bevölkerung zu -*ange* geworden. Kramer, Ortsnamen, S. 57.

die Ortsnamen mit dem Suffix -*ancum* (kelt. -*anco*), das dem -*iaco* nahe verwandt ist und dasselbe bedeutet: Ehrang (bei Trier), im 11. J. Jerancus aus Jarancum vom Personennamen Jarus, Zeltingen, im 12. J. Zeltang aus Celtancum vom Personennamen Celto.

Andere keltische Ortsnamensuffixe sind: -*dunum* = Festung, Burg, z. B. Ladenburg, im Mittelalter Lobodenburg aus Lopodunum, Leiden aus Lugdunum, Zarten (bei Freiburg) aus Tarodunum, Kempten aus Cambodunum, Karden aus Carrodunum, Kond aus Condendunum d. i. Condatodunum[1], Klotten aus Clottonum d. i. Caleto-dunum.[2]

-*durum*, ebenfalls Burg, Festung, z. B. Winterthur aus Vitodurum, Solothurn aus Salodurum, Tuddern (Heinsberg)[3] über Teudurum aus Divodurum ‚Götterburg‘, was auch der alte Name für Metz war, dasselbe besagt Differten (Saarlouis); Rheder (Euskirchen) aus Rigodurum ‚Königsburg‘. Selbständiges Hauptwort ist *durum* geworden in Düren[4], Thür, Dohr.

---

1) *Condate* bedeutet Zusammenfluß und ist die Grundform des fr. *Condé*. Cond ist also dem Sinne nach = Koblenz. Kramer, Ortsnamen, S. 69.
2) Burg eines *Caletus*. Der Stamm *cal-eto* bedeutet ‚hart‘ = germ. Held (S. 43); er findet sich auch in *Caletorix*, *Caletanus* (fr. *Chalenton*). Kramer ebenda. Selbständiges Hauptwort ist -*dunum* geworden in Daun, alt Dune.
3) Die in Klammern stehenden Namen geben den Kreis an, in dem der vorgenannte Ort liegt.
4) Düren hieß ursprünglich Marcodurum (Tac. hist. 4, 28), was man von Marcus Vipsanius Agrippa hergeleitet

-*briga* = ‚Berg‘, z. B. Boppard früher Bopberg, und Bupprich (Saarlouis) aus Baudobriga ‚Siegesberg‘. -*munt* keltisch ‚Berg‘; daher Finstermünz und Seftimunt, der mittelalterliche Name des Alpenpasses, den die Römer sich zu Septimus mons umdeuteten, Septimer; Kellmünz (bayr. Bezirk Jllertissen) und Kallmünz (Oberpfalz), Kalemunt (bei Wetzlar) und Kallmuth (Gemünd) sind also dasselbe wie der Cælius mons in Rom, jedenfalls von der kelt. Wurzel *kal* hart (S. 68).[1] -*cetum*, keltisch ‚Wald, Heide‘ hat sich mit dem deutschen -*scheid* = Scheide vermischt, z. B. Burtscheid (bei Aachen) aus *Borvacetum[2], Manderscheid (Eifel) ‚Kieferwald‘ von *mantara* ‚Kiefer‘, Dackscheid (bei Prüm) aus Taxocetum, Eicher- (bei Münstereifel), Bucher-, Heister-, Lindenscheid. -*cenna* ‚Berghaupt‘ in Sumelocenna (bei Rottenburg), das in Sulchgau fortlebt. -*magus* ‚Feld‘, z. B. Nymwegen und Neumagen, beides aus Noviomagus ‚Neufeld‘ (fr. Noyon), Remagen aus Rigomagus, Königsfeld‘, Dormagen (Neuß) aus Durnomagus, Kochem aus *Cucomagus, Worms aus Borbetomagus.

Keltisch sind natürlich auch die von gallischen Völkerstämmen hergeleiteten Ortsnamen: Metz aus Mediomatrici, Trier, das freilich erst unter Augustus als römische Niederlassung gegründet wurde, aber von

---

hat; wahrscheinlicher aber geht es auf den gallischen Personennamen Marcus zurück. Kramer, Ortsnamen, S. 133.
1) Kramer a. a. O. S. 79.
2) Kramer a. a. O. S. 82.

den gallischen Trevirern den Namen erhielt, Alzei aus vicus Altiaiensium[1], Billig und Wasserbillig aus Belgica vicus.

Auch viele einzelstehende Ortsnamen sind keltischen Ursprungs: Mylen (bei Geldern), Moyland (bei Kleve), Meilen (bei Zürich) aus Mediolanum, also = Mailand aus gall. *medios* (lt. *medius*) und *lan* ‚Wiese' (engl. *lawn-tennis*)[2], Prüm aus Promea, Riol aus Rigodulum ‚Königsbusch', Bonn (Tac. hist. 4, 19, 63) desselben Stammes wie *Vindo-bona* (Wien), *Bononia*, wahrscheinlich von einem Grundwort *baunos bewohnt, Windisch aus Vindonissa, Bregenz aus Brigantium, Linz aus Lentia; ferner zahlreiche von Flußnamen abgeleitete, wie Regensburg lt. Regīna vom Flusse Regen, Simmern von der Simmer lt. Samara (vgl. die Stadt Samarobriva bei Cäsar = Samarabrücke), und weniger häufig von Bergnamen, z. B. Roschberg (St. Wendel) wie der Roßberg in der Schweiz zu bretonisch *roch*, fr. *roche*, engl. *rocky* ‚Fels, Klippe'.

Eine kelto-lateinische Ortsbezeichnung ist auch mlt. *broilus* umzäuntes Gebüsch, auch *broel* Park aus gall. *brcialo*; davon fr. *breuil* Gebüsch, it. *broglio* Küchengarten. Das Wort drang auch ins Deutsche, ahd. *proil*, *bruil*, mhd. *brüel* sumpfige, mit Buschwerk bewachsene Wiese, jetzt noch Brühl als Ortsname (bei Köln und ein Tal bei Wien) und besonders als

---

1) Kauffmann, Altertumskunde, S. 242.
2) Kramer, Rheinische Ortsn.men 31. 71.

Name von Straßen und Plätzen. Die Provinz *Rætia* lebt im heutigen Rieß fort.

Rein lateinisch sind nicht nur die Namen der großen Städte Utrecht und Mastricht *trajectus ad Mosam*, Aachen *Aquae Granni*[1], Köln *Colonia Agrippinensis*, Koblenz *Confluentes*, Augsburg *Augusta Vindelicorum*, Passau *Castra Batava*, sondern auch vieler kleiner Orte. Ich nenne solche, die besonders bemerkenswert erscheinen: Augst (bei Basel) *Augusta Rauracorum*; Voorburg (am rechten Maasufer) *Forum Adriani*; Qualburg *Quadriburgium*; Zabern i. E. aus *Tresbabernae*; Rheinzabern i. d. Pfalz, Tewern (bei Geilenkirchen), Tawern (bei Fellerich a. d. Mosel) aus *Tubernae*; Bullay a. M. *betuletum boletum* Birkenhain; Kalkar (Euskirchen) *calcaria* Kalksteingrube; Kaster (Bergheim) *castra*[2]; Kolmar *columbarium* Ort, wo Tauben gezüchtet werden, Khür (bei Niederfell a. d. Mosel) und Corray (bei Zell a. d. Mosel) *curia* Hof, Gut; Kordel (bei Trier) *cortellus* kleines Gut; Emken (Düren) *Villa amica*; Eupen *espinula* roman. = *spinula* kleine Dornhecke (fr. *Epinal*); Ferres (Berntastel) im 12. J. *Bovaries* von spätlt. *bovaria, boveria* Ochsenstall, Ochsenmarkt, das *bo-* vorn ist abgefallen; Feulen (in Luxemburg) *fullonia* Walkmühle. Fraffelt

---

1) *Granus*, *Grannus* war der Beiname des keltisch-römischen Lichtgottes = Apollo; in dem Zusatz verrät sich der gallische Ursprung der Stadt; im Mittelalter wurde *Aquisgranum* daraus. Kramer a. a. O. S. 99.

2) Über Kastel, Kassel, Kesselstadt aus *castellum* siehe unten S. 85.

(dreimal am Niederrhein), Freisen (St. Wendel), Fressen (Mayen), Fraisen, Friesen (Schweiz) *fraxinetum* Eschenhain (fr. *Fraisne, Fresnay*); Germeter (Monjoin und Düren) *carmetum* Hagebuchenwald von spätlt. *carmus = carpinus*, woher Kerpen (Bergheim); Iversheim, alt Ivernesheim *hiberna* Winterquartier; Camp (16 mal in der Rheinprovinz) *campus*[1], Kempen (häufig), Kempenland (in Seeland) *campania (champagne);* Kenn (Trier) *canna* Röhricht; Malmedy, alt *Malmundarium* schlechte d. h. kleine Rodung von *mundare* reinigen, schwenden, also = deutschem Quad-rath; Mörmter (Mörs) *munimentum*; Pesch (siebenmal), in der Eifel noch als Appellativum ‚umfriedigte Wiese' *pascuum* Weidetrift; Platis (Schleiden) *ad plateas;* Pommern (Kochem) und Pommerhof (Mayen), im 8 J. *Villa Pomaria* von *pomarium* Obstgarten (fr. *Pomerieux, Pomereuil*); Preth (Schleiden) *pratum* Wiese, ebendaher stammen die Flurnamen auf -*bret* z. B. Römerbret (bei Malmedy), -brat, entstellt -*pell* z. B. Meispelt; Roroth (bei Thalfang) *roboretum* Eichenwald (it. *Roveredo*, fr. *Rouvray*); Speicher (Bitburg) *spicarium*; Thomnen (Malmedy), Thomm (Trier) *tumba* Grabhügel, zunächst Flur- dann Ortsname; Tholey (Ottweiler), im 7 J. *Teulegium* wohl *tilietum* Lindenplatz; Urmitz (Koblenz), älter Ormunutz, spätlt. *ormenetum* Ulmenpflanzung (fr. *Ormes Lormes Ormeleau* u. a.); Weibern (Adenau) *rivarium* Weiher; Altrip

---

[1] Camp als Appelativum in der nd. Bauernsprache s. IV, 62.

(Pfalz) *alta ripa*, also = Hannover; Zurzach (Schweiz) *tortae aquae* wildes Wasser, Gießbach. Aus der Zeit des römischen Christentums stammt Xanten = *ad sanctos* oder *de sanctis* an der Grabstätte der Märtyrer.[1] Aber nicht nur ganze Ortschaften, sondern auch Einzelgehöfte wurden als fränkische Krongüter oder Herrenhöfe, ohne daß eine Verwüstung oder Unterbrechung eingetreten wäre, nach dem Besitzwechsel einfach weiter bewirtschaftet. Solche Gutshöfe oder *villae*[2] hatten die Römer in großer Menge an der Donau- und Rheingrenze angelegt, und zwar waren es zum kleineren Teil Luxusvillen der Großgrundbesitzer, zum weitaus größeren ländliche Meierhöfe, die keineswegs bloß von zusammengelaufenem Volk bewirtschaftet wurden, wie Tacitus in bezug auf die *agri decumates* berichtet[3], sondern auch von ausgedienten oder noch dienenden Soldaten, denen sie als Belohnung oder Besoldung zugewiesen waren. Sie zogen sich an den Militärstraßen entlang, weil diese ihnen Sicherheit und Leichtigkeit des Verkehrs gewährten, oder lagen in Gruppen um die Kastelle herum, weil sie für diese die Verpflegung zu liefern hatten; Behaghel hat dies von über siebzig Kastellen

---

1) Kramer a. a. O. S. 126.
2) Über die deutschen Weiler-Orte hat sehr gründlich und abschließend gehandelt Behaghel in der Zeitschrift „Wörter und Sachen" II (1910), S. 42—79.
3) Tac. Germ. 29: Non numeraverim inter Germaniae populos eos, qui decumates agros exercent. Levissimus quisque Gallorum et inopia audax dubiae possessionis solum occupavere. — Vgl. Behaghel a. a. O. S. 51.

der Grenzgegenden nachgewiesen; auch jenseits des Limes im Lahntal und in dem Winkel zwischen seinen einspringenden Schenkeln gab es noch Kastelle mit solchen Verpflegungsvillen, wie das Vorkommen von Weiler=Orten daselbst beweist.¹

Eine Ableitung von *villa*, das substantivierte Ntr. des Adjektives *villaris, villare* trat im frühen Mittelalter auf und wurde bald häufiger als das einfache *villa*; in französischen Ortsnamen erscheinen die beiden Worte als *-ville* und *-viller* oder *-villers*; das daneben ungemein häufige *-villiers* ist aus einem zwar nicht überlieferten, aber zweifellos vorhandenen **villarium* geflossen. Die entsprechenden deutschen Bezeichnungen sind =weil oder alemannisch =wil, ahd. *wila*, z. B. Rottweil, Rappoltschwil, =weiler, ahd. *wîlari*, z. B. Gebweiler, Ahrweiler, Buchsweiler.² Aus diesen Zusammensetzungen mit =weiler entnahm man dann das neue Grundwort: *wiler* (seit dem 12. J. belegt)³, unser Weiler mit der Bedeutung Gehöft, Meierei, auch kleines Dorf. Das kürzere Weil wurde zwar nicht zum Appellativum, aber selbständige Ortsbezeichnung (auch Weilen, Bill) und Grundwort für neue

---

1) Behaghel a. a. O. S. 57, 77 und 78.
2) Viele der Ortsnamen auf =weil sind nicht ursprünglich, sondern erst aus älterem =weiler durch den Assimilationsprozeß *-wilre, -wille, -wil* hervorgegangen (Behaghel a. a. O. S. 43). Die umgekehrte Assimilation zeigen die zahlreichen Namen auf =weier in Baden, z. B. Appenweier. Das hieß früher Appenwilre und ist dann durch *-wirre* zu *-wir* =weier geworden. Behaghel a. a. O. S. 55.
3) Behaghel a. a. O. S. 45.

Zusammensetzungen, wie Weilburg, Weilheim, Weilhof, Wielenberg. Diese mit Weiler gebildeten Ortsnamen umziehen das innere Deutschland an der Donaugrenze und noch weit zahlreicher am Rhein von der Schweiz bis Holland wie ein dichter Kranz, selten sporadisch, häufiger in Gruppen und Linien (S. 73) als redendes Zeugnis der ehemaligen Römerherrschaft in diesen Landen. Da die Gutshöfe bei dem Übergang aus romanischer in germanische Hand die Besitzer wechselten, wurde dem -weiler häufig der Name der neuen Herren in Genitivform vorgesetzt, so daß der erste Teil dieser Ortsnamen germanische Eigennamen zeigt, z. B. Heroldsweiler, Dietersweiler, Arnoldsweiler. Man hat daraus fälschlich auf deutschen Ursprung auch des -weiler geschlossen.

Ebenso wie bei den baulichen Anlagen haben die Ausgrabungen der neuesten Zeit auch beim Handwerk und Kunstgewerbe vielfach einen ununterbrochenen Zusammenhang zwischen römischer und fränkischer Zeit aufgezeigt.[1] Diese Stetigkeit der Entwicklung war nur möglich, weil die starke fränkische Monarchie, welche auf der Scheide germanischen und romanischen Bodens begründet war, bald nach Osten zu vordringend die trotzigen Germanenstämme bändigte und trotz aller Kriege für verhältnismäßige Sicherheit und Ordnung sorgte. Die staatliche Vereinigung der römisch-gallischen Provinzialbevölkerung mit den Franken und Alemannen

---

1) Kramer, Monatsschr. f. h. Sch. 9, 665. Kauffmann, S. 497.

mußte auf diese rauhen, aber intelligenten und aufnahmefähigen Stämme zivilisierend einwirken. In noch höherem Grade tat dies die bald einsetzende kirchliche Organisation, die ja durchaus auf römischem Grunde erwuchs, und insonderheit das Klosterwesen, das sich seit dem 6. J. in Burgund und Austrasien zu bedeutender Blüte entfaltete. Die einzelnen Klöster wurden zu Musterwirtschaften für Acker-, Garten- und Weinbau und für mannigfache technische Fertigkeiten. Im 7. J. beginnt langsam die Mission im eigentlichen rechtsrheinischen Germanien, im Laufe des 8. erfolgt die Bekehrung, und gegen Ende des Jahrhunderts wagen sich die ersten schüchternen Versuche von Aufzeichnungen in deutscher Sprache, Wörterbücher, rohe Interlinearversionen, Glaubensbekenntnisse, Gebete u. dgl. an das Licht. Die Lautverschiebung erscheint in den hochdeutsch geschriebenen Denkmälern von Anfang an bereits bis zu dem Grade durchgedrungen, bis zu dem sie überhaupt gelangt ist. Die sogenannte **althochdeutsche** Zeit hat begonnen, und damit eine neue Sprach- und Kulturperiode, welche zunächst außerhalb unserer Betrachtung liegt.

Wir richten unser Augenmerk fürs erste nur auf die Sprachperiode bis zum Abschluß der Lautverschiebung, also vom 1. bis 7. J. Während dieses langen Zeitraums ist das Deutsche beständig den Einwirkungen einer weit überlegenen Kultursprache ausgesetzt gewesen, zwar nicht des klassischen Schriftlateins, aber der sogenannten Vulgärsprache, wie sie von den Kolonisten, Soldaten und Händlern in den gallischen und germanischen Provinzen geredet wurde und im Laufe der Zeit in das Romanische überging. Unsere Sprache hat nicht aufgehört, sich an den wertvollen Gütern, die ihr hier geboten wurden, zu bereichern, und konnte dies anfänglich um so leichter, da die deutschen Wörter im 1. J. höchstwahrscheinlich noch die ursprünglichen vollen Endungen -*us*, -*is*, -*um*, -*a* hatten und so den lateinischen, wie *saccus, corbis, vallum, arca*, äußerlich aufs Haar glichen. Chronologisch zu bestimmen, wann während dieser sieben Jahrhunderte jedes einzelne Lehnwort in unsere Sprache übergegangen ist, haben wir, wie im ersten Kapitel gezeigt ist, nur beschränkte Mittel. Es sind lateinische Wörter in unsere Sprache eingedrungen schon zu der Zeit, als noch die römischen Legionen das freie Germanien durchzogen, ebenso zu der Zeit, als die fränkischen und alemannischen Krieger die eroberten Römerstädte besiedelten und in die prächtigen Villen und stattlichen Meierhöfe der rheinischen Gegenden als Herren einzogen, und endlich ist aus den Gärten und Küchen gallischer Klöster der Merowingerzeit mancher schätzbare Gegenstand und manches neue Wort in das deutsche Hauswesen und die deutsche Sprache übergegangen.

Im großen und ganzen betrachtet werden wir zwei Abschnitte in der Zivilisierung der Germanen unterscheiden können, die sich freilich weder sachlich noch zeitlich scharf voneinander sondern lassen. Während des ersten nahmen die Germanen lediglich fertige

Kulturgüter an, während des zweiten entwickelten sie nachahmende, schaffende Tätigkeit.

Den ersten Abschnitt wird man etwa bis Ende des 3. J. rechnen können, und als Hauptaufnahmegebiet der Entlehnungen während dieser Zeit wird man den Mittel- und mehr noch den Niederrhein anzusehen haben[1], auf den z. B. die Übertragung der Namen der Wochentage Sonntag, Wodanstag und Saturdag mit Bestimmtheit hinweist.

---

1) Vgl. S. 24 ff. und Steinhausen, Geschichte der deutschen Kultur, S. 33.

Kapitel IV.

Kriegswesen und Verwaltung.

Welchen Eindruck mußte zunächst das hochentwickelte Kriegswesen der Römer auf die tapferen, aber mangelhaft bewaffneten Söhne des Waldes machen, die um Leben und Freiheit mit den Heeren rangen, die die Welt erobert hatten. Vor allem hatten sie der gefürchteten Wurfwaffe der feindlichen Soldaten, dem *pilum*, nichts entgegenzustellen; später allerdings lernten sie die Waffe nachbilden, so daß die fränkischen Lanzen die spätrömische Form des Pilums fortsetzen.[1] Das Wort übernahmen sie in der vulgären Form *pilus* als Pfeil, ahd. *pfîl*, ags. *pīl*. Die Bedeutung änderte sich, indem aus dem römischen Wurfpfeil ein deutscher Schußpfeil wurde. Auch die großen Steinschleudermaschinen, mit denen beispielshalber Germanikus im Jahre 15 n. Chr. die junge Mannschaft der Chatten vom linken Ederufer vertrieb[2], lernten sie mit Staunen und Grauen kennen und machten aus *petraria pfetarari*[3],

---
1) Kramer, Monatshefte f. h. Sch. 1910, S. 665.
2) Tacitus, Annalen I, 56.
3) Die Lautgruppen *tr* und *st* unterliegen nie der Lautverschiebung.

aus *balista* oder vielmehr dem davon abgeleiteten *balistarium balastar*; das erstere, mhd. noch *pfetrære*, ist aus unserer Sprache mit der Sache wieder ganz geschwunden, die *balista* ist später in *arcubalista* noch einmal entlehnt worden. Die *catapulta* (aus καταπέλτης) ferner hat nicht nur dem heutigen Schleuderinstrument der Knaben den Namen Katapulte gegeben, sondern wahrscheinlich auch schon in alter Zeit sich in unserer Sprache festgesetzt. Man vermutet wenigstens nicht ohne Grund, daß Bolz, ahd. *bolz*, ags. *bolt*, nichts anderes ist als eine volkstümlich germanische Umgestaltung von *catapulta*.[1]

Eine ganz eigentümliche Geschichte hat das gr.-lt. *manganum* gehabt. Das Wort bedeutete im Altertum eine große Schleudermaschine, welche durch die Kraft niederschnellender, mit Steinen gefüllter Kasten Steinkugeln gegen die feindlichen Mauern schleuderte.[2] Das Wort wurde mlt. zu *mango* msc. oder *manga* fem. gekürzt und in dieser Gestalt ahd. als der *mango*, mhd. als die *mange* entlehnt. In der späteren Zeit wurde es dann als Mange von der kriegerischen Schleudermaschine auf die großen, mit Steinkasten

---

1) So Kluge s. v. Andere leiten freilich das Wort von ahd. *bolôn* schleudern ab, doch macht dabei der Schlußkonsonant Schwierigkeit.

2) Abbildungen bei Schultz, Höf. Leben II, 376 ff. — Meringer (Indog. Forsch. 19, 436) spricht die Vermutung aus, daß gr.-lt. *manganum* von vornherein Wäscherolle und dann erst Kriegsmaschine bedeutet habe, und daß es in beiden Bedeutungen ins Deutsche entlehnt worden sei.

beschwerten Doppelwalzen übertragen, durch die man Tuche und Linnen glatt und glänzend machte. In unseren Haushaltungen lebt die römische Kriegsmaschine jetzt noch als harmlose, kleine Wäscherolle, als **Mangel** fort.

Wenn unsere Knaben zur Herbstzeit ihre **Drachen** steigen lassen, so denken sie nicht daran, daß diese papiernen Ungeheuer aus der Römerzeit stammen. Seit Trajan nämlich führten die römischen Kohorten als Feldzeichen den von den Parthern entlehnten *draco* aus gr. δράκων, einen riesenhaften Schlangenleib aus bemaltem Seidenzeug mit silbernem, aufgesperrtem Rachen, durch den der Wind das Ungeheuer zu voller Rundung aufblies. Auf der Trajanssäule in Rom ist ein solches Feldzeichen germanischer Hilfskohorten zu sehen (abgebildet bei Dahn, Urgeschichte II, S. 130). Den Germanen erschienen — wie das G. Freytag im Ingo schildert — diese Schlangenleiber als etwas Unheimliches, ein Siegeszauber, so glaubten sie, hafte an ihnen.[1] Antike Sagen von dem geflügelten, Schätze behütenden Giftwurm mochten ihnen ebenfalls bekannt werden, und bald trat der **Drache**, ahd. *tracho*, auch *traccho* aus vulgärem *dracco*[2], in ihrer Phantasie

---

1) Daher nahmen sie ihn auch ihrerseits im Mittelalter als Fahnenzeichen an. Schultz, Das höfische Leben zur Zeit der Minnesinger II, 233. — Vgl. Dragoner IV, 52.

2) Nach mhd. stets mit der regelmäßigen Verschiebung des lt. *d* zu *t*: *trache*. Unser Drache mit *d* beruht auf gelehrter Anlehnung an das lt. Grundwort.

als halbdämonisches, Unheil wirkendes Wesen neben den althelmischen Lindwurm. Das agſ. *draca* beweiſt die frühe Entlehnung des Wortes.[1]

Als durchgreifendes Mittel, erobertes Land zu behaupten, dienten den Römern bekanntlich befeſtigte Lager, deren Überreſte ſich noch heute in allen ehemaligen Provinzen des Römerreichs vorfinden. Gegen das freie Germanien wurde außerdem der Limes gezogen, jene großartige Verkehrs- und Befeſtigungsanlage, die den Rhein mit der Donau verband, mehrmals nach Oſten vorgeſchoben wurde und zuletzt 550 Kilometer lang war.[2] Dem Limes verdankt unſere Sprache zwei militäriſche Lehnwörter: Pfahl und Wall. Nach neueſten, auf den Ausgrabungen beruhenden Forſchungen war der Limes ein von Domitian in den achtziger Jahren längs der Grenze angelegter breiter Rain, eine Militärſtraße, auf der die Truppen raſch an bedrohten Punkten zuſammengezogen werden konnten, die aber nicht zur Verteidigung diente, ſondern unbefeſtigt war. Hadrian ſchob dann die großen Kohortenkaſtelle, die früher weiter zurückgelegen hatten, bis an die Grenze ſelbſt vor, indem er einen Teil der kleineren als Feldwachen dienenden Erdſchanzen erweiterte und durch ſolide Steinbauten dauerhaft her-

---

1) Vgl. S. 23. Pogatſcher S. 43. — Auch *signum* ‚Feldzeichen' iſt im agſ. *segn* in derſelben Bedeutung erhalten (S. 24).

2) Über den Limes und ſeine allmähliche Ausgeſtaltung ſ. Kramer, Deutſchland in römiſcher Zeit, S. 106—123; Kauffmann, S. 377—384.

richtete, wie z. B. die Saalburg. In den Ortsnamen Heddernheim und Arnsburg in der Wetterau hat sich sein Name erhalten. Außerdem legte er dem Grenzwege eine fortlaufende Versperrung vor, um das willkürliche Überschreiten der Grenze durch einzelne oder durch kleine Trupps zu hindern, die der Ruhe und Ordnung leicht gefährlich werden konnten. Die Vita Hadriani berichtet Kap. 12, daß der Kaiser die Grenze gesperrt habe „durch große Pfähle, die wie eine mauerartige Verzäunung in den Boden eingesenkt und untereinander verbunden waren" (stipitibus magnis in modum muralis sæpis funditus iactis atque connexis). Diese Verpalisadierung der Grenze ist durch die Ausgrabungen wieder aufgefunden worden. Im Jahre 1874 entdeckte man nämlich einen vor dem Limes in einer Entfernung von zwanzig römischen Fuß entlang laufenden kleinen Graben, in dem sich hochgestellte Steine und verschiedene Holzreste fanden. Die Steine dienten also zur Festkeilung der Pfähle. Dieser Graben bildete die äußere Grenzlinie des Reiches. Ihm parallel ging, zwanzig römische Fuß nach innen zu entfernt, ein zweiter kleiner Graben, der später durch den Befestigungswall (S. 84) verschüttet wurde. Zwischen diesen beiden Graben lief der zugleich als Straße dienende Grenzrain, der eigentliche Limes. Der Palisadenzaun nun ist das, was noch jetzt im Volksmunde der Pfahl heißt und was so vielen Dörfern, Flur- und Forstorten längs des Limes den Namen gegeben hat, z. B. Pfahltannen, Pfahlbronn, Pohlwald, Pohldamm.¹ Diese Pfähle befanden sich also nicht, wie man lange Zeit annahm, auf oder an dem Walle selbst, sie waren nicht sowohl Befestigungs= als Grenzpfähle, und solche wurden von den römischen Feldmessern pali genannt (Gaius, Feldmesser I, 307). Damit ist der Hinweis darauf hinfällig geworden, daß *palus* im Lat. nie den Schanzpfahl bezeichnet, der vielmehr stets *vallus* heißt², und daß deshalb das Wort ‚Pfahl‘ erst durch die Germanen vom Gartenpfahl auf den Schanzpfahl übertragen sein müsse.³

In späterer Zeit, wahrscheinlich im Anfang des 3. J., wenn nicht schon unter Antoninus Pius (138 bis 160), der auch den Limes teilweise weiter nach Osten hin vorschob, wurde der ‚Pfahl‘ in Obergermanien durch einen dahinter gezogenen tiefen Graben verstärkt und aus der ausgeworfenen Erde ein Wall aufgeschüttet, so daß die Grenzwehr jetzt aus Pfahlwerk, Graben und Wall bestand. Dadurch wurde wahrscheinlich die Entlehnung des lt. *vallum* veranlaßt,

---

1) Dahn, Urgeschichte II, 436. Vgl. auch Limesblatt 1894, S. 219, 302 ff. Schulze, Die römischen Grenzanlagen S. 38 f. Kramer, Deutschland in römischer Zeit 117, 123.

2) Mommsen, Römische Geschichte V, 141, Anm. 1.

3) Walz im Friedberger Programm 1900. — Auch die Annahme, daß die römischen Soldaten in ihrer Kommißsprache statt des dienstlichen *vallus* das zivilistische *palus* gebraucht haben, ist nach archäologischer Feststellung der Tatsachen, wenn auch an sich sehr wohl möglich, so doch nicht mehr notwendig zur Erklärung der Entlehnung von ‚Pfahl‘ und den damit zusammengesetzten Ortsnamen aus *palus*.

denn wenn das deutsche Wall auch erst spätahd. als *ual* bezeugt ist, so beweist das *w* doch das hohe Alter des Lehnworts.

Hinter dem Limes waren in regelmäßigen Abständen befestigte Truppenlager angelegt. Deren Benennung *castellum* wurde den Germanen zum Kästel mit deutscher Betonung, wie der Brückenkopf gegenüber Mainz noch jetzt heißt.[1] Kassel ist daraus durch Assimilation entstanden. Auch Kesselstadt an der Kinzigmündung ist nichts anderes als ‚Kastelstadt‘. Ähnlich machten die Angelsachsen aus *castra ceaster* (S. 24), jetzt *chester*. Ein zweites Mittel, unterworfenes Land zu behaupten, waren die Heerstraßen, die die Römer gleich nach der Eroberung anzulegen pflegten. Diese führten die feindlichen Truppen mit überraschender Schnelligkeit bis an die Grenze des freien Germaniens und mit der fortschreitenden Eroberung immer tiefer in das Land hinein. Die Germanen übernahmen das Wort *strata*, nämlich via ‚der bestreute d. i. gepflasterte Weg‘ und machten daraus ahd. *strâza* Straße. Viele an römischen Straßen belegene Ortschaften haben von diesen den Namen erhalten, am Niederrhein noch mit unverschobenem *t*: Stratum (Kreis Krefeld) aus Strat-

---

1) Über Kassel vgl. Vogt, Programm des Wilhelmsgymnasiums in Kassel 1901. — Das jetzige Kastéll ist eine jüngere Entlehnung. — Neben dem Lager befanden sich zahlreiche Verkaufslokale und schlechte Schenken, welche im Lagerjargon *canabae* hießen. Man hat von diesem Worte nicht nur das fr. *cabane*, das vielmehr von *capanna* stammt, sondern sogar unser studentisches „Kneipe" (IV, 445) abgeleitet (Schulze, Die röm. Grenzanlagen S. 76).

heim, Stracten (Kreis Heinsberg); mit verschobenem z gibt es in der Rheinprovinz allein 32 Ortsnamen (Straß, Straße, Straßen, Sträßchen, darunter zwei Straßburg.¹ Auf den Wegsäulen an der strata war die Entfernung mit *milia passuum* angegeben. Die Germanen hörten das Wort *milia* von den Soldaten und Händlern, faßten es als Femininum Singularis und machten daraus Meile, ahd. *milla, mila*. Die an den Meilensteinen gelegenen Orte bekamen häufig von diesen ihren Namen. Daher Luint (Trier) *ad quintum*, Sechtem (Bonn) *ad septimum*, Noon (Eupen) und Nohn (Adenau) *ad nonum*, Detzem (Trier) *ad decimum lapidem*. Auch das Zelt sahen die Germanen, die auf dem Kriegspfade unter freiem Himmel zu biwakieren gewohnt waren, zuerst bei den römischen Truppen, die statt *tentorium* vielleicht schon in früher Zeit das einfachere im Romanischen durchgedrungene *tenda* gebrauchten², was die Germanen sich mundgerecht machten, ahd. *zelt*, ags. *(ge)teld*.

---

1) Das alte Argentorate, später Argentoratum i. E. hat einen halb ligurischen, halb keltischen Namen; rate heißt keltisch Burg, *Argenta* (von W. *arg* glänzen) war wahrscheinlich der ligurische Name der Jll, also „Burg an der Jll". In der Wanderzeit kam der zuerst b. i Gregor von Tours (gest. 594) erwähnte Name Stratisburg auf von dem Kastell der achten Legion, das zu einer deutschen Burg geworden war, und von den an dem bequemen Rheinübergange zusammenlaufenden ehemaligen Militär- und Handelsstraßen. Kramer, Rhein. Ortsnamen 112; Deutschland in röm. Zeit 93. Kauffmann, Altertumskunde 241.

2) Schrader, Reall 982. Das ags. Verbum *betelddan* überdecken ist wohl erst eine Ableitung von *teld*.

Für Streit und Krieg selbst mußte eine so heldenhafte Nation wie die alten Germanen eine Menge Ausdrücke besitzen, aber merkwürdigerweise ist gerade derjenige, der heute der gebräuchlichste ist, Kampf, dem Lateinischen entlehnt. Man hat sich lange gegen die Annahme gesträubt, aber entscheidend dafür ist der Umstand, daß Kampf nicht zur Bildung von Eigennamen verwandt worden ist. Allerdings finden sich auch Streit, Krieg und Fehde nicht in Eigennamen, aber diese Wörter haben ihre jetzige Bedeutung erst in späterer Zeit bekommen, indem die beiden ersten ursprünglich Anstrengung, Eifer, das letzte Feindschaft, Haß, Rache bedeutete. Die alten und echten Ausdrücke für Kampf: *hadu*, *hilti*, *wîc*, *gund* begegnen alle in Eigennamen, z. B. Hadubrant, Hildebrant, Wikram, Hedwig, Gunilde, Hildegunde. Also kann „Kampf' kein urgermanisches Wort sein. Das ahd. *camph*, ags. *camp* ist vielmehr eine alte Entlehnung aus lt. *campus* Feld, freier Platz. Es wurden nämlich nach dem Muster des campus Martius in Rom auch in größeren Provinzialstädten wie Trier, Mainz für Leibesübungen und Wettkämpfe sogenannte campi angelegt. Hier lernten die Germanen die verfeinerte Fechtkunst der Gladiatoren kennen. Das Wort *campus* nahm schon im frühen Mittellatein die Bedeutung Zweikampf an, indem aus dem Orte des Kampfes dieser selbst wurde, wie heutzutage die Wendung ‚im Felde' auch nicht mehr die Äcker, sondern den Krieg bezeichnet. Auch im Deutschen bezeichnet ‚Kampf' noch lange den kunstmäßigen Einzelkampf. Eine Ableitung von *campus* ist mlt. *campio* Zweikämpfer, Kunstfechter, daher ahd. *chemphio*, ags. *cempa*, mnd. *kempe*, von den Dichtern des 18. J. als Kämpe erneuert (IV, 454).[1]

Von den Tierhetzen in der Arena rührt wohl auch die erste Bekanntschaft der Germanen mit dem Löwen her. Aus der Lautgestalt des ahd. *leo*, wie es in den ältesten Quellen stets heißt, läßt sich freilich kein Schluß ziehen auf die Zeit der Entlehnung aus dem gleichlautenden lateinischen Worte, und da gr.-lt. *leo* in der Bibel sehr häufig ist, so könnte man an sich gelehrten Ursprung des Lehnwortes vermuten. Allein die Nebenformen und Umbildungen des Wortes lassen auf mündliche Entlehnung und frühe Volkstümlichkeit schließen.[2] Neben *leo* gab es die romanische Form *lio* (fr. *lion*) und *lewo*, dessen *w* sich als Übergangslaut vor den dunklen Vokalen der obliquen Kasus einstellte und dann in den Nominativ eindrang. Noch mehr weicht ab *louwo*, dessen dunkler Diphthong sich aus der Analogie von *houwi* neben *hewi* ‚Heu' erklärt. Erhalten ist diese Form in Eigennamen wie Lauenburg = Löwenburg, Lauenstein, Lauengasse. Neben mhd. und mnd. *lewe* erscheint auch *leuwe*; dies

---

1) Der kriegerischen Sphäre gehören auch einige wieder abgestorbene Lehnwörter an: ahd. *buhhila* aus *bucina* Trompete, *balz* aus *balteus* Wehrgehäng, *milizza* aus *militia*, got. *militôn* aus *militare*.
2) Über die Formen von *leo* s. Palander 47.

wurde dann zu *leu* gekürzt, was sich als Leu in der poetischen und altertümlichen Sprache erhalten hat. Dazu stimmt, daß der sogenannte Physiologus[1] das Wort *leo* als bekannt voraussetzt; er sagt nicht, wie bei den anderen Tieren: ein tier heizzit leo, sondern einfach: „Leo bezeichnet unsern Herrn um seiner Stärke willen." Auch finden sich hier schon die abgeleiteten Formen *leuin* und *leuinchelin* (kleiner Löwe). Dieser Tatbestand beweist, daß das Wort ‚Löwe' schon im frühen Mittelalter durch mündliche Überlieferung allgemeine Verbreitung gefunden hatte. Das Tier ist also zweifellos bereits in römischer Zeit den Deutschen bekannt geworden. Germanische Söldner sahen die Tierkämpfe im Kolosseum; im Amphitheater zu Trier werden unter dem zuschauenden Publikum auch nicht wenig Germanen gewesen sein, und oft mußten germanische Kriegsgefangene selbst mit den Bestien kämpfen. Ließ doch der Kaiser Konstantin im Jahre 306 einige tausend Franken, im Jahre 313 Tausende gefangener Brukterer in der Arena zu Trier von wilden Tieren zerreißen. Bei dem allgemeinen Interesse, das große und gefährliche Tiere aus fernen Ländern stets beim Volke erregen, läßt sich annehmen, daß die Kunde von dem furchtbaren Raubtier durch Schilderungen und sagenhafte Erzählungen rasch auch zu den Stämmen drang, die keine Gelegenheit hatten, den Löwen selbst zu sehen.

---

1) Müllenhoff=Scherer Denkmäler[2] I, 262.

Neben dem Kriegswesen machte sich die römische Verwaltung und das römische Recht den Germanen aufs unangenehmste fühlbar. Wollten sie den Grenzwall an einer seiner Durchgangsstellen passieren, um in das zivilisierte Zehntland zu gelangen, so mußten sie eine Abgabe entrichten. So weit das Land römisch war, wurden auch an Brücken und Straßen Abgaben erhoben. Die Stätten, wo das geschah, hießen in der lt. Vulgärsprache *telonium* oder *tolonium* (aus τελώνιον). Die Deutschen kürzten dies ab zu ahd. *zol* Zoll. Das *n* des lt. Wortes hat sich indessen erhalten in altf. *tolna* fem., agf. *toln* neben *toll* und auch in der ahd. Zusammensetzung *zollantuam*. Ebenso zeigt es die Ableitung Zöllner, ahd. *zolanâri*, agf. *tolnere*, aus *tolonarius*. Eine solche Eingangsstelle, an der Zoll erhoben wurde, hieß lt. auch *portus*. Daher der Name der Stadt Pforzheim, an deren Stelle sich eine römische Zollstation befand. Außer dem Zoll wurde das *tributum* erhoben, ahd. *tribuz*, agf. *trifot*. Dieser Tribut bestand nicht selten in Tierfellen: so berichtet Tacitus (ann. IV, 72), daß Drusus den Friesen die Lieferung von Ochsenhäuten auferlegt habe, deren Größe ein späterer Verwaltungsbeamter als die von Auerochsenhäuten bestimmt habe; die unglücklichen Friesen konnten so große Häute nicht beschaffen, mußten Haus und Hof, Weib und Kind verkaufen und erhoben schließlich aus Verzweiflung die Fahne des Aufruhrs, der ihnen dann auch die Freiheit brachte. Solche Häute wurden in der Kaiserzeit nach *decuriae*

‚Zehnheiten' gezählt: daher stammt der noch jetzt im Leder- und Fellhandel übliche Ausdruck Decher, mhd. *techer*, engl. *dicker*. Auch der Handel mit Tierfellen mag zur Einbürgerung dieses alten Lehnwortes beigetragen haben.

Die römische Verwaltung erhob auch den Zehnten von den Feldfrüchten, das *decimare* wurde den Germanen zu *tehhamôn*; später in christlicher Zeit entlehnten sie es noch einmal als *dezemôn*, ein Geschäft, das statt des Staates nunmehr die Kirche besorgte. Gemessen wurde das gelieferte Korn nach dem römischen Scheffel, *modius*, der sich deswegen als *mutti*, ags. *mydd* einbürgerte; mit dem *tribuz* kam auch dies Wort wieder außer Gebrauch.

Zur Aufnahme der Getreidesteuern legte die römische Verwaltung allenthalben in den Provinzen Kornhäuser an, sogenannte *spicaria* (spätlt. für granarium) von *spica* Ähre. Dies Wort ist als *spîchâri*, Speicher entlehnt worden, und zwar, nach der Länge des î zu urteilen[1], wahrscheinlich schon im 3. J. Seine wahre Verbreitung hat es aber erst seit dem 5. oder 6. J. gewonnen mit dem Aufkommen der römischen Steinbaukunst (Kap. VI) und dem durch römischen Einfluß bewirkten Aufschwung des Ackerbaus (Kap. IX).[2] Die Römer waren auch groß in der Anlage künstlicher, gemauerter Fischteiche, da sie, wie alle südlichen Völker, große Liebhaber lecker zubereiteter Fischgerichte waren.

---

1) Pogatscher 58, 64.
2) Heyne, Wohnungswesen 93.

Sie nannten ein solches oft sehr ausgedehntes Wasserbauwerk *vivarium* d. i. ‚Behälter für lebende Tiere'. Die Germanen, welche diese Anlagen mit Bewunderung sahen, machten daraus *wīwāri, wīāri* Weiher. Wir denken bei dem Worte zwar zunächst an die Klöster, für welche die Teiche mit der köstlichen Fastenspeise eine besondere Wichtigkeit besaßen, aber die Länge des *i* macht auch bei diesem Worte wahrscheinlich, daß es bereits im 3. J. entlehnt worden ist, wenn es sich auch wie ‚Speicher' erst in der Zeit des Steinbaues recht eingebürgert haben wird. Speicher und Weiher sind bemerkenswerterweise nur in den Rheinlanden auf altem Römerboden zu wirklich volkstümlichen Worten geworden. Weiter nach Osten zu sagt man Boden und Teich.

Mit aufsässigen Untertanen und Verbrechern pflegte die römische Justiz kurzen Prozeß zu machen. Sie wurden in den Kerker, ahd. *karkari* aus *carcerem*, abgeführt und in Ketten gelegt, ahd. *ketina*, nicht direkt aus *catena*, sondern aus spätlt.-romanisch geschwächtem *cadena*, woher auch fr. *chaine*. Da diese Erweichung des *t* erst um 400 eintrat, kann ‚Kette' auch nicht vorher entlehnt sein. Es ist also die Möglichkeit vorhanden, daß das Wort nicht auf dem Gebiete des Strafrechts, sondern auf dem des Ackerbaues und der Viehzucht entlehnt wurde. Jedoch weisen die beiden Ortsnamen Kettenis (Kr. Eupen) und Kattenis (Kr. Mayen) auf das Verwaltungswesen hin: auch sie gehen auf *catena*, vielleicht auf *ad catenas*, zurück und bezeichnen eine Zollstelle, die mit Ketten gesperrt werden konnte.[1] Der Strafrechtspflege gehören ferner zwei jetzt wieder verschwundene Wörter an: ahd. *menihha* aus *manica* Handschelle[2] und *ihsili* aus *exilium* Verbannung. Für rückständige Zahlungen wurde ein P f a n d, ahd. *pfant*, genommen, wahrscheinlich aus *pannus* ‚Zeugfetzen‘, wovon auch afrz. *paner* ‚ausplündern‘, *pan* ‚weggenommene Sache‘. Bei peinlichen Anklagen mußten die Germanen froh sein, für frei von Schuld und Strafe, für s i c h e r erklärt zu werden, ahd. *sihhur*, agf. *sicor* aus lat. *securus* sorglos, wovon später nach mlt. *securare* das Verbum s i c h e r n, ahd. *sihhurôn* ‚rechtfertigen‘ abgeleitet wurde. Der Rechtssphäre gehört ursprünglich auch ein Wort an, welches heute mit dem strengen Recht gar nichts mehr zu tun hat, *causari* ‚einen Rechtshandel führen, vor Gericht reden‘. Daraus entwickelte sich ‚reden, erzählen‘ überhaupt und endlich speziell ‚ein trauliches Liebesgespräch führen‘: k o s e n. Dagegen ist P a c h t aus *pactum* Vertrag, Abgabe in seiner Sphäre verblieben. Die ältere mhd. Form *pfaht* (auch *phât*) erlosch in der Schriftsprache im 18. J., lebt aber noch heute in der Schweiz als ‚Pfacht‘ fort. Die heutige Form mit *p* beruht auf nd. Einfluß. Ebenso das jetzt herrschend gewordene

---

1) Kramer, Rhein. Ortsnamen aus vorröm. und röm. Zeit, S. 109.
2) Im Af. und Agf. gab es noch ein anderes lt. Wort für Fessel, nämlich *cosp* aus *cuspis*; die Bedeutung wird vermittelt durch byzant. κούσπος ‚Fesselblock‘; Schrader, Reall. 422. Kluge, Vorgeschichte d. altg. D.² 337.

Femininum; noch um 1800 sagte man häufiger ‚der Pacht' als ‚die Pacht'. Dazu mhd. *pfahten*, jetzt pachten aus mlt. *pactare* ‚durch einen Vertrag bestimmen', speziell ‚mieten'. Aus der römischen Rechtssprache stammt auch das in oberdeutschen Dialekten und in der Sprache der Bienenzüchter noch lebendige erkobern ‚frische Kraft sammeln', ahd. *irkoborôn* ‚erlangen, erreichen' aus lt. *recuperare* ‚wiedererlangen', mlt. *cuperare* ‚erwerben'. Das Alter der Entlehnung beweist agf. *âcofrian* ‚wieder genesen'.

Mit den neuen Rechtsbegriffen, Zahlungsterminen und dergleichen mußte auch eine bestimmtere Zeitrechnung aufkommen. Die Germanen rechneten nach des Tacitus (Germ. 11) Zeugnis nach Nächten, daher sind noch heute ‚Weihnachten, Fastnacht, Zwölfnächte' Ausdrücke für bestimmte Tage; sie hatten ferner ein Mondjahr. Jetzt drang das römische Sonnenjahr und die römische Rechnung nach Tagen durch und im Zusammenhang damit bürgerten sich die lateinischen Benennungen der Wochentage ein, aber nicht in Entlehnungen, sondern in Übersetzungen.[1] Der *Solis dies* der Römer wurde als heidnisch durch das Christentum seit dem 4. J. beseitigt und durch *dies dominica* ersetzt, das eine Übersetzung des gr. κυριακή ‚Tag des Herrn' ist. Notker übersetzte das lt. Wort durch *frôntag*, die romanischen Völker nahmen es an, fr. *di-*

---

1) Erschöpfend hat über die Namen der Wochentage gehandelt Friedrich Kluge im achten Beiheft der Zeitschrift d. Deutsch. Sprachvereins (1895) S. 89 ff.

manche, it. *domenica*. In die deutsche Volkssprache drang das lt. Wort nicht ein, weil hier die ältere heidnische Bezeichnung des ersten Wochentages bereits durch die Übersetzung ahd. *sunnûn tag* heimisch geworden war, woraus dann *suntag* Sonntag wurde. Diese Übersetzung muß ihren Ursprung am Niederrhein gehabt haben; denn in Nordgallien hatte sich das alte *dies solis* in der Volkssprache erhalten, wie aus dem bretonisch-keltischen *dissul*, kymr. *diwsul* hervorgeht. Vom Niederrhein ist das neue Wort auch zu den Angelsachsen als *sunnandæg*, engl. *sunday* gelangt, jedenfalls noch vor der Auswanderung nach England (S. 26); von den Angelsachsen haben es die Normannen als *sunnudagr* entlehnt.

Der Montag ist die Übersetzung von lt. *Lunae dies* (fr. *lundi*), ahd. *mânetag*, ags. *mōnandæg* (engl. *monday*). Der Dienstag hat nichts mit ‚Dienst‘ und auch nichts mit dem Namen ‚Ziu‘ zu tun, wie man früher meinte. Seine richtige Deutung hat uns eine lateinische Inschrift gegeben, die im Jahre 1883 in Nordengland gefunden wurde. Sie steht auf einem Altar, den im römischen Heere dienende Friesen um 230 n. Chr. dem Mars Thingsus geweiht haben. Thingsus ist ein alter Beiname des deutschen Kriegsgottes, von thing ‚Versammlung‘ hergeleitet, also eigentlich ‚Gott der Versammlungen und Gerichte‘. Von ihm ist der ‚Dienstag‘ benannt worden, wie aus den älteren nd. Formen *dingsedag*, ndl. *dinxendach*, hervorgeht. Noch im 14. bis 16. J. heißt der

Tag in mitteldeutschen Quellen Dingestag, Dingstag, Luther hat noch Dinstag, die neuere Form rührt von volksetymologischer Anlehnung an ‚dienen' her. ‚Der Tag des Thingsus' ist natürlich eine Übersetzung des lateinischen *Martis dies* (fr. *mardi*), die ihren Ausgangspunkt ebenfalls am Niederrhein gehabt hat; denn jene Friesen stammten von der holländischen Küste. Von bort aus ist der Dingstag oder Dienstag dann nach Osten und Süden vorgedrungen. Im alemannischen Dialekt jedoch herrscht noch heute eine andere Übersetzung von *Martis dies*, nämlich ahd. *ziestae*, Zistag, Zistig bei Hebel, die auf den Namen des Kriegsgottes *Zio* (= lat. *deus*) zurückgeht. Dieselbe Übersetzung haben die Angelsachsen selbständig vorgenommen in ihrem *Tīwesdæg* (engl. *tuesday*).

Der Mittwoch übersetzt die rein äußerliche Bezeichnung des Tages als *media hebdomas*, welche in den Alpengegenden (churwälsch *mazemda*) üblich geworden war statt des eigentlichen Ausdrucks *Mercurii dies* (fr. *mercredi*). Dieser wurde am Niederrhein durch *Wôdanesdag* übersetzt — schon bei Tacitus (Germ. 9) erscheint Mercurius für Woban —, woher holländisch *woensday*, ags. *wôdnesdæg* (engl. *wednesday*), nb. noch jetzt Gudenstag. Weshalb gerade dieser ‚Wodanstag' nicht beibehalten, sondern durch den bläßlichen ‚Mittwoch' verdrängt wurde, wird sich schwerlich ermitteln lassen, um so weniger, da der Donnerstag, ahd. *toniris*, d. i. *donares tac*, ags. *thunresdæg* (engl. *thursday*) aus *Jovis dies* (fr. *jeudi*) und der Freitag, ahd. *friatag*, ags. *frīgdæg* (engl. *friday*) aus *Veneris dies* (fr. *vendredi*) ihre heidnischen Namen bewahrt haben.

Der siebente Wochentag allein ist keine Übersetzung, sondern eine Neubildung. Das in Mittel- und Norddeutschland übliche ‚Sonnabend‘, ahd. *sunnûn aband*, bedeutet ‚Vorsonntag‘, denn *abend* bezeichnet den Vorabend vor Festtagen, z. B. ‚Heiliger Abend‘, und wurde gern auf den ganzen Tag ausgedehnt. Der Grund, weshalb man bei diesem Tage zu einer Neubildung griff, ist der, daß es für den Gott Saturnus, dem dieser Tag gehörte, keine entsprechende germanische Göttergestalt gab. Nur im nordwestlichen Deutschland ist *Saturni dies* entlehnt, nicht übersetzt worden, holländisch *zaterdag*, altfries. *saterdei*, westfälisch bis in die Gegend von Paderborn Satertag. Auch die Angelsachsen haben *sæternesdæg* (engl. *saturday*) und müssen dies Wort vom Kontinent mitgebracht haben. Die Entlehnung ist also am Niederrhein und vor der Auswanderung der Angelsachsen erfolgt (S. 26). Über ein zweites Lehnwort, Samstag, s. Kap. XI.

Später als die Namen der Wochentage kamen die der Monate auf, nämlich zur Merowingerzeit durch die fränkische Geschäftssprache, zunächst Jänner (*jenner*), März (ahd. *merzo*), Mai (ahd. *meio*) und August (ahd. *augusto*, *agusto*), deren Formen frühe und volkstümliche Entlehnung bezeugen, während für die übrigen Monate sich die deutschen Benennungen ‚Hornung, Oster-, Brach-, Heu-, Witu-(Holz), Windume

(Weinlese aus *vindemia*), Herbst- und Heiligmonat' länger hielten und erst später (III, 37) gelehrtem Einflusse wichen. In oberdeutschen Mundarten lebt jedoch noch Wimmat, Wimmet, Wümmet als Bezeichnung des Oktobers fort. — Auch die Benennung der vier Jahrpunkte des Sonnenjahres nahmen die Germanen von den Römern an, aber nicht durch Entlehnung, sondern durch Übersetzung: *aequinoctium* wurde ahd. *ebennaht*, agf. *efenniht*, *solstitium sunstede, sunwende*.[1]

---

1) Schrader, Reallexikon 393.

Kapitel V.
Schiffahrt und Handel.

Schon aus den Benennungen des Sonntags, Dienstags und Sonnabends ließ sich schließen, daß das niederrheinische Land das Hauptaufnahmegebiet jener frühen Entlehnungen gewesen ist. Auf dieselbe Ursprungsstelle weisen auch die Entlehnungen aus dem Gebiete des See- und Wasserwesens hin. Dort am Niederrhein wohnten die Kanninefaten, Teile der Friesen (vgl. S. 95 Mars Thingsus) und die Bataver, Stämme, die den Römern jahrhundertelang botmäßig und befreundet gewesen sind. Besonders die Bataver rühmt schon Tacitus (Germ. 29) als treue und tapfere Bundesgenossen, die von Lasten und Steuern befreit den Römern gleichsam als Schutz- und Trutzwaffen gedient hätten. Bis zu dem Einbruch der salischen Franken blieben sie in römischer Abhängigkeit.

Bei dem dichten Fluß- und Wasserlaufnetz, das die niederrheinische Landschaft durchzieht, bei der ausgebildeten See- und Flußschiffahrt der Römer darf man wohl mit Sicherheit annehmen, daß einige nautische Verbesserungen, welche die Germanen von den Römern übernommen haben, ihnen in jener Gegend und schon in der ältesten Zeit zugekommen sind. Zwar waren sie an den Küsten der Ost= und Nordsee schon vor der Bekanntschaft mit den Römern zu Seefahrern geworden und besaßen eine gewisse Terminologie für das See= und Schiffswesen (S. 31)[1], aber zum Festlegen des Schiffes bedienten sie sich ursprünglich nur eines mit Tauen umwickelten Steines, den sie versenkten und daher senchilstein nannten. Jetzt lernten sie als eine ganz wesentliche Verbesserung den eisernen Anker, ahd. *anchar*, ags. *ancor* aus *ancora* kennen, das seinerseits wieder auf gr. $ἄγκυρα$ ‚der gekrümmte‘ zurückgeht; die frühe Zeit der Entlehnung wird durch einen in Süd=Jütland zusammen mit römischen Münzen des 2. J. gefundenen eisernen Anker bezeugt.[2]

Die Germanen hatten ferner an ihren Einbäumen nur an der rechten Seite ein Ruder hängen, mittels dessen sie sich durch Paddeln mühselig fortarbeiteten, der linken Seite des Schiffes drehten sie den Rücken zu; daher rühren noch jetzt die Benennungen Steuerbord und Backbord, d. i. Rückenbord. Von den römischen Schiffen auf dem Niederrhein und der Ems sahen sie nun die viel raschere und bequemere Fortbewegung mit Handrudern und hörten aus dem Munde der Matrosen und Soldaten die Bezeichnung des vor=

---

1) Schrader, Reall. 715f. Auch Segel, ahd. *segal*, ist jedenfalls nicht, wie man auf Grund von Tac. hist. 5, 23 vermutet hat, aus lt. *sagulum* entlehnt (vgl. dazu Kluge und Schrader, Reall. 756), sondern ureuropäisch (S. 31).

2) Schrader, Reall. 715f.

trefflichen Werkzeugs *remus*. Sie übernahmen Sache und Wort und machten ahd. *riemo*, mnd. *rēme* daraus. Das Steuer wurde nun hinten angebracht, behielt aber den alten Namen ‚Ruder'. Das noch jetzt volkstümliche Rieme oder Riemen hat also nichts mit einem Lederriemen zu tun. Der Riemen zum Anbinden der Ruder heißt vielmehr nd. Strippe, hd. Strüpfe, md. *strupphe*, agf. *strop* aus lt. vorklassischem und vulgärem *struppus* Riemen, speziell (bei Isidor und Vitruv) Riemen zum Festmachen der Ruder.[1] Auch die Boote selbst wurden nun verbessert. Die Einbäume verschwanden allmählich vor den nach römischer Art gebauten Fahrzeugen. Damit wurde das lt. *navis* übernommen, ahd. *rer-nāwa* Lastschiff, mhd. *nāwe*, *næwe* Fährschiff, frühnhd. noch Naff, Näff, Naue, jetzt noch in den Mundarten lebendig, am Rhein und Neckar Nähe, in der Schweiz Naue; daher Schiller, Tell 1, 1: „mach' hurtig, Jenny, zieh' die Naue ein". Auch Schiff selbst ist aller Wahrscheinlichkeit nach[2] nichts anderes als gr.-lt. *scyphus* Becher in der vulgären Aussprache *skipo*, got. *skip*; das ahd. *scif* bedeutet nämlich auch ‚Gefäß'; daß ein Fahrzeug seine Benennung von der Gestalt erhält, kommt auch sonst

---

1) Nach andern (Hirt-Weigand[5]) geht Strüpfe auf ein deutsches Verbum strupfen = zusammenziehen zurück, das seinerseits eine Weiterbildung von streifen sein soll. Ist nicht vielmehr das Verbum als eine Ableitung von dem weit früher (schon 1340) belegten Substantiv anzusehen?
2) Schuchardt, Z. f. rom. Philologie 33, 653 ff. Felst, Indogermanen 224.

vor. Umgekehrt hat das ahd. *scaph*, oberd. noch Schaff (wovon Scheffel), dessen Quelle wahrscheinlich gr.-lt. *scapha* Nachen ist (vulgär *skapa* gesprochen), die Bedeutung ‚Gefäß‘ angenommen, so daß *scyphus* und *scapha* ihre Bedeutungen im Deutschen geradezu vertauscht haben.

Noch eine andere auffallende Entlehnung gehört jedenfalls schon dieser Zeit und dieser Gegend an. Es gab nämlich neben dem schriftlateinischen Worte *insula* ein vulgärlateinisch-romanisches *isola* (so noch jetzt italienisch) oder *isla* (daraus fr. *île*). Dies erscheint im ahd. als *îsila*, mhd. *îsele*, also eine volksmäßige, natürliche Entlehnung, die dann unter gelehrtem Einflusse oder durch eine gelehrte Neuentlehnung der jetzigen Form *insule*, *insul* Insel gewichen ist. Bei Notker ist dies *insula* noch Fremdwort und wird durch *îsila* verdeutlicht.[1] Auffallend ist diese Entlehnung, weil die Germanen, wie das ja selbstverständlich ist, für ‚Insel‘ altheimische Ausdrücke besaßen, die auch jetzt noch üblich sind, nämlich ‚Aue‘ und ‚Wert‘. Da nun hier von einer technischen Verbesserung oder neuen kulturellen Anwendung nicht die Rede sein kann, so erhebt sich die Frage, wodurch die Entlehnung von ‚Insel‘ wohl veranlaßt worden ist. Folgende Vermutung trifft vielleicht das Richtige. Die beiden obengenannten Ausdrücke sind von sehr allgemeiner Be-

---

1) Zesamene habig lant uzzerunhalb meres heizzet continens, dana geskeidenez in meri alde in stagnis heizzet insula, îsila (s. Graff, Althochd. Sprachschatz I, 487).

deutung. Aue heißt außer ‚Insel‘ auch ‚Wasser, Strom, Wasserland, wasserreiches Wiesenland, Halbinsel‘, Wert oder Werder, nhd. in Ortsnamen auch = wörth bedeutet eigentlich ‚über das Wasser erhöhtes, gegen Überschwemmung geschütztes Land‘, dann auch ‚Halbinsel, Ufer, Gestade‘, ja im Ags. und Anord. ‚Meer‘. Eine schärfere Unterscheidung dieser Begriffe wurde bei steigender Kultur, als sich die Fluß- und Seeschiffahrt der Germanen mehr und mehr entwickelte, notwendig. Die Schiffer konnten sich bei ihren Erkundigungen und Gesprächen nicht mit vieldeutigen Bezeichnungen begnügen. Es war für sie von Wichtigkeit, bestimmt zu wissen, ob ein Stück Land eine Halbinsel, eine Aue oder eine wirkliche Insel war, die sie umfahren konnten. Diesem wachsenden Unterscheidungsbedürfnisse, das sich besonders im niederrheinischen Wasser- und Insellande geltend machen mußte, kam die Entlehnung des vulgärlt., begrifflich scharf bestimmten Wortes entgegen. — Wahrscheinlich lernten die niederrheinischen Germanen damals auch schon mit den römischen Wasserstraßen, wie die fossa Drusiana eine war, das Wort *canalis* kennen. Denn das ahd. *chánali*, mhd. *künel* ist eine alte und volkstümliche Entlehnung, die noch heute in mundartlichen Formen fortlebt, wie Kannel, Kännel, Känner; verwandt damit ist Kennel, Kengel mundartlich für Rinne, Röhre, das aber auf lt. *cannula* kleine Röhre zurückgeht. Unser heutiges Kanal ist eine gelehrte Neuentlehnung des späteren Mittelalters.

Die Schiffahrt diente nicht nur dem Lokalverkehr und kriegerischen Zwecken, sondern vermittelte auch zum großen Teil den Handel von den Rheinmündungen bis zur holsteinischen Westküste. Außer diesem Seehandel gab es natürlich auch Landhandel, der neue Waren und Gebrauchsgegenstände von der römischen Grenze in das Innere Germaniens brachte. Römische mercatores in Germanien bei Sueben und Ubiern erwähnt bereits Cäsar (b. Gall. IV, 2, 3), nostris e provinciis lixae und negotiatores im Reiche des Marbod und auf einer Insel der Bataver, Tacitus (ann. II, 62, hist. IV, 15); derselbe spricht (Germ. 5) vom commerciorum usus.[1] Was die römischen Händler in Deutschland suchten, waren Federn, Felle, Wachs, vor allem aber — Menschen. Der germanische Sklave war besonders als Gladiator gut zu gebrauchen. Der Menschenhändler heißt auf lateinisch *mango*, daraus wurde mit germanisch-lt. Ableitungssilbe ahd. *mangâri*. Die weite Verbreitung des Wortes auch zu den Angelsachsen (*mangere*) und Nordländern (*mangari*) zeugt von dem Alter der Entlehnung, die Verallgemeinerung der Bedeutung zu der des Händlers überhaupt zeigt, wie sehr der Menschenhandel jeden andern Handel in der Urzeit überwog.[2] Das deutsche Lehnwort bekam

---

1) Vgl. Schrader, Handelsgeschichte 82 ff.
2) Steinhausen, Geschichte der deutschen Kultur, S. 5. — Meringer (Indog. Forsch. 19, 437) bringt *mango* mit *manganum* (S. 80) zusammen und setzt als Grundbedeutung

dann die allgemeine Bedeutung Händler, ohne schlechten Nebensinn, und erschien in Zusammensetzungen (Eisen-, Fisch-, Fleisch-, Tuchmanger oder -menger. Es lebt noch in süd- und westdeutschen Mundarten und in Eigennamen wie Menger, Menge.

Als Einfuhrartikel dagegen überwog alle andern Gegenstände bei weitem — der Wein. Bekanntlich lieben alle Naturvölker den Rausch; er ist ein Teil oder ein Anhängsel des religiösen Kultus, und von jeher suchte sich der Mensch durch irgend einen Absud aus Wurzeln, Kräutern, Körnern oder Blumen eine vorübergehende Entrückung aus den Nöten des Lebens zu verschaffen. Auch die Germanen liebten es, Tag und Nacht durchzutrinken (Tac. Germ. 22) und besaßen, so wie die Neger ihr Pombebier und ihren Palmwein, ein „zu einer gewissen Ähnlichkeit mit Wein verdorbenes Gebräu von Gerste oder Weizen" (Tac. Germ. 23). Aber was war das gegen das funkelnde, dunkelrote, raschberauschende Getränk des Südens, das die fremden Händler ins Land brachten! Die Gaufürsten und Häuptlinge der westlichen Stämme erkannten die Gefahr, die hierin dem Volke drohte; sie verboten die Einfuhr des Weines (Caes. b. Gall. II, 15 und IV, 2, 6); aber lange hielt dies Verbot, wenn es je durchgeführt worden ist, jedenfalls nicht vor: denn bei Tacitus (Germ. 23) finden wir wieder den Import des verführerischen Getränkes in den

---

des u. Wortes an .einer, der die Gespinste nach dem Waschen mittels eines Rundholzes wieder glatt und schön macht'.

Grenzgebieten. Wie gefährlich dieses Getränk den westlichen Stämmen in ihrem Kampfe mit den Römern wurde, zeigt anschaulich die gräßliche Szene bei Tacitus (Ann. I, 50 und 51), wo die im Festrausch unter den Tischen liegenden Marsen von Germanikus überfallen und schonungslos mit Weib und Kind zusammengehauen werden. Die germanischen Söldner in den römischen Heeren lernten den Wein, den sie ja leicht haben konnten, erst recht lieben. Bei der Plünderung von Gomphoi in Thessalien übertrafen Cäsars Germanen im Rausche alle andern an Ausgelassenheit (Appian de bell. civ. II, 64). Das neue Getränk behielt im Germanischen seine vulgär=lt. Bezeichnung *vinus*, ahd. *win*, Wein.[1]

1) Wenn auch die Rebe (vitis vinifera) in ganz Südeuropa und einem Teile Mitteleuropas heimisch war, so ist ihre Kultur und die Herstellung des Weins aus ihren Früchten doch von einer bestimmten Gegend ausgegangen, nämlich aus den pontischen und armenischen Landschaften südlich vom Kaukasus, wo die Rebe noch jetzt „hohe Bäume überzieht und ohne Schnitt und irgendwelche Kultur eine Menge Früchte hervorbringt" (De Candolle: Ursprung der Kulturpflanzen, S. 236). — Der jetzige armenische Name des Weins *gini* führt auf *voinio, roino* zurück, das ursprünglich ‚sich flechtendes, rankendes Gewächs' bedeutete, vgl. lt. *riere rimen vitis riter*, deutsch *wida* ‚Weide'. Aus dem armenischen *voino* ging einerseits arab. *wain*, hebr. *jajin*, anderseits ein aus dem jetzigen Albanesischen zu erschließendes altillyrisches *vaina* hervor. In den thrakischen Dialekten muß dies Wort *voinos* oder ähnlich gelautet haben, und dies ist die Quelle des gr. ϝοῖνος οἶνος. Die griechische Weinkultur stammt, wie der Weingott Dionysos und seine Mutter Semele, aus Thrakien. Aus demselben thrakischen Worte floß wahrscheinlich auch das italische *vinum* statt *voenum* infolge Angleichung an *vitis*. Schrader, Reallexikon 943 ff.

Die Händler, die das vielbegehrte Getränk ins Land brachten oder es den im römischen Feldlager dienenden germanischen Kriegern verkauften, nannten sich *caupo*, eigentlich Schenkwirt, ihre Handelstätigkeit hieß *cauponari*. Daraus machten die Germanen *choufo*, *choufman* Kaufmann und *konfōn* (ags. *cēapian*) Handel treiben, und zwar ursprünglich Tauschhandel treiben, später im Geldhandel sowohl kaufen als verkaufen. Auch hier ergibt sich aus der Entwicklung der Bedeutung, daß die Hauptimportware der Wein war. Weinhandel treiben schien den Germanen dasselbe wie Handeltreiben schlechthin.[1] Die Entlehnung muß übrigens sehr früh erfolgt sein zu einer Zeit, wo lt. *caupo* noch nicht *cōpo* gesprochen wurde. Das Wort gehörte der Sprache des niederen Volkes an, und gerade dieser Umstand begünstigte die Übernahme ins Deutsche. Die auch bei den Römern als maligni und fraudulenti verschrienen caupones setzten dem Wein eine überreichliche Menge Wasser zu.[2] Bei den Römern wurde nach ganz bestimmten, je nach dem Charakter des Weins verschiedenen Rezepten Wasser zu dem Wein gegossen. Der Kunstausdruck für diese Behandlung des Weins war *miscere*. Die Germanen übernahmen ihn als *miskan*, ags. *miscjan*, mischen, und wandten ihn auch auf andere Flüssigkeiten an. Das Mischen des Weins erschien später bei den leichteren,

---

1) Auch got. *kaupōn* bedeutet schon Geldgeschäfte treiben.
2) Hor. sat. I, 5, 4. Goetz, Thes. Gloss. I, 192. caupo = qui vinum cum aqua miscet, qui de vino aquam facit.

am Rhein und an der Mosel erzeugten Sorten nicht mehr angebracht, das Wort aber blieb. Als Gefäß für den Transport des Weines lernten die Germanen wohl damals schon den Lägel kennen, ahd. *lāgella* aus lt. *lagēna* (gr. *λάγυνος*), eine bauchige Flasche mit engem Hals, und als üblichstes Maß den Sechter oder Sester, ahd. *schstâri, sehtâri*, agf. *sestari* aus *sextarius*, dem sechsten Teil des congius. Darauf, daß das Maß von den römischen Behörden bestimmt wurde, weist die Entlehnung von aichen aus *aequare* gleichmachen, nämlich dem amtlichen Maße, die bereits in diese Zeit fallen muß, wenn auch das Wort *îchen* erst im Mhd. belegt ist, nb. *îken*.

Auch Schöpf- und Trinkgefäße wurden zugleich mit dem Wein eingeführt. In Gräbern nicht nur des westlichen Deutschlands, sondern auch des innern Norddeutschlands haben sich überraschend viele Wein- und Trinkgefäße aus Bronze und aus Glas gefunden. Der überseeische Handel brachte auch diese zerbrech-liche Ware mit Leichtigkeit an die Nordseeküste und sogar nach Dänemark.[1] Besonders prachtvoll ist das Tafel- und Trinkgeschirr, das im Jahre 1868 gefunden wurde und unter dem Kollektivnamen des Hildesheimer Silberfundes bekannt ist. Dieser besteht teils aus fabrikmäßig gearbeiteter römisch-gallischer Ware, teils aus hochvornehmen griechischen Kunst-arbeiten der augusteischen Zeit. Er ist weder von einem römischen Offizier mit nach Germanien genommen,

---

1) Kramer, Deutschland in römischer Zeit, S. 138f.

noch von einem germanischen Häuptling als Beutestück von einem Kriegszuge heimgebracht worden, sondern von einem römischen Händler im 2. oder 3. J. zum Zwecke des Verkaufs importiert und von ihm selbst, weil irgendwelche Gefahr drohte, sorgfältig verpackt und vergraben worden.[1] Vermutlich stammte das gesamte Silbergeschirr aus dem Familienbesitz einer reichen römischen oder gallischen Familie, von der es der Händler erworben hatte. Jedenfalls beweist der Fund, daß die Silbereinfuhr nach Germanien in jener Zeit bereits ganz bedeutend war. Die zahlreichen schönen Bronzeeimer, die zum Abziehen und Mischen des Weins dienten, wurden schon S. 52 erwähnt. Wir werden demnach die Entlehnung des Wortes Eimer, ahd. *ambar*, agſ. *ambor*, daher noch jetzt österr. ‚Amper‘, schon in diese frühe Zeit zu setzen haben. Das Grundwort ist gr.-lt. *amphora* ‚zweihenkliger Krug‘. Man lehnte dann *ambar* an *beran* ‚tragen‘ an und verwandelte infolgedessen die erste Silbe in *ein*, so daß nun *einbar*, *eimber* geschrieben und das Wort als Traggefäß mit einem Henkel gedeutet wurde. Dementsprechend schrieb man dann auch *zubar*, *zwibar* Zuber mit Anlehnung an *zwei* und deutete das Wort als Traggefäß mit zwei Henkeln, während es wegen nd. *tubbe* Tubben trotz der Bedeutungsverschiedenheit wohl auf lt. *tubus* Wasserrohr, Wasserbehältnis zurückzuführen ist. Die große Menge metallener und gläserner

---

1) Kauffmann, Deutsche Altertumskunde, S. 468.

Trinkgefäße, die den Gräbern entstiegen sind, bestätigen das, was die Sprache über die Entlehnungszeit der Benennungen dieser Trinkgefäße uns lehrt. Kelch, ahd. *chelich*, agf. *cælic* wurde aus *calic-em* entlehnt, als das zweite *c* dieses Wortes noch *k* gesprochen wurde (S. 20). Es ist also nicht erst in christlicher Zeit mit der Feier des Abendmahls zu uns gekommen — es würde dann ‚Kelz' lauten, wie ‚Kreuz' aus *crucem* — sondern schon in römischer Zeit vor der hochdeutschen Lautverschiebung. Dasselbe ist der Fall mit Becher, ahd. *behhari* aus mlt. *bicarium*, woher auch it. *bicchiere*; das Wort wird entweder vom gr. βῖκος ‚irdenes Gefäß' abgeleitet, oder mit einem alten, von Isidor (Orig. XX, 5, 4) erwähnten *bacca* ‚Weingefäß' zusammengebracht. Möglicherweise ist ein von diesem abgeleitetes *bacarium* unter dem Einfluß des griechischen Wortes zu *bicarium* geworden. Man kann bei diesen beiden Wörtern zweifelhaft sein, ob sie der Zeit des Weinbaus, also dem 6. oder 7. J. angehören, oder der des Weinhandels, also dem 2. oder 3. Die archäologischen Funde sprechen entschieden für das Zweite. Möglicherweise ist auch die Schüssel, ehe sie zum Küchengerät wurde (Kap. X), ein bowlenartiges Gefäß zum Mischen des Weins gewesen; wenigstens bedeutet lt. *scutella* ein Trinkgefäß.[1]

---

[1] Kauffmann, Deutsche Altertumskunde, S. 467, A. 8. — Derselbe führt auch Kanne, ahd. *kanna*, als Lehnwort an. Doch ist umgekehrt mlt. *canna* (zuerst bei Venantius Fortunatus. 6. J.) aus dem Deutschen entlehnt.

Der Wein und die Weingefäße waren aber keines=
wegs die einzigen Waren, welche die römischen Händler
bis tief in das Innere Germaniens und auf dem See=
wege bis an die Küsten Holsteins, Schleswigs und
Dänemarks brachten. Vielbegehrt war auch ein Gewürz,
das seit Alexander dem Großen nach Griechenland ge=
kommen war, dort zunächst als Heilmittel, dann auch
als Speisewürze gebraucht wurde. Es hieß gr. πέπερι
aus ind. *pippali* (elg. ‚Beere') Pfeffer. Wenn auch
noch zu Plutarchs Zeit viele ältere Leute nichts davon
wissen wollten (Symp. VIII, 9, 3, 26), so wurde es
doch infolge seiner Schärfe rasch bekannt und beliebt und
drängte schwächere heimische Gewürze, den Kümmel,
Koriander u. a., zurück. In Italien machte man sogar
den Versuch, den Pfefferbaum anzupflanzen (Plin. 12, 29;
Hor. ep. 14, 23), und Alarich konnte der Stadt Rom
eine Kontribution von 3000 Pfund auferlegen. Aber
sicher haben schon lange vor 400 n. Chr. römische Händ=
ler das leicht transportable Gewürz nach Deutschland
gebracht. Den Germanen gefiel es außerordentlich, weil
es nicht nur die Speisen schmackhaft machte[1], sondern
auch Durst erregte. Der Wein= und Pfefferhandel
standen somit in inniger Beziehung zueinander. Der
ungebildete Geschmack der Naturvölker bedarf überhaupt,
um angenehm erregt zu werden, starker Reizungen;
noch das ganze Mittelalter liebte stark gewürzte Speisen.

---

1) Tac. hebt noch hervor, daß die Germanen gaumen=
reizende Zutaten nicht kannten, Germ. 23: sine apparatu,
sine blaudimentis expellunt famem.

So ging denn das lt. *piper* früh in alle Sprachen des Nordens über, ahd. *pfeffar*, agf. *pipor*. Der Pfeffer wurde typisch für alles, was scharf schmeckt. Daher nannte man nach ihm die Gartenkresse ‚Pfeffer= kraut' und den bekannten Pilz *pfifera*, *pfifferline* Pfifferling. Er wurde auch typisch für alles Weit= hergekommene. Man wünschte einen Feind dahin, ‚wo der Pfeffer wächst'. Während des ganzen Mittelalters aber stand der Pfeffer so sehr im Mittelpunkte des Welthandels, daß man noch in der Neuzeit die Kauf= leute höhnisch als ‚Pfeffersäcke' bezeichnete.

Denn das Wort Sack verdankt seine Aufnahme in die deutsche Sprache wohl zunächst eben dem Pfeffer= handel. Mit dem Gewürz zusammen ist der phönizische Sack von Land zu Land, von Volk zu Volk gewandert, ebenso wie ‚Wein' in alle abendländischen Sprachen gedrungen und ein wahres Allerweltswort geworden. Das Grundwort ist semitisch, hebr. *saq* härenes Zeug, Trauerkleid, daraus wurde gr. σάκκος, dies über= nahmen die Römer als *saccus*, das außer Sack auch grobes Pilgerkleid bedeutete. In der biblischen Be= deutung Bußgewand übernahmen es die Goten *sakkus*, im Deutschen heißt es vorwiegend Warensack oder Geldsack, daneben auch Kleid aus Sackzeug, ahd. *sac* Plur. *secchi*, agf. *sacc*; dazu das Diminutiv Säckel, *sechil* aus *saccellus* Geldsäckchen.

Überhaupt verbreiteten sich die Umhüllungen und Gefäße, in denen die Waren verpackt waren, wie natürlich, zugleich mit diesen selbst. So die Arche,

got. *arka*, ahd. *archa*, die wir keineswegs erst der alt=
testamentlichen Erzählung von der Sündflut verdanken,
sondern bereits dem römischen Händler, der mit seiner
arca im Lande umherzog. Auf gleiche Weise sind zu
uns gekommen: ahd. *kafsa* aus lt. *capsa* Kiste, mhd.
noch *kafse* in der verengerten kirchlichen Bedeutung
‚Reliquienschrein' (vgl. fr. *châsse*); auch ein Diminutiv
kapselin Kästchen erscheint im Ahd., während unser
Kapsel erst eine Entlehnung des 15. J. ist (III, 226).
Ferner Kiste, ahd. *chista* aus gr.=lt. *cista* κίστη,
agf. *cist*, Korb, *chorp* aus *corbis*, und Schrein,
ahd. *scrīni*, agf. *scrīn* aus *scrinium* (vgl. fr. *écrin*
Schmuckkästchen). Kiste, Schrein und Arche bedeuten
auch Sarg. Dies letzte Wort, ahd. *sarh, sarc*, geht
auf ein vorauszusetzendes *sarcus* zurück, welches aus
sarcophagus[1] gekürzt ist. Einheimische Wörter für
Sarg sind Totenbaum, Totenlade in Süddeutschland
und mhd. *lîchkar* Leichengefäß, in Hessen noch Leichkar.[2]

Mit den Gefäßen lernten wir auch die lasttragen=
den Tiere der Südländer kennen, vor allem den Esel,
got. *asilus*, ahd. *esil*, agf. *esol* aus *asinus*[3], sodann

---

1) Gr.=lt. *sarcophagus* heißt eig. fleischfressend. Man
verwandte nämlich zu Särgen gern einen aus der Troas
stammenden Kalkstein, der das Fleisch rasch verzehrte. Aus
sarcophagus stammt auch altfr. *sarqueu*, fr. *cercueil*.
2) Gefäßbenennungen sind auch ahd. *pfanâri* aus *pa-
narium* Brotkorb, *bulke* aus *bulga* Ledersack, und agf.
cylle aus *culleus* Schlauch, *spyrte* aus *sporta* Korb.
3) Das Wort stammt nach Schrader, Sprachv. S. 385
und bei Hehn S. 134 nicht aus dem hebr. *âtôn*, sondern
aus einer pontischen Sprache, Grundform *asnas*. — Der
Übergang von *n* zu *l*, wie in Kümmel, Orgel.

das Maultier, *mûl* aus *mulus*, und das Saum=
tier. ‚Saum' ist das vulgärlateinische *sauma* für
gr.=lt. σάγμα von σάττειν bepacken. Es bedeutet zu=
nächst Packsattel, dann Last eines Saumtieres; das
ags. *sēam* Pferdelast beweist, daß das Wort schon in
der Römerzeit übernommen wurde. Davon abgeleitet
war spätlt. *saymarius*, mlt. *saumarius* Lasttier und
Lasttiertreiber (fr. *sommier*). Daraus wurde ahd.
soumari, ags. *sēamere* Säumer (Schiller, Tell 4, 3).
Ein wiederausgestorbenes Wort für Maultier ist ahd.
burdichûn, mit Diminutivendung aus lt. *burdo*, mhd.
noch *burd*, ndl. *bordesel*.

Die ursprüngliche Form alles Handels, der Tausch=
handel, herrschte noch zu des Tacitus Zeiten im Innern
des Landes durchaus (permutatio mercium, Germ. 5),
aber an der Grenze hatte sich schon der Geldhandel
entwickelt. Die Germanen am Rhein hatten sich be=
reits an das römische Geld gewöhnt (iam et pecuniam
accipere docuimus, Germ. 15); sie zogen gewisse Geld=
sorten der republikanischen Zeit, serratos bigatosque
(Germ. 5) vor, wie die Neger des Sudan nur die alten
österreichischen Maria=Theresiataler nehmen. Später
drang das römische Geld als Zahlmittel auch in den
Osten Deutschlands. Es sind öfter mehr als tausend
Münzen auf einem Fleck zusammen aufgefunden. Be=
sonders beliebt scheinen die Denare des 2. J. gewesen
zu sein.[1] Diese Funde beweisen, daß die Germanen

---

1) Kramer, Deutschland in römischer Zeit, S. 141.

ihre Barvorräte als kostbaren Hort betrachteten, den sie bei nahender Kriegsgefahr vergruben. Denn daß diese Münzen von römischen Soldaten herrühren, ist nicht wahrscheinlich.[1] Soldaten pflegen ihr Geld nicht zu vergraben, am wenigsten in Feindesland. Hätte das Geld aber an Gefechtsstellen gelegen, so hätten sich vor allem Waffenreste an demselben Orte finden müssen, was nicht der Fall ist. Sprachlicher Zeuge des Geldverkehrs ist das Wort Münze, ahd. *muniza*, agf. *mynet* (engl. *mint*) aus der vulgären Nebenform *munita* von *monēta*.[2] Als später die merovingischen Könige in den früher römischen Provinzen das Münzrecht übernahmen und mit römischer Technik und römischen Werkmeistern ausübten, wurde das Wort *muniza* technischer Ausdruck für die von ihnen geprägten Geldstücke, *munizzāri*, agf. *mynitere*, mhd. *mûnizere* Münzer aus *monetarius* der Titel des mit dem Prägen beauftragten Beamten. Diese Münzmeister schlugen aber nur Kupfer- und Silbermünzen, die Goldprägung blieb das Vorrecht der römisch-byzantinischen Münzhoheit. Darum haftete das Wort speziell an der sogenannten kleinen oder Scheidemünze.

---

1) Mommsen folgert z. B. aus den Münzfunden bei Barenau, daß der Untergang des varianischen Heeres dort erfolgt sei (Örtlichkeit der Varusschlacht 85). Es läßt sich hier auch an zerstörte Gräber denken.
2) Lt. *monēta* heißt zunächst Münzstätte, dann erst Geldstück. Beide Bedeutungen hat das Wort auch im mhd. *münze* und noch heute. Die römische Münze hatte ihren Namen davon erhalten, daß sie sich im Tempel der Juno Moneta (der Mahnerin) befand.

Die Goldmünze heißt im Ahd. *cheisuring* von ‚Kaiser‘ mittels der Ableitungssilbe *-ing* gebildet, derselben, die wir in Schilling, Pfenning haben.[1]

Mit den Kupfermünzen, wohl auch mit kupfernen Geräten, welche die Germanen von den Römern erstanden, kam eine neue Bezeichnung für dies Metall, das vulgäre *cuprum* statt *cyprium* (aes) ‚kyprisches Erz‘, in das Deutsche, ahd. *kuphar* Kupfer, ags. *copor*. Das alte Wort dafür, *ër*, war nämlich, wie das urverwandte lateinische *aes*, in die Bedeutung Bronze übergegangen, bezeichnete also nunmehr sowohl das reine wie das mit Zinn legierte Kupfer. Darum war in beiden Sprachen ein neuer, unterscheidender Ausdruck für das ungemischte Kupfer notwendig geworden.[2] — Der Handel brachte nicht nur das Geld, sondern auch das Gewicht. Unser Pfund, schon got. *pund*, ebenso ags., ahd. *pfunt*, ist aus dem lt. indeklinabeln *pondo* entstanden, eig. dem Ablativ von *pondum* = *pondus*, also ‚an Gewicht‘.

Halten wir die dem Handel entstammenden Lehnwörter zusammen, so erscheint vor unserem geistigen Auge das Bild des römischen Händlers, des *mercator*, wie er mit seinen Eseln oder Maultieren auf der neu-

---

1) Wieder verschwunden sind die beiden Münzausdrücke *silihha* = *siliqua*, $1/24$ solidus und *trimissa* = mlt. *trimissis*, $1/3$ As.; auch das mhd. *esse* ‚Eins auf dem Würfel‘ geht auf *assis* zurück. Im Ags. ist *dinor* aus *denarius* erhalten, im Got. *unkja* aus *uncia*.

2) Schrader, Sprachvergleichung, S. 288.

erbauten Heerstraße durch das halbkultivierte Grenzland zieht. Die Tiere sind beladen mit Weingefäßen, Säcken, Körben und Kisten, Gewichte und Geld führt er bei sich, und gern macht er im Schutze des römischen Standlagers längere Rast, um als caupo einen von den Germanen der Umgegend gern besuchten Weinschank zu eröffnen.

Kapitel VI.

Der Steinbau.

———

Der Händler ist immer nur der Pionier der Zivilisation. Er macht das Naturvolk mit neuen Genüssen bekannt und erweckt in ihm neue Bedürfnisse. Solange diese indessen nur durch den Handel befriedigt werden, solange die Kulturerzeugnisse nur gekauft und verbraucht werden, solange bleibt das Volk doch auf seiner alten Stufe stehen; das Neue ist ihm nur als etwas Äußerliches aufgeheftet. Erst wenn die Vorbilder auf die produzierende Tätigkeit des Volkes Einfluß gewinnen, wenn neue Kulturen und Techniken Eingang bei ihm finden, wenn es in eigener Arbeit das nachschaffen lernt, was die Fremden ihm vorgeschafft haben, erst dann ist es im Begriff, eine höhere Stufe der Kultur zu erklimmen. Die Neger Afrikas werden dadurch, daß sie in Zylinderhüten gehen, Spieluhren besitzen und mit Repetiergewehren schießen, keineswegs zu einem Kulturvolke, aber insofern sie eine geordnete Landwirtschaft treiben, brauchbare Tonwaren formen und Matten flechten, besitzen sie eine gewisse Zivilisation. Lernt nun ein auf niedrigerer Stufe stehendes Volk derartige

Fertigkeiten von einem höher kultivierten, dann wird es mit den neuen Produktionszweigen auch ganze Gruppen von Kunstausdrücken übernehmen.

Die Wirtschaft der Germanen beruhte in der Urzeit auf der Viehzucht, besonders auf der des Rindes und Pferdes. Nomaden waren sie allerdings nicht. Sie trieben neben der Viehzucht auch Ackerbau, um die trotz aller Kriege stets wieder rasch nachwachsende Bevölkerung ernähren zu können, und hatten bereits eine gewisse Technik darin erreicht (s. Kap. IX). Aber sie waren trotzdem wanderlustig genug. Nicht selten brach ein Stamm, dem seine Wohnsitze nicht mehr gefielen, seine Hütten ab, lud Weib und Kind samt dem wenigen Hausrat auf Ochsenwagen und suchte einen andern Wohnsitz[1], wo er dann ein oder mehrere Jahre blieb und das urbar gemachte Land bebaute, solange es trug. Das Bild eines derartigen Lebens gibt aus der Zeit Christi der Geograph Strabo (VII, 1, 3): „Allen Völkern Deutschlands gemein ist die Leichtigkeit der Auswanderungen wegen der Einfachheit ihrer Lebensweise und weil sie keinen (soll heißen: keinen rationellen und umfassenden) Ackerbau kennen und keinen Vorrat sammeln, sondern in Hütten wohnen und nur den täglichen Bedarf besitzen. Ihre meiste Nahrung nehmen sie vom Zugvieh, gleich den Wanderhirten; sie laden, diese nachahmend, ihren Hausvorrat auf Wagen und wenden sich mit den Viehherden, wohin ihnen

---

1) Schrader, Reallexikon, S. 17, und die ausführliche Erörterung bei Hoops, Waldb. und Kulturpfl., S. 483 ff.

beliebt." Auch bei Cäsar (b. Gall. 4, 1, 8 und 6, 22) kennen die Germanen zwar eine Art von Ackerbau, aber keinen Privatbesitz an Grund und Boden, und ihren Lebensunterhalt bilden weniger Brotfrüchte als die Milch und das Fleisch der Herdentiere. Tacitus endlich sagt (Germ. 26): „Sie ringen nicht in Arbeit mit der Fruchtbarkeit und dem Umfange des Bodens, so daß sie Obstgärten pflanzten, Wiesen absonderten und Gärten bewässerten; Saat allein wird von der Erde verlangt." Dagegen 5: „An der Zahl der Rinder freuen sie sich und dies ist ihr einziger und sehr lieber Besitz." Solange bloß einjährige Getreidearten gebaut werden, zwingt der Ackerbau nicht zu dauernder Seß=haftigkeit, und andrerseits ist ohne diese das Aufziehen von Gewächsen mit längerer Entwicklungsperiode un=denkbar. Erst mit dem Aufkommen der Baumzucht und des feineren Garten= und Gemüsebaus gewöhnt sich der Mensch an wirklich feste Wohnsitze[1], und diese Gewöhnung befördert wieder jene edleren Kulturen.

Zwei Kulturerrungenschaften waren es, welche die Germanen in ein neues Leben hinüberzuführen bestimmt waren. Beide, an sich uralt, waren den Germanen doch bis dahin unbekannt geblieben und wurden ihnen erst durch die Römer vermittelt. Es ist der Steinbau und der Weinbau.

Von dem Bauwesen der Germanen berichtet Tacitus (Germ. 16): „Sie kennen keine Bruchsteine und keine

---

1) Schön führt dies aus Hehn[8] S. 122 ff.

Ziegel, sondern zu allem bedienen sie sich ungestalten Bauholzes ohne Schönheit oder freundliches Aussehen." Die Häuser waren in der ältesten Zeit aus Flechtwerk, später aus Holzbalken oder Fachwerk gefertigt. Ihre wertvollen Bestandteile konnten ohne sonderliche Mühe auf Wagen fortgeschafft werden; wird das doch sogar noch in mittelalterlichen Rechten zur fahrenden Habe gerechnet.[1] Nun sahen aber die Germanen, nachdem die römische Macht an Rhein und Donau festen Fuß gefaßt hatte, dort steinerne Bauwerke aller Art, Häuser und Villen, Paläste und Kastelle, Bäder und Brunnen, Säulenhallen und Wasserleitungen. Diese Gebäude erregten natürlicherweise ihre Bewunderung; sie mußten ihnen gleichsam für die Ewigkeit gemacht erscheinen, und jedenfalls war es vornehmer und anständiger, in einem feinen Steinhause zu wohnen als in einem Holzbauwerk nach der Väter Weise. Die fränkischen und alemannischen Fürsten und Edlen siedelten sich daher, wo es anging, in den herrenlos gewordenen römischen Kastellen und Villen selbst an (S. 65), oder sie erbauten sich mit Hilfe römischer Werkmeister Wohnhäuser aus Stein nach römischer Art. Als daher der Kaiser Julianus im Jahre 357 den Rhein bei Mainz überschritt und die von Alemannen bewohnten Gegenden am Main verwüstete, fand er nach dem Bericht des Ammianus Marcellinus (17, 1, 7)

---

1) Gebhardt, Deutsche Geschichte I, 48. Weitere Nachrichten über die Beschaffenheit der ursprünglichen Häuser der Nordvölker sind zusammengestellt bei Hehn[8] S. 139f.

dort Häuser, die sorgfältig nach römischer Art gebaut waren: extractisque captivis domicilia cuncta curatius ritu Romano constructa flammis subditis exurebat. Danach war also der Steinbau im 4. J. den westlichen an der Grenze wohnenden Germanen bereits bekannt.[1] Wenn derselbe Ammianus bald darauf (18, 2, 15) von den zerbrechlichen Hütten, saepimenta fragilium penatium, an den Grenzen der Alemannen und Burgundionen spricht, so beweist das nur, daß die Kunst, mit Steinen zu bauen, noch sehr weit von allgemeiner Verbreitung entfernt war. Selbstverständlich bringen ja so gewaltige Umwälzungen, wie es der Übergang vom nordischen Holz- zum südlichen Steinhaus ist, nur sehr langsam und allmählich in ein Volk ein. Die kleinen Leute hatten nicht die Mittel, sich Steinhäuser bauen zu lassen und es selbst zu tun vermochten sie nicht, weil sie die Technik nicht verstanden. Nur sehr Wohlhabende konnten sich von

---

1) Heyne (Wohnungswesen 35 und 74) sieht die in der zitierten Stelle erwähnte Vervollkommnung des germanischen Häuserbaues nicht an als „einen jungen Fortschritt, sondern als das Ergebnis einer alten, von Geschlecht zu Geschlecht gepflegten Holztechnik an". Er glaubt also, in ihr noch kein Zeugnis für den beginnenden Steinbau sehen zu dürfen. Allein Holzhäuser, wenn auch noch so kunstreiche, sind doch nimmermehr ritu Romano gebaut. Auch haben sich im Mainlande bei den Ausgrabungen im Zuge von Römerstraßen die Grundmauern von Wohnhäusern gefunden, die durch Grundriß, Fluchtlinie, Bausteine und Mörtel zwischen römischer und mittelalterlicher Weise in der Mitte stehn; diese Häuser sind redende Beispiele für die Stelle des Ammian. S. Kramer, Römisch-germanische Forschung (Monatsschrift für höhere Schulen 9, 664).

römisch-gallischen Werkleuten ein steinernes Herrenhaus bauen lassen.

Seit dem Ausgang des 5. J. setzt dann in dem durch Chlodowech christlich gemachten Frankenreiche der Kirchenbau und etwa ein Jahrhundert später auch der Klosterbau mächtig ein. Beides, die Kirchen wie die Klöster, waren teilweise umfassende Anlagen, die zugleich als Zufluchtsorte und Wohnstätten dienten, und die man, wenn irgend möglich, von Anfang an aus Stein baute. In das Innere Deutschlands wurde diese Kunst schon von Bonifatius gebracht. Wir erfahren nämlich, daß er 744 bei Gründung des Klosters Fulda nicht nur Bäume fällen ließ, sondern auch Kalköfen errichtete. Die Kirche also und der Adel sind es, die die neue Technik verbreitet haben. Das Volk blieb noch lange bei der heimischen Bauweise.

Den Vorgang bei der Entlehnung der neuen technischen Bauausdrücke muß man sich so vorstellen, daß die deutschen Hörigen und Knechte, die bei den Profan- und Kirchenbauten beschäftigt wurden, sie von den romanischen Vorarbeitern lernten und sich, so gut sie konnten, mundgerecht machten, indem sie besonders auch das Geschlecht der fremden Wörter dem der entsprechenden heimischen gleichzumachen suchten.[1] So finden wir denn im Bauwesen nur diejenigen Gegenstände deutsch benannt, die sich schon am oder im altgermanischen Hause befanden: das Haus

---

1) Heyne, Wohnungswesen, S. 74f., 84ff.

selbst, ferner Dach, Tür, Diele, Schwelle, Säule, Wand, Brett, Balken, Zimmer (ursprünglich = Bauholz). Alles, was mit dem Steinbau neueingeführt wurde, trägt noch jetzt lateinische Bezeichnung. So vor allem die Mauer, ahd. *mûri* aus dem lateinischen Plural *muri*, später *mûra*, Femininum nach Wand, agf. *mūr*, zuerst nur von den Befestigungsmauern um Burgen und Ortschaften, dann von gewöhnlichen Mauern gebraucht. Von Mauer wurde mauern *mûrôn*, mlt. *murare*, und Maurer *mûrâri*, mlt. *murarius* abgeleitet. Noch heute ist der Unterschied von Mauer und Wand lebendig. Von einer Holzmauer zu sprechen wird niemandem einfallen; Steinwand allerdings gebraucht man, weil Wand zugleich zum allgemeinen übergeordneten Begriff geworden ist. Das Bindemittel der Mauersteine bildete der Kalk, ahd. *chalch*, agf. *cealc* aus *calx*[1] oder *calc-em* (Genuswechsel). Das Bewerfen der Mauer mit Kalk hieß in der Handwerkersprache der römischen Maurer *tunicare*, eigentlich mit einem Hemde bekleiden; die deutschen Arbeiter machten daraus *tunichôn*[2] tünchen, meist mit dem Zusatz *mit chalche*, also ‚mit Kalk bekleiden'. Unser Subst. Tünche, im 15. J. Tünich, bei Luther Tunch, ist eine Neubildung aus dem Verbum; die alte Entlehnung *tunicha* aus *tunica* hat die gewöhnliche Bedeutung Kleid.

---

1) Grundwort gr. χάλιξ Kalkstein.
2) Vgl. it. *intonicare* tünchen, schminken. — Über das unverschobene *t* f. S. 19. Die Entlehnung hat jedenfalls gleichzeitig mit der von Kalk stattgefunden.

Ausdrücke des Holz- und Steinbaus. 125

Der römischen Bautechnik verdanken wir wahrscheinlich auch die Herübernahme des lt. *curtus*, kurz, ahd. *churz*. Es ist lange unklar geblieben, welche Beziehung eigentlich die so frühe Entlehnung dieses Adjektivums veranlaßt haben mag. Kürzlich hat nun Meringer[1] die in der Tat sehr einleuchtende Vermutung ausgesprochen, daß sie eine Folge des gemeinsamen Arbeitens römischer und deutscher Bauarbeiter gewesen sei; denn beim Bauhandwerk spielen Maße und ihre Benennungen eine große Rolle. Da sich nun schon ‚lang‘ mit lt. *longus* deckte, lag es den deutschen Arbeitern nahe, auch das Gegenteil *curtus* zur Maßbezeichnung zu gebrauchen.

Als Bedachung des altgermanischen Hauses diente Schilf, Binsen, Baumzweige; das Dach reichte weit herab nach dem Boden zu und wurde wohl auch mit Mist bedeckt. Jetzt kam durch die Römer eine kunstreichere Bedachung auf. Teils nämlich lernte man das Dach aus sorgfältig gerissenen Holzziegeln anfertigen, die man mit dem spätlt. Ausdruck *scindula*, ahd. *skintula* Schindel[2] bezeichnete. Wollte man aber noch vornehmer und kostspieliger bauen, so deckte man nach römischem Muster mit gebrannten Steinen, die lt. *tegula* (von *tegere* bedecken) und demnach ahd. *ziegal* Ziegel, agf. *tigle*, hießen; der Genuswechsel

---

1) Indogerm. Forschungen 16 (1904), 127.
2) Heyne, Wohnungswesen 78, 89. Das spätlt. *scindula* (von Wurzel *seid* spalten, vgl. *scindere*) trat anstelle von älterem *scandula*, das wohl zu *scandere* gehört.

des deutschen Wortes rührt von ‚Stein‘ her. Da die Ziegel aus gebrannten Steinen bestanden, so wurde das Wort auch auf die aus gebranntem Lehm hergestellten Bausteine übertragen.

Wie das Dach, so wurde auch der Fußboden verbessert. Im altgermanischen Hause bestand er aus festgestampftem Lehm und hieß nd. *flet* Fleet, ahd. *flazzi*.[1] Jetzt belegte man den Boden mit Steinen, die durch Mörtel verbunden wurden. Diese neue festere Art nannte man Pflaster, ahd. *pflastar*, mlt. *plastrum* aus gr.-lt. *emplastrum*.[2] Eine ähnliche Art, den Fußboden herzustellen, wird jedenfalls durch das jetzt nur noch in süd- und mitteld. Mundarten lebende Eren, Ern ausgedrückt, ahd. *arin*, *erin*, agf. *ärn* in erweiterter Bedeutung Haus; auch bei Schiller, Räuber 4, 4 steht noch Öhrn. Das Grundwort ist lt. *arena* Sandplatz, das mit *area* Tenne zusammenfloß.[3] Vornehmer und kunstvoller wurde der Fußboden, wenn man ihn mit bunter Mosaikarbeit schmückte, eine Kunst, die im Süden heimisch nach Gallien und an den Rhein gelangt war. Im Dorfe Nennig bei Trier

---

1) Heyne, Wohnungswesen, S. 33.
2) Gr. ἔμπλαστρον heißt Salbe zum Aufschmieren von ἐμπλάσσειν hineinschmieren. Das Steinpflaster hat etymologisch denselben Ursprung wie das Wundpflaster, über welches in Kap. X gehandelt ist.
3) Meringer, Indog. Forsch. 17 (1905), S. 122 hält dagegen Ern für urgermanisch zu W. *ar* ackern: das Ausgeackerte, d. h. Feuerstelle, Herd in einer Vertiefung im Fußboden, dann Fußboden selbst. — Die Angelsachsen entlehnten auch gr.-lt. *asphaltum* als *spalder*.

sind noch jetzt bedeutende Reste eines solchen Mosaik=
fußbodens vorhanden. Man bediente sich zu dieser
Arbeit vorwiegend buntgefärbter Glasscherben. Diese
nannten die Griechen ὄστρακον, einen aus ihnen zu=
sammengesetzten Fußboden aber ὀστρακοκονία, in neu=
griechischen Dialekten lebt das Wort als ἀστράκι
fort. Dies griechische Wort ging in die römische Ge=
werksprache über. Das sizilische astracu und andere
Dialektausdrücke beweisen die Existenz eines vulgär=
lateinischen astracum. Dafür erscheint im frühen
Mittelalter astricus Steinboden, Pflaster. Aus diesem
machten die Deutschen Estrich, astrîh, estrîh, und
gebrauchten das Wort für mit Steinen ausgelegte
oder mit Gips überzogene Fußböden jeder Art.[1]

Lichtöffnungen gab es natürlich am germanischen
Holzhause auch, aber es waren nur augenförmige
Schlitze, wie sie das Flechtwerkhaus und das Block=

---

[1] Über die Ableitung unseres Estrich von mlt. astricus
herrscht kein Zweifel — kommt doch schon in einem der ältesten
Denkmäler unserer Sprache, dem um 760 entstandenen Voca-
bularius S. Galli die Glosse astricus plastar vor —, wohl
aber über den Ursprung dieses astricus. Die oben gegebene
Ableitung stammt von Gustav Meyer in Graz (analecta
Graeciensia, Grazer Festschrift 1893, S. 1f.). Sie hat mehr
Wahrscheinlichkeit als die Deutung von Wackernagel (bei Diez
s. v. piastra), der astricus von astrum ‚Stern‘ herleitet
und an die sternförmigen Muster der Mosaikfußböden denkt.
Noch weniger für sich hat Diez' eigene Deutung, wonach aus
plastrum mit abgestoßenem Anlaut das Verbum lastricare
pflastern, daraus das Substantivum lastrico Pflaster gewor=
den sei; dann sei das l für den Artikel gehalten und abge=
worfen; so sei das mundartliche astrico entstanden. In
Wirklichkeit ist das l in lastrico festgewachsener Artikel, wie
in fr. lierre Efeu aus l'ierre = edera.

haus allein zuließen; denn weder das Geflecht noch die Balken durften zerschnitten werden. Sie hießen, weil der Wind durch sie pfiff, Windauge, ahd. *rindauga*, oder Augentor, ahd. *ougatora*, was nicht heißen soll ‚Loch für das Auge', sondern ‚Loch von der Gestalt des Auges'.[1] Nach dem Vorbilde der römischen Häuser wurden die Fenster nun größer und tiefer gesetzt, auch sorgfältiger umrahmt. Damit kam der lt. Ausdruck *fenestra* auf, ahd. *fenestra*, *venstar* mit zurückgezogenem Akzent und durch den Einfluß der heimischen Wörter verändertem Genus. Die Entlehnung hat erst nach der Auswanderung der Angelsachsen stattgefunden, diese nahmen ihr engl. *window* mit in die neue Heimat.

Auch die Türen wurden vervollkommnet. Ursprünglich waren sie schmal und niedrig, in der Mitte quergeteilt und wurden an Holzhaspen und Stricken aufgehängt. Die neue Tür bewegte sich nach römischem Muster in eisernen Angeln, war überhaupt sorgfältiger gearbeitet und häufig überwölbt. Mit diesen Veränderungen kam der lt. Ausdruck *porta*, ahd. *pforta* Pforte, für die besseren Türen in Herrenhöfen und Klöstern auf.[2] Die Umrahmung der Tür wurde ebenfalls eine andere. Die beiden Seitenständer, die ehemals einfache Balken waren, wurden nun zum wenigsten sorgfältig behauen oder sogar aus

---

1) Meringer, Indog. Forsch. 16 (1904), 125.
2) Über die altgermanische Tür s. Heyne, Wohnungswesen 30, über die Form des Wortes Pforte oben S. 19.

Stein hergestellt, sei es aus gehauenem oder gemauertem. Als Vorbilder dienten der lt. *postis*, der ebenfalls aus Holz oder aus Stein sein konnte, ahd. *pfosto*, agf. *post* Pfosten und der *pilarius*[1], *philari*, engl. *pillar* Pfeiler. Für die untere Einfassung der Tür behielten die Hochdeutschen das heimische Wort Schwelle. Die Niederdeutschen nahmen dagegen mit der Stein- oder verbesserten Holzschwelle das lt.-romanische *solea* an, welches auch Sohle bedeutete (f. Kap. X) und im Volksmunde *solja* gesprochen wurde (vgl. it. *soglia*, fr. *seuil*); daher agf. und altn. *syll*, engl. *sill*, mittelnd. *sulle*, *sille*, noch jetzt in den nd. Dialekten Süll.[2]

Eine Umbildung erfuhr die einfache Vorhalle vor der Tür des Herrenhauses, die sich bereits zu einer um das ganze Haus laufenden Galerie erweitert hatte und got. *ubizwa*, ahd. *obasa* hieß.[3] Sie wurde nun nach dem Vorbild der römischen Säulenhallen, die man an Palästen und Basiliken sah, auf Steinpfeiler gestellt, kunstreich bedacht und zierlich ausgestaltet. Damit erhielt sie den lt. Namen *porticus*, ahd. *pforzich*[4], agf. *portic*, engl. *porch*.

---

1) Mlt. *pilarius* oder *pilare* ntr. sind Weiterbildungen von lt. *pīla* aus *pig(u)la* von Wurzel *pag* festmachen *(pango)*. — Im Mndl. ist auch das lt. *stela* Pfeiler, Säule aus gr. στήλη als *stīl* entlehnt worden.

2) So Kluge. Heyne sieht die nd. Formen als vokalisch andersstufige Nebenformen des hochdeutschen Schwelle an.

3) Heyne, Wohnungswesen, S. 32, 78.

4) Ahd. *pforzich* muß wegen des *z* früher entlehnt sein als Pforte. S. oben S. 19.

So ist das altgermanische Herrenhaus in nahezu allen seinen Teilen durch die römische Kunst des Steinbaues veredelt und verschönert worden. Für das so verwandelte Haus als Ganzes wurde dann auch eine vornehme Benennung eingeführt, das lt. *palatium*. Dieser Ausdruck war in der späten Kaiserzeit statt des früher üblichen aula regia gebräuchlich geworden und wurde auch auf das Wohnhaus der fränkischen Könige angewendet. Die Deutschen machten aus dem Plural *palatia*, der also eigentlich die einzelnen Gebäude der ganzen Anlage bezeichnete, ihr Femininum Pfalz, ahd. *pfalanza*, alts. *palinza*; die Nasalierung der Endung wurde durch die Analogie der zahlreichen Ortsnamen auf -*ntia* hervorgerufen. Seit 643 befand sich die ‚Pfalz‘ des Königs Siegebert in Aachen. Karl der Große ließ sie völlig umbauen und bediente sich dazu durchweg romanischer Maurer. Auch auf den zahlreichen kaiserlichen Domänen ließ er Herrenhäuser errichten, die ihm und seinem Gefolge bei seinen Reisen zum Aufenthalt dienten. Diese hießen ebenfalls Pfalzen. Damals bürgerte sich das schon früher entlehnte Wort erst recht ein und wurde nun auch nicht mehr bloß vom Hause des Königs, sondern von dem jedes Fürsten, Bischofs und hohen Beamten gebraucht.[1]

Diese neuen Herrenhäuser unterschieden sich von dem alten Blockhause auch dadurch, daß sie nicht, wie dieses, einräumig und einstöckig waren, sondern mehrere

---

1) Heyne, Wohnungswesen, S. 86—88.

durch Mauern getrennte Gelasse und ein zweites Stock=
werk enthielten. Von den so gebildeten Räumen sind
drei mit besonderen, dem Lateinischen entlehnte Namen
benannt worden. Für das neuaufgesetzte Obergeschoß
erfand man zwar eine deutsche Bezeichnung in *ûfhûs*
Aufhaus. Diese hatte aber kein rechtes Leben und
trat bald wieder zurück vor dem lt. *solarium*, ahd.
solâri, agf. *solor* Söller. Das Wort bedeutet seinem
Ursprung nach nur einen der Sonne ausgesetzten Ort.
Es bezeichnete daher nicht nur das häufig als Speise=
saal oder als Schlafraum dienende obere Stockwerk
eines Hauses, sondern auch das flache Dach eines
solchen, ferner eine an der Sonnenseite angebrachte
Plattform oder einen auf eine Mauer oder ein Tor
gesetzten Altan, auch einen durch Höhe ausgezeichneten
steinernen Saalbau. Ja das ganze, mit einem hoch=
ragenden Obergeschoß versehene Gebäude wurde eben=
falls so genannt. ‚Söller‘ war also ein rechtes Mode=
wort jener Zeit, wurde in sehr verschiedenartigen
Bedeutungen gebraucht, aber immer mit dem Sinne
eines erhöhten, der Sonne ausgesetzten Ortes.[2]

Gewissermaßen das Gegenstück zum Söller bildet
der Keller, *chellari* aus *cellarium*, das seinerseits
eine adjektivische Ableitung von *cella* Vorratskammer
ist, dessen einfache Form mit alter *k*-Aussprache
(S. 20) nur in dem Ortsnamen Winkel aus *vini cella*
erhalten ist, mit *z*-Aussprache dann in christlicher Zeit

---

1) Heyne, Wohnungswesen, S. 25. 40.
2) Heyne, Wohnungswesen, S. 75. 79—81.

als ‚Zelle‘ nochmals entlehnt wurde (II² 13). Der Vorsteher des Kellers hieß mhd. *kellære* aus lt. *cellarius*, nhd. Keller, das seit dem 18. J. veraltete, oder mit unorganischem Ableitungs-*n*, wie in Bildner, Harfner, Glöckner nach Analogie von Lügner, Wagner, Häfner *kellnâri*, *kelnære*, Kellner; das Wort hat also nichts mit Kelle zu tun. Die Keller waren ursprünglich nicht unterirdische Räume, sondern besondere Gebäude, die als Vorratsräume für Wein, Öl und Lebensmittel nach dem Muster der römischen cellae vinariae, oleariae, penariae eingerichtet waren. Im Bauriß des Klosters St. Gallen (S. 158) ist ein derartiges Kellerhaus, sogar ein zweistöckiges, vorgesehen. Wölbung der Decke war hierbei natürlich nicht notwendig, es genügte als Stütze auch eine Balkenlage. Sehr bald benutzte man aber auch den großen, kühlen, unterirdischen Raum, den man beim Steinbau durch die zur Fundamentierung nötige Ausschachtung gewann, zum Aufbewahren des Weins und der Vorräte. Je kleiner der Raum zur Anlage der Herrenwohnung und der Hofstatt war, je weniger Platz es also für Nebengebäude gab, um so mehr beschränkte man sich zu dem genannten Zwecke auf ihn, so daß wir jetzt mit dem Worte ‚Keller‘ stets den Begriff des unterirdischen Raumes verbinden.[1]

Drittens endlich erhielten die inneren Gemächer des neuen steinernen Herrenhauses, in die sich der

---
1) Heyne, Wohnungswesen, S. 92. Über die Vorratshäuser für Getreide s. ‚Speicher‘, S. 91.

Hausherr zum intimen Verkehr mit seiner Familie und zum Schlafen zurückzog, eine neue modische Bezeichnung, nämlich Kammer, *chamara* aus lt.-gr. *camera* gewölbtes Gemach. Das deutsche Lehnwort diente zur Übersetzung von cubiculum, thalamus, conclave und wurde bald auch auf das alte Holzhaus übertragen, ebenfalls zur Bezeichnung des intimeren Wohn- und Schlafraums der Familie.[1] Es hatte durchaus einen feinen, eleganten Beigeschmack, wie etwa später das fr. Appartement. Aber nicht nur das Wohn- und Schlafgemach, sondern auch der gewölbte Vorrats- und Schatzraum des steinernen Herrenhauses wurde mit dem neuen Ausdruck bezeichnet, dann weiter der Amtsraum des Vorstehers der Vorräte und des Schatzes, woraus sich dann die modernen Bedeutungen entwickelten: Kassen- und Finanzverwaltung, Verwaltungs- und juristische Behörden (Handelskammer, Stadtkämmerei, Strafkammer). *Camera* wurde aber schon im Lateinischen auch für das ganze Steinhaus gebraucht. Auch diese Bedeutung behielt das Lehnwort im Ahd. und Mhd., caelestis aula wurde z. B. durch ‚die himmlische Kammer‘ wiedergegeben (Murbacher Hymnen); sie klingt noch nach in Zusammensetzungen wie ‚Kammerherr, Kammerjäger‘, wo ‚Kammer‘ = fürstliche Hofhaltung ist. So ist Kammer zu einem in allen romanischen und germanischen Sprachen verbreiteten mittelalterlichen Kulturwort ersten Ranges geworden.

---

1) Heyne, Wohnungswesen, S. 90 ff.

Die Kammer eines Herrenhauses konnte im Winter natürlich nicht behaglich sein ohne künstliche Erwärmung, und auch in dieser für unser Klima so bedeutsamen Kunst verdanken wir den Römern die wichtigsten Errungenschaften. Im altgermanischen Hause gab es nur die offene Feuerstätte oder den Herd, einen Erd- oder Lehmaufwurf in der Mitte des einräumigen Hauses. Der Rauch zog durch die oberen Lichtöffnungen und die Luken des Daches ab. Auch hatte man ein großes topfartiges Gefäß, das mit glühenden Kohlen gefüllt zum Schmieden, Brennen von Gefäßen, auch zum Brotbacken gebraucht wurde. Dieses hieß Ofen, ahd. *ovan*, got. *aúhns*.[1] Es konnte neben dem Herdfeuer stehen bleiben oder auch in einem gesonderten Raume untergebracht werden. Der Winterkälte unseres Landes gegenüber genügten indessen diese Heizvorrichtungen nicht. Man grub daher tiefe und oben ziemlich umfangreiche Trichtergruben, wie solche in den sogenannten Mardellen in Süddeutschland, der Schweiz und England wieder zutage getreten sind, und zerteilte sie durch ein Gebälk in zwei Abteilungen. Die untere diente zur Aufbewahrung der Feldfrüchte, die obere, wo auch gewebt wurde, zum Winteraufenthalt der Familie. Darüber wurde dann ein niedriger Rundbau errichtet, dessen bis auf den Erdboden herabreichendes Dach mit Mist bedeckt

---

1) Heyne, Wohnungswesen, S. 35. 38. — Got. *aúhn* ist urverwandt mit sstr. *ukhá* Topf, vulgärlt. *auxilla* Töpfchen, gr. *ἰπνός* Ofen (vgl. S. 52).

wurde.¹ Ein solches unterirdisches Wohngelaß hieß *screona* oder *tunc*², ein Wort, das man gewöhnlich mit ‚Dünger‘ zusammenbringt, das aber wohl mit gr. τάφος Grab urverwandt ist, und dann also ‚Grube‘ bedeutet.³ Übersetzt wird *tunc* durch hiemalis zeta (= diaeta) Winteraufenthalt, textrina, gynaeceum, es wird auch mit *gynacceum* zusammengesetzt zu *geneztunc*. In Nürnberg und Augsburg heißen noch jetzt kellerartige Weberwerkstätten eine ‚Dunk‘ oder ‚Tunke‘. Das Ganze war eine für die damaligen Verhältnisse sehr praktische, aber doch recht primitive Einrichtung.

Das erwärmte Zimmer dagegen ist eine Entlehnung aus der römischen Kulturwelt; die erste heizbare Stube auf deutschem Boden ist von Römern angelegt worden.⁴ Die römische Heiztechnik bildete sich in Italien an den Baderäumen aus, die wegen der Schwitz- und Heißwasserbäder auch im südlichen Klima

---

1) Plin. nat. hist. 19, 1, 2: in Germania defossi atque sub terra id opus (texendi) agunt. — Tac. Germ. 16: solent et subterraneos specus aperire eosque multo insuper fimo onerant, suffugium hiemi et receptaculum frugibus. — Seneca: Germanis nulla esse adversus caeli rigorem suffugia nisi subterraneos specus.
2) Capitulare de villis Kap. 49: ut genicia (Frauenhäuser gynaecea) nostra bene sint ordinata, i. e. de casis pislis (= pisalis heizbare Stuben s. u.) teguriis (Bretterhütten) i. e. screonis. Aus dem ahd. *screona* wurde afrz. *escregne* unterirdisches Gemach für Weiber und Kinder, erhalten in dem pikardisch-burgundischen *écraigne*, Ort der abendlichen Zusammenkünfte, Spinnstube.
3) Schrader, Reallexikon, S. 877, Sprachv., S. 492.
4) Meringer, Indog. Forsch. 18 (1905), 273.

eine starke Erwärmung nötig machten. Dazu diente das sogenannte Hypokaustum. Ein unterirdischer Hohlraum wurde durch einen seitlich angelegten Ofen mit heißer Luft erfüllt und erwärmte vermittels in der Wand angebrachter Röhren das darüberliegende Gemach, das durch kleine Pfeiler oder Schwibbögen getragen wurde, auf diesen also schwebte und deshalb *pensile*[1] hieß, von *pendere* hängen, schweben. Die Römer brachten dann diese Anlage nach dem Norden. Hier wurden überall in Palästen, größeren Wohnhäusern und Kasernen[2] heizbare Badestuben angelegt. Damit kam auch der Terminus *pensile* über die Alpen, nahm dort die Form *pisalis*[3] an und drang in dieser Gestalt in die romanischen und westgermanischen Sprachen ein, afrz. *poêsle*, fr. *poêle* heizbares Zimmer und Ofen, ags. *pīsle*, ahd. *pfiesal*, mhd. *pfiesel* heizbares Gemach. Noch jetzt lebt es in niederdeutschen Mundarten und daraus bei niederdeutschen Schriftstellern, wie Storm und Frenssen, als Pesel, Piesel, in oberdeutschen als Pfiesel fort mit der Bedeutung

---

1) Nicht richtig ist die Ableitung, die Heyne, Wohnungswesen, S. 35. 58. 118 ff. dem lt. *pensile* gibt, nämlich von *pensum* ‚zugewogene Spinnarbeit'.

2) Eine Abbildung der Anlage ist zu sehen bei Jacobi, Das Römerkastell Saalburg, S. 250, Fig. 37. Vgl. Meringer, Indog. Forsch. 18 (1905), 273.

3) *Pisalis* werden in dem Bauplan des Klosters St. Gallen von 820 die drei größeren Räume genannt, die durch Hypokausten erwärmt werden, nämlich der Schlafsaal, die Schule und das Krankenhaus. Die Hypokausten werden durch Ofen geheizt, die *caminus* oder *fornax* genannt werden. Meringer, Das deutsche Haus, S. 83.

‚gute Stube', die im Bauernhause ursprünglich zugleich die allein heizbare war.

Eine zweite, für unsere Sprache noch bedeutsamere Bezeichnung zunächst des erwärmten unterirdischen Hohlraums und dann des darüber schwebenden Gemaches war lt. *extufa[1], das zwar nicht belegt ist, aber erschlossen werden muß aus it. stufa, span. estufa, fr. *étuve* Badestube, Ofen; dazu die Verba it. stufare, span. estuvar heizen, fr. *étouffer* ersticken und *étuver* schmoren. Diese ganze romanische Wortsippe ist in die germanischen Sprachen übergegangen: ags. stofa Baderaum, engl. stove Ofen, nd. stoven schmoren, erwärmen, ahd. stuba Badezimmer, unser Stube. Diese heizbaren Badestuben waren im Winter der beliebteste Aufenthalt der Frauen und dienten auch in späterer Zeit noch als Besuchszimmer; daher noch heute der landläufige Ausdruck ‚gute Stube', nicht ‚gutes Zimmer' oder ‚gutes Gemach'. Stube machte also die gleiche Bedeutungsentwicklung durch wie Pesel.

Daß in den romanischen wie in den germanischen Sprachen dasselbe Wort vielfach heizbares Gemach und Ofen bedeutet, ist nur natürlich. Denn im weiteren Verlaufe der Entwicklung trat der Ofen an Stelle des unterirdischen Hypokaustums, ersetzte und verdrängte es. Es war ja eine Maßnahme, die sich gleichsam

---

1) Grundwort ist gr. τύφος Dampf, woraus roman. *tufo* wurde, daraus wurde zuerst das Verbum *extufare* ausdampfen, dampfen machen abgeleitet und aus diesem wieder das Subst. *extufa.

von selbst aufdräugte, daß man den Ofen aus dem Hypokaustum heraus in die Badestube selbst stellte, wo man ihn dann mit Wasser begießen und so Dampf erzeugen konnte. Dadurch wurde die kostspielige Anlage eines Hypokaustums überflüssig. Auch Minderbemittelte konnten sich nun eine Badestube anlegen.[1] Es konnten aber weiter auch in Räume, die nicht zum Baden, sondern zum Wohnen bestimmt waren, Öfen gestellt werden, vorausgesetzt, daß sie gewissen, notwendig zu stellenden Anforderungen entsprachen. Auch hierbei kam den Deutschen die römische Heiztechnik zu Hilfe, und zwar in zweifacher Hinsicht. Einmal zeigte sie ihnen, wie man den alten Topfofen

---

[1] Meringer hat in seiner kleinen Schrift, „Das deutsche Haus und sein Hausrat" (Leipzig 1906), S. 63 ff., die Vermutung ausgesprochen, daß es vor Entlehnung der romanischen *extufa* bereits das Wort Stube gegeben habe, daß also in dem deutschen ‚Stube' zwei Wörter, ein romanisches und ein einheimisches zusammengeflossen seien. Das einheimische gehöre zu ‚stieben' und habe ein besonderes Holzhäuschen bezeichnet, das mit Wasserdampf gefüllt zum Baden, sonst zum Flachsdörren gedient habe. Diese altgermanische Badestube sei von den Skythen erfunden, die sich nach Herodot (4, 74, 75) in dem Dampf des auf glühenden Steinen erhitzten Hanfsamens badeten und berauschten. Von den Skythen stamme ja auch das Wort ‚Hanf' (S. 51). Die Heizung in dieser Stube sei durch heiße Steine bewirkt worden, auf die man Wasser goß. Erst nach Jahrhunderten sei zu der alten Stiebe = Stube die romanische Ofenstube getreten. — Meringer selbst sieht freilich sehr wohl, daß gegen diese Annahme der Umstand spricht, daß die Slaven und Finnen das deutsche Wort ‚Stube' entlehnt haben. Wenn die ganze Einrichtung aber aus dem Osten stammte, so mußte sie diesen Völkern eher bekannt geworden sein als den Germanen.

so umgestalten konnte, daß er die Wärme hielt. Vielleicht hatte man dies bereits durch einen umgelegten Lehmmantel zu erreichen gesucht.[1] Jetzt lernte man die Technik der Römer kennen, welche die aus Griechenland und dem Orient stammende Kunst[2] verstanden, Töpfe ineinanderzustecken und daraus Kuppeln und Tonnen herzustellen. Solche Töpfe hießen vulgärlt. *caculus*, dem Demin. zu gr.-lt. *cacabus* irdenes Gefäß. Dieser technische Ausdruck wurde beim Übergang ins Deutsche zu ahd. *cachala* Kachel. Aus der konvexen topfförmigen Kachel wurde dann im Lauf der Zeit allmählich die heutige Flachkachel, die dann durch Aneinanderrücken die runde Form verlor und viereckige annahm.[3] So erhielt der plumpe Ofen nicht nur ein elegantes Aussehen, sondern vor allem die Fähigkeit, die Wärme lange zu halten.[4]

Diese Öfen konnten nicht in der Stube selbst geheizt werden, weil dann die zum Heizloch hinausströmenden Verbrennungsgase den Aufenthalt im geschlossenen Raume unmöglich gemacht hätten.[5] Man heizte sie von außen, wie den Backofen und das römische Hypokaustum. Um von innen heizen zu können,

---

1) Heyne, Wohnungswesen, S. 118.
2) Meringer, Das deutsche Haus, S. 51 ff.
3) Sehr instruktive Abbildungen über die Entwicklung des Kachelofens s. bei Meringer a. a. O. S. 55—57.
4) Auch zwei andere Lehnwörter bezeugen die Einführung des römischen Ofens: *furnache* aus *fornacem* Schmelzofen und agf. *cleofa*, altn. *klefe* Gemach aus gr.-lt. *clibanus* Backofen.
5) Meringer a. a. O. S. 61 f.

mußte erst für einen regelrechten Abzug des Rauchs und der Gase gesorgt werden. Auch diesen Fortschritt verdanken wir der römischen Technik. Die Römer kannten in der Kaiserzeit bereits die Verbindung von Heizung, Rauchabzug und Esse zu einer einheitlichen Anlage. In Pompeji sind solche Einrichtungen in Bädern und Backhäusern gefunden worden. In den kalten transalpinen Gegenden benutzte man sie selbstverständlich auch zur Erwärmung von Wohnräumen. Der technische Ausdruck dafür war das gr.=lt. *caminus*. Die Teutschen übernahmen es mit der Einrichtung selbst als *chémin, kémin*, später populär umgebildet zu Kemmich, Kümmich, seit dem 16. J. wieder gelehrt Kamin. Ein mit einem solchen Kamin versehenes Gemach hieß mlt. *caminata*, ahd. *chemináta* Kemenate, was dann später, da sich in solchen Räumen die Frauen aufzuhalten pflegten, die Bedeutung Frauengemach erhielt. — Vergleicht man zum Schluß eine behaglich durchwärmte Stube mit dem alten ‚Tung‘ oder ‚Topf‘, so sieht man recht deutlich, wie wenig die Errungenschaften der Kultur zu verachten sind, auch wenn sie aus der Fremde stammen.

Aber nicht nur mit dem nötigen Feuer, auch mit dem nötigen Wasser mußten die Gehöfte versehen werden. In der Urzeit genügte den Germanen das Wasser einer in der Nähe fließenden Quelle[1] oder der Lauf eines Flusses. In quellarmen Gegenden,

---

1) Tac. Germ. 16: colunt discreti, ut fons placuit.

z. B. an der Nordseeküste, wurden Zisternen zum Sammeln des Regenwassers gegraben.¹ Von Gallien her drang nun die römische Kunst, einen tiefen Brunnen zu graben und auszumauern, in Germanien ein und mit ihr das Wort *puteus* gemauerte Brunnengrube, ahd. *pfuzzi*, agf. *pytt*, engl. *pit* Grube. Die westlichen und südlichen Stämme lernten dies zuerst. Die lex Salica verbietet, ein Weib ins Wasser oder in poteum zu werfen, die Longobarden hatten bereits putei mit Gabel und Aufzugsstange, also richtige Ziehbrunnen, und in der lex Baiuvariorum wird die Verunreinigung eines solchen mit sechs solidi bestraft.² Noch jetzt heißt in westbrandenburgischen Mundarten ein solcher Ziehbrunnen Pütten.³ Da eine gemauerte Brunnengrube stehendes Wasser enthält, so wurde *pfuzzi* bald auch auf andere stehende Gewässer angewandt und dient in Glossen zur Verdeutschung von *lacus* und *palus*⁴; daraus ist unsere heutige unsaubere und unbedeutende Pfütze geflossen. In jener alten Zeit war es ein modernes, vornehmes Wort. Es wurde deshalb auch auf die alten un-

---

1) Plin. hist. nat. 16, 1, 2 von den Friesen: potus non nisi ex imbre servato scrobibus.
2) Heyne, Wohnungswesen, S. 151 ff.
3) Mackel in Herrigs Archiv, 65. Jahrg. (1911), S. 220.
4) Heyne, Wohnungswesen, S. 152 f., glaubt diesen Übergang nur durch die Annahme erklären zu können, daß man auch Brunnenstuben angelegt habe und solche ebenfalls *pfuzzi* benannt habe. Diese hätten dann, wenn sie vernachlässigt wurden oder überliefen, die erweiterte Bedeutung von See, Sumpf, Lache hervorgebracht.

gemauerten Regenwassergruben übertragen und dient bis ins Nhd. hinein zur Verdeutschung von cisterna. Einen ähnlichen Bedeutungsübergang wie Pfütze hat Lache, ahd. *laccha*, ags. *laku*, engl. *lake* aus lt. *lacus* durchgemacht, indem das lt. Wort Wanne, Trog, Bassin, See heißt, das deutsche aber Sumpf, Pfütze, Schmutzwasser.[1] (Über ‚Weiher' s. S. 92.)

Aber nicht nur die Anlage von Tiefbrunnen lernten die Deutschen von den Römern, sondern auch die Kunst, das Wasser nach entfernten Orten hin= und die verdorbenen Abwässer von den Gehöften weg= zuleiten. Gemauerte Wasserleitungen, wie die Römer sie hatten, brauchten sie bei dem Wasserreichtum ihres Landes nicht zu bauen. Es genügten Gräben oder hölzerne Röhren oder Rinnen im Erdboden. Aber das lateinische Wort nahm man auf, teils als Lehn= übersetzung *wazzarleiti*, teils als Lehnwort *aquae- ductus*, das sich dabei mannigfach Kürzungen und Umdeutungen gefallen lassen mußte. Bei Dieffenbach[2] ist *meatus* ‚Wasserlauf' durch *aducht* glossiert, im Schweizer Dialekt existiert Akt gleich Kanal. Auch für die der Abwässerung dienenden Röhren oder Gräben wurde *aquaeductus* gebraucht. Bei Dieffen= bach (128[a]) wird daher *cloaca* durch *ageiucht, anzucht*

---

1) Die Herleitung von nd. Leck, mhd. *lechen* tröpfeln lassen (Heyne, Wörterbuch s. v., Much, 3. f. d. W. 2, 284) ist angesichts solcher Analogien wie Weiher, Pfütze und auch wegen der Bedeutungsverschiedenheit weniger wahrscheinlich als die Entlehnung.
2) Dieffenbach, Glossarium Latino-Germ. med. aet. 352[b].

wiedergegeben. Im Spätmhd. tritt *áduche*, jetzt Andauche auf, und mit volksetymologischer Anlehnung an abziehen wurde Abzucht daraus. Sind auch diese Ausdrücke erst aus späterer Zeit belegt, so beweisen sie doch durch ihre starken Veränderungen eine frühe und volkstümliche Entlehnung.[1] Auch *canalis*[2] wurde entlehnt in der volkstümlichen Form, ahd. *chánali*, mhd. *kanel*, *kenel*, *kener*, in der Schweiz noch jetzt Kännel, in Tirol Kannel, in Schwaben Känner = Wasserrinne, Gosse. Unser jetziges Kanal ist eine gelehrte Neuentlehnung späterer Zeit.

Zusammenhängende Wohnungen kannten die Germanen nach Tacitus (Germ. 16) noch nicht. Mit dem römischen Steinbau, durch den die Feuersgefahr gemindert wurde, kam das Wohnen in Dörfern und Flecken mit aneinanderstoßenden Häusern auf. Der Ausdruck, den die Germanen für solche geschlossenen Ortschaften von den Römern übernahmen, war *vicus*[3],

---

1) Heyne, Wohnungswesen, S. 328.
2) Lt. *canalis* ist eigentlich Adjektiv zu gr.-lt. *canna* Rohr, also rohrförmig, dann Röhre, Wasserrinne.
3) So sicher die frühe Entlehnung des ersten Teils aus lt. *vicus* ist, so unsicher ist die Deutung des zweiten Bestandteils. Nach Kluge bedeutet ‚Bild' Recht, Gericht; er schließt das aus dem Gegenteil Unbilde, Unbill, das ursprünglich nur das Ungestaltete, Unebenmäßige bedeutet. Die ältere Deutung faßt ‚Bild' im wörtlichen Sinne = Bild, also Ortsbild d. i. Stadtwappen, das an der Grenze angebrachte Wappen- oder Schutzheiligenbild der Stadt, von dem an die Stadt die Gerichtsbarkeit besaß. Dieser alten Ableitung von Bild hat Meringer neuerdings eine neue Wendung gegeben (Indog. Forschungen 18, 286). Er setzt als Grundbedeutung von Bild ‚das Gehauene' an, daraus sei hervorgegangen

ahd. *wîh*, agf. *vīc*, noch erhalten in Eigennamen, wie Wyk, und in Weichbild, mhd. *wîchbilde* Stadtgebiet, Stadtgerichtsbarkeit.

‚hölzerner Zaun'; Weichbild bezeichne also ursprünglich die Palisadenbefestigung des Stadtgebiets, dann Ortsgrenze, dann das innerhalb der Ortsgrenze geltende Recht. Diese Deutung spricht an, besonders weil ‚Weichbild' in Chroniken als älterer Zustand späterer Ummauerung gegenübergestellt wird. Nur ist die Gleichung Bild = Palisadenzaun doch wohl noch nicht hinreichend sichergestellt. Daß es eine deutsche Wurzel *bil* behauen gegeben habe, wird noch bezweifelt.

Kapitel VII.

Der Weinbau.

———

Die Einführung des Weinbaues an Mosel und Rhein[1] schreibt man gewöhnlich dem Kaiser Probus (276—282) zu, den man geradezu zu einer Art Weinheiligen[2] gestempelt hat. Die Stelle bei Vopiscus[3], auf die man sich dabei zu beziehen pflegt, ist indessen als unecht nachgewiesen, und die nur sechsjährige Regierung des Kaisers, der sich außerdem erst kurz vor seinem Tode den Werken des Friedens zuwenden konnte, reichte für die Neuanlage von Weinbergen, die sehr viel Zeit erfordert, nicht aus. Dagegen ließ er ältere, durch Krieg verwüstete Weinberge wieder instand setzen. Auch hob er ein veraltetes Dekret des Domitian auf, welches den Weinbau in den Provinzen verboten hatte, praktisch freilich nicht ausgeführt worden war. Die Skulpturen von Neumagen und die in Kobern gefundenen Geräte deuten darauf hin,

---

1) Orth, Weinbau und Weinbereitung der Römer (Frankfurt, Programm 1902), S. 9f.
2) Ausdruck Hehns[8], S. 79.
3) Vopiscus Prob. 18. Vgl. Eutrop. 17. Aurelius Victor de Caes. 13, 2.

daß es an der Mosel schon im Beginn des 2. J. n. Chr. Rebenpflanzungen gab. Schon damals war also der Weinbau von den Ufern der Rhone und Garonne bis ins Moseltal vorgedrungen, und im 4. J. wird er dort bereits etwa den heutigen Umfang erlangt haben. Ausonius, der 365 aus Bordeaux nach Trier als Prinzenerzieher berufen wurde, verherrlichte den Mosel= wein poetisch, und Skulpturen im Trierer Museum zeigen, wie der Weinhandel mit großen Fässern auf Kähnen betrieben wurde. Aber auch auf dem rechten Rheinufer am Taunus und in der Wetterau ist der Weinbau schon im 2. oder 3. J. aufgekommen.[1] Das Klima dieses gesegneten Landstriches stand dem italie= nischen schon damals näher als das irgendeiner anderen Gegend des Nordens, die dort an der Grenze auf= gehäuften Truppen bedurften großer Mengen gering= wertigen Weines, und auch die Veteranen, die sich nach ihrer Dienstzeit dort ansiedelten, waren des Weines gewohnt nnd verstanden sich auf die Kultur der Rebe. Als dann die fränkischen und alemannischen Krieger sich der römisch=gallischen Meierhöfe und Weinberge bemächtigt hatten, lernten sie von den ihnen nun unter= worfenen Kolonen die Kunst des Weinbaues und der Weinbehandlung. In der ältesten Schicht der lex Salica um 500 spielt der Weingarten (vinea) schon

---

[1] In einem Brunnen der Saalburg sind Stücke von Weinreben gefunden, in einem Pfahlbau bei Fulda Trauben= kerne. Jacobi, Das Römerkastell Saalburg 549. Hoops, Waldbäume und Kulturpflanzen 563.

eine Rolle.[1] Ende des 7. und Anfang des 8. J. findet sich der Weinbau dann auch in Bayern an der Donau und in Schwaben urkundlich bezeugt, und nun konnte seinen Siegeszug nach Mittel- und Norddeutschland hinauf nichts mehr hindern. Bis nach dem südlichen England, Kurland, Holstein und Dänemark ist die vitis vinifera im Mittelalter vorgedrungen, dann freilich rasch wieder zurückgewichen.

Indem nun die Deutschen den Weinbau erlernten, mußten sie, gerade wie beim Steinbau, natürlich auch die gesamte technische Nomenklatur von den romanischen Weinbauern übernehmen. Denn eine eigene hatten sie nicht; sie hätten also die notwendigen Ausdrücke selbst erfinden müssen. Darauf legte man indessen in jenen Zeiten noch keinen Wert, man sah auf die Sache, nicht auf das Wort, und nahm das Brauchbare, wo man es fand. ‚Wein‘ selbst war schon zur Zeit der Römerherrschaft übernommen (S. 106), jetzt fanden sich drei Ableitungen dazu, der schon S. 131 erwähnte Ortsname Winkel aus *vini cella* (gesprochen *kella*, S. 20), also gleich Weinkeller, die Bezeichnung des Standes der Weinbauern als Winzer, ahd. *winzuril* mit Verschiebung des *t* zu *z* und Anhängung des deutschen Suffixes *-il* (vgl. Weibel, Büttel, Weisel, früher ungleich zahlreicher), mhd. *winzürl*, bayr. noch

---

1) Waitz, Das alte Recht der salischen Franken XXVII, 3. Ausgabe der lex Salica von Hessels s. v. vinea, vinum. Hoops, S. 562. Heyne, Nahrungswesen 101 ff. Lauenstein, Der deutsche Garten des Mittelalters 5.

jetzt Weinzierl, und drittens ahd. *windema, winduma* aus lt. *vindemia*[1], wovon der Oktober benannt wurde (S. 98), mit dem abgeleiteten Verbum *windemôn* aus *vindemiare*, noch jetzt schweizerisch wümmen. Neben dem Wein erzeugte man Most, ahd. *most*, agf. *must* aus *mustum*, der im Altertum und Mittelalter mehr getrunken wurde als jetzt[2], und Essig, got. *akeit*, agf. *cced*, altf. *ecid* aus lt. *acetum* von *acere* sauer sein; im Hd. ist das Wort umgestellt worden, als ob es *atecum* hieße, ahd. *ezzih*, auch ndl. heißt es *edic*. Der saure Nach- oder Tresterwein hieß lt. *lora* oder *lorea*, daraus wurde ahd. *lôra* Lauer oder in Dialekten Leuer. In der Prignitz hieß noch im Anfang des 19. J. ein aus Obst bereitetes Getränk Lurike, und noch heute sagt man in Mecklenburg und Brandenburg Lurke, Lork für dünnen Kaffee.[3] Aus dem Most wurde durch Einkochen ein verdickter Traubenhonig gewonnen, der lt. *sapa* hieß. Dies ist wahrscheinlich die Quelle unseres Saft, ahd. *saf* (das *t* trat erst im 14. J. an); der Ausdruck konnte ja leicht vom Trauben- auf den Obst- und andere Säfte übertragen werden.[4] Eine besondere Art von Weinspalier hieß vinea *camerata* „überwölbter Wein-

---

[1] *Vindemia* ist eine Zusammensetzung mit *demere*, Wegnahme des Weines.
[2] Schuchardt, Romanische Etymologien II, 5 (Sitzungsberichte der Wiener Akademie 1899).
[3] Hoefer, Märkische Forschungen I, 156.
[4] Die Entlehnung nehmen an Kluge und Hirt, Etymologie der nhd. Sprache, S. 99, 153. Andere sind für Urverwandtschaft beider Worte.

berg', weil die Weinpflanzung dabei mit einer Decke überzogen war. Daraus ist im schwäbischen Dialekt **Kammerz** geworden, d. i. ein Weinspalier an Häusern und Mauern. Am Rhein sagt man ohne Lautverschiebung **Kamerate**, **Kamerte** und auch im Französischen erscheint das Wort als *chambries* und *chambertin*.[1]

Erzeugt wurde der Wein ursprünglich in primitivster Weise, indem man die Trauben mit nackten Füßen in einem Bottich austrat, den die römischen Winzer *calcatura* nannten von *calcare* treten; daher ahd. *calcatūra calctura*, mhd. *kaltur* (daher noch jetzt in Franken **Kalter**) oder *kelter* **Kelter**. Neben dem Fremdwort erscheint auch eine Übersetzung desselben ahd. *trota* von ‚treten', noch jetzt mundartlich **Trotte**. Reinlicher und ausgiebiger war das später aufkommende Anspressen der Trauben mittels eines Druckapparats, der mlt. *pressa* hieß von *premere*, ahd. *fressa*, mhd. *presse* **Presse**. Da hierzu eine in Drehung gesetzte Kurbel gebraucht wurde, nannten die römischen Winzer den Apparat auch *torculum*, mlt. *torcula* von *torquere* drehen; daher ahd. *torkula* und noch jetzt am Bodensee **Torkel**. In Tirol bedeutet **Torkelhaus** auch Weinschenke, und das Verbum **torkeln** hängt vielleicht mit dieser Torkel zusammen; man wird schon in der ältesten Zeit beim Weinlesen und Keltern tüchtig getrunken und nicht immer fest auf den Beinen gestanden haben. Zum Umgießen

---

1) Hildebrand im DW. s. v. Kamerte.

des Weines diente das *traiectorium* von *traiicere* hinüberschütten, das mlt. zu *tractarius* und *trectorius* umgestaltet wurde. Daraus wurde agf. *tracter*, ahd. *trahtari*[1] und *trihtere* und weiter mundartlich Trachter und Trechter (ndl. *trechter*), schriftsprachlich Trichter. Die Öffnung im Fasse zum Eingießen des Weines und in weiterer Bedeutungsentwicklung der kurze Verschluß= zapfen, der diese verschloß, hieß *punt, pfunt, spunt* Spund (in Süddeutschland noch Punt, Bunte) von lt. *puncta* Stich, Loch, mit verdeutlichendem Zusatz auch *puntloch* (13. J.), *spuntloch* (12. J.).

Von den Gefäßen zum Aufbewahren des gekelterten Traubensaftes zeigt nur das Faß, wie Scheffel singt, deutschen Schwung, die andern sind fremdländischen Ursprungs: Bottich, ahd. *botahha* aus mlt. *butica*, einer Ableitung von mlt. *buta*.[2] Ohm, mhd. *âme, ôme* von gr.=lt. *ama* Wassereimer, Gefäß, im Mlt. speziell Weingefäß; davon abgeleitet mhd. *âmen*, noch jetzt bayr. ahmen = den Raum eines Fasses mit dem Visierstabe untersuchen, dazu das Kompositum nach= ahmen, bei Luther nachohmen, eig. das Ohm nach= visieren, nachmessen, dann ‚abmessend wiedergeben'. Ferner ist lt. *cupa* oder *cuppa* ‚größeres Gefäß für flüssige und trockene Gegenstände' die Quelle einer Reihe von deutschen Ausdrücken geworden. Zunächst wurde aus *cupa* ahd. *chuofa*, Kufe (engl. *coop*); der Handwerker, der dem Winzer solche Kufen machte

---

1) Über die Nichtverschiebung des *tr* s. S. 79, A. 3.
2) Grundwort gr. βοῦτις, vgl. Bouteille III, 130.

und in den Keller besorgte, hieß mlt. *cuparius*, mhd. *kuofere*, Küfer. — Von *cupa* wurde mlt. *cupellus* mit Genuswechsel abgeleitet und dies erweicht zu *cubellus*. Daraus wurde ahd. *chubili* in der Zusammensetzung *milich-chubili*, weshalb Heyne nicht der Wein-, sondern der Milchwirtschaft die Aufnahme dieses Wortes zuschreibt, nhd. Kübel mit der als Eigenname noch fortlebenden Ableitung Kübler = Böttcher. — Das lt. *cuppa* nahm später auch die Bedeutung ‚Trinkgefäß, Becher' an (fr. *coupe*). Dies wurde ahd. zu *chuph* (Genuswechsel), agſ. *cuppe* fem. oder *cop* msc., engl. *cup*, unſer Kopf, erhalten in Taſſen-, Pfeiſen-, Schröpfkopf. Seit dem 11. J. etwa wird das hd. *chopf*, *kopf* auch auf die Hirnſchale übertragen wegen der Ähnlichkeit der Geſtalt, wie das fr. *tête* aus lt. *testa* ‚Schale, Krug', vielleicht auch, weil in der grauſamen alten Zeit die Schädel erſchlagener Feinde zu Trinkſchalen umgearbeitet wurden. Seit dem 16. J. iſt dann ‚Kopf' die gewöhnliche Bezeichnung geworden; das deutſche ‚Haupt' wird nur noch in gehobener Sprache gebraucht. Aus *cuppa* Becher wurde anderſeits auch ahd. *chuppa* Kopfhaube unter dem Helm, mhd. *kuppe*. Im Mitteldeutſchen nahm dies Wort ebenſo wie Kopf

---

1) Auch im Italieniſchen heißt *coppa* ‚Becher', daneben aber auch im neapolitaniſchen Dialekt ‚Gipfel'. — Neuerdings hat man die Vermutung ausgeſprochen, daß *kupa* im Lateiniſchen und im Germaniſchen aus einem ureuropäiſchen, vorindogermaniſchen Wort entlehnt ſei, das auch im baskiſchen *kopa* ‚kleiner Korb', finniſchen *kuppi* ‚Schale' vorliege und urſprünglich ‚Flechtkorb, Holzſchale' bedeutet habe. S. Feiſt, Indogermanen, S. 33.

die Bedeutung ‚gewölbter Berggipfel' an, z. B. Schnee=
koppe und Schneekopf, und in dieser Bed. ging Kuppe
dann gegen Ende des 18. J. in die Schriftsprache
über. — Das lt. *orca* Tonne, Weingefäß, alts. und
ags. *orc* hat sich im elsässischen Dialekt als Örklin
erhalten, *hemina* ‚Maß' im schwäbisch=alemannischen
als Imi. Entlehnt ist jedenfalls auch Flasche, ahd.
flasca, ags. *flasce* aus mlt. *flasca*, dem Fem. zu *flasco*
(it. *fiasco*, fr. *flacon*). Wahrscheinlich stammt es vom
lt. *vasculum* kleines Gefäß.[1] Die Flaschen des Mittel=
alters waren übrigens aus Holz, Blech oder Ton. Erst
seit dem 15. J. sind unsere enghalsigen Glasflaschen
aufgekommen. — Zur Dichtung der Weingefäße be=
diente man sich des Peches, das wohl nicht lange vor
600 aus *pic-em* entlehnt wurde, ahd. *peh*, selten *pfich*,
ags. *pic*.[2]

Der solide Steinbau und die mühevolle Kultur
der Rebe mußte eine gründliche Umwandlung im
häuslichen und wirtschaftlichen Leben der deutschen
Nation hervorbringen. Tacitus sagt noch (Germ.
14): „träge und unmännlich erscheint es ihnen, durch
Schweiß zu erwerben, was man durch Blut ge=
winnen kann." Jetzt wurde das allmählich anders.

---

1) So Diez s. v. Roethe und E. Schröder bringen im
Anz. für d. Altert. 23, 157 Flasche mit ‚flechten' zusammen.
Das Wort habe zunächst geflochtene Flaschenfutterale be=
zeichnet, dann umflochtene Flaschen, zuletzt Flaschen schlechthin.
2) Pogatscher S. 64, 240. Über die Zeit der Entleh=
nung s. S. 20.

Die Deutschen, wenigstens die des Westens und Südens, erbauten sich nun aus Steinen festgefügte Wohnhäuser, sie betrieben eine Kultur, die nur bei jahrelang fortgesetzter, stetiger Arbeit und bei kunstgerecht technischem Verfahren lohnte. Für ein oder ein paar Jahre Steinhäuser bauen und Weinberge anlegen und dann aufbrechen und anderswo dasselbe von vorn beginnen, ist eine Unmöglichkeit. Der Wandertrieb, der Drang nach Schlacht und Sieg, nach Ruhm und Beute mußte sich nun mäßigen, wogegen andere Triebe, die bis dahin in der Seele des deutschen Mannes mehr oder weniger geschlummert hatten, erwachten. Aus den kühnen und abenteuerlustigen Recken, denen die Ruhe mißfiel (Tac. Germ. 14: ingrata genti quies), wurden nun mit der Zeit betriebsame und fleißige Bauern, die in harter Arbeit dem Walde Rodung auf Rodung, dem Boden Pflanzung auf Pflanzung abgewannen.

Kapitel VIII.

Obstzucht und Gartenbau.

Daß die Germanen in der Urzeit weder Obst=
zucht noch Gartenbau gekannt haben, ist durch bestimmte
Aussagen römischer Schriftsteller bezeugt. Varro er=
zählt, ein römisches Heer unter Tremellius Scrofa sei
kurz vor Cäsars Konsulat (59), als es sich dem Rhein
näherte, in eine Gegend gekommen, wo es keinen Wein=
stock, keine Öl= und Ostbäume gegeben habe.[1] Tacitus
nennt das Land unfähig, Obstbäume hervorzubringen,
sagt von den Germanen, daß sie keine Obsthaine pflanzten,
und daß sie des Herbstes Gaben ebensowenig kannten
wie seinen Namen.[2] Nur von einer Obstart nimmt
man neuerdings an, daß sie von den Germanen bereits
kultiviert worden sei, vom Apfel (vgl. S. 57).[3] Man

---

1) Varro, de re rust. I, 7, 8: ubi nec vitis nec olea
nec poma nascerentur.
2) Germ. 5: frugiferarum arborum impatiens; 26:
autumni perinde bona ac nomen ignorantur.
3) Hoops, Waldb. und Kulturpfl., S. 479. Wenn
der „Apfel" von der kampanischen Stadt Abella benannt ist
(S. 57) so kann der Name selbstverständlich nur den Kultur=
apfel bezeichnen Denn für die im Lande wachsenden Holz=
äpfel brauchte man kein italisches Lehnwort. Die Germanen

schließt das daraus, daß der Apfel allein seinen deutschen Namen behauptet hat. Die übrigen heimischen Wildobst= arten, wie Holzbirnen, Vogelkirschen, Schlehen, waren von den importierten Edelsorten so fundamental ver= schieden, daß sie den letzteren nicht ihren Namen zu geben vermochten, der Apfel dagegen ähnelte den süd= lichen Sorten soweit, daß sein Name auf diese über= tragen wurde. Dem scheint nun freilich die Angabe des Tacitus (Germ. 23), daß die Germanen agrestia poma gegessen hätten, zu widersprechen. Doch braucht der Ausdruck nicht gerade wilde Holzäpfel zu bedeuten; es können auch einfache Landäpfel damit gemeint sein, die dem Römer im Vergleich zu seinem süßaromatischen Tafelapfel bäurisch und ungenießbar erschienen.

Wie es sich aber auch mit der Züchtung des Apfels verhält, im übrigen war der Obstbau den Germanen fremd. Der Schmuck des Obsthains und des Küchen= und Blumengartens fehlte dem altgermanischen Gehöft. Die Römer dagegen suchten überall, wo sie ihre Märkte und Lagerorte gründeten, auch ihre heimischen Obst= arten einzubürgern, die sie bei ihren Mahlzeiten nicht entbehren mochten. Plinius berichtet (hist. nat. 15, 103), daß zu seiner Zeit Kirschen bereits am Rhein, in Belgien und sogar in Britannien gezogen wurden, und die Aus= grabungen auf der Saalburg[1] haben in den ältesten,

---

müssen dann den Kulturapfel schon in der Mitte des ersten Jahrtausends v. Chr. kennen gelernt haben.

1) Jacobi, Das Römerkastell Saalburg, S. 152, 161, 548. Hoops, Waldb. und Kulturpfl., S. 535.

noch nicht gemauerten Schachtbrunnen, die im 2. J. zugeschüttet und durch ausgemauerte Brunnen ersetzt wurden, Kerne und Schalen von Pflaumen, Kirschen, Pfirsichen, Aprikosen, Wal= und Haselnüssen ans Licht gebracht. Auch fanden sich diese Überbleibsel bis zu zehn Meter unter der Oberfläche der Schlammschicht, in der sie lagen, können also unmöglich erst in späteren Jahrhunderten in die Brunnen geworfen sein. Es ist mithin kein Zweifel möglich, daß in den ersten Jahr= hunderten n. Chr. auch auf dem rechten Rheinufer diese Obstsorten von den römischen Ansiedlern und Soldaten gezogen wurden. Denn daß diese Obstreste von ein= gemachtem Obst stammten, das die römischen Damen ihren an der Grenze stehenden Gatten und Galans geschickt hätten[1], ist doch wohl kaum anzunehmen. Man machte doch wohl damals so wenig wie jetzt Pfirsiche und Aprikosen mit den Kernen ein. Die Deutschen eroberten dann unter heftigen Kämpfen im 3. J. die *agri decumates* (S. 63) und im 4. das linksrheinische Gebiet. Sie übernahmen hier von der unterworfenen römischen Bevölkerung nicht nur den Weinbau, sondern auch die Obst= und Gartenkultur und machten bald die Er= fahrung, daß die aus dem Süden stammenden Obst= arten und Gartengewächse auf den Berghängen und in den sonnigen Flußtälern des südlichen und west= lichen Deutschlands ebensogut gediehen wie die Rebe. Sprachlich tritt diese Kulturbeeinflussung in der frühen

---

[1] Schrader, Die Anschauungen Hehns im Lichte neuerer Forschung (1912), S. 41.

Entlehnung des lt. *hortus*, vulgär *ortus*, zutage: got. *aúrtigards* Garten, *aúrtja* Gärtner, dann ahd. *orzôn* excolere, ags. *ortgeard*, woraus engl. *orchard* Garten.[1] In den vier ältesten Handschriften der Lex Salica, die bald nach 500 entstanden sind, wird der Einbruch in einen ortus alienus mit einer fünfmal so großen Strafe belegt als der offene Felddiebstahl.[2] Dieser *ortus* der Merowingerzeit ist sicher nicht nur Kräuter- und Gemüse-, sondern auch Obstgarten gewesen. Wenn in den ältesten Handschriften die vorhandenen Obstsorten nicht einzeln aufgezählt werden, so liegt das daran, daß die Lex Salica kein Wirtschafts-, sondern ein Rechtsbuch ist, also keine Veranlassung hatte, die einzelnen Bestandteile eines ortus zu nennen. Äpfel sind damals sicher schon gezogen worden, aber auch von den übrigen Obstarten ist nicht wahrscheinlich, daß ihre Kultur, nachdem sie bereits, wie die Saalburgfunde beweisen, im 2. J. geblüht hatte, später eingegangen und dann wieder von neuem aufgekommen sei.

Literarisch bezeugt sind die neuen südlichen Obstarten zuerst im Anfang des 9. J., und zwar erstens in dem berühmten 70. Kapitel von Karls d. Gr. Capitulare de villis von 812, zweitens in den Inventaren der kaiserlichen Gärten auf den beiden Villen zu Asnapium und Treola vom Jahre 812[3], drittens

---

1) Kluge, Freiburger Festgruß an Osthoff (1894). Schrader, Reallexikon, S. 264.
2) Waitz, Das alte Recht der salischen Franken, S. 236. Lauenstein, S. 4. Heyne, Wohnungswesen, S. 98.
3) Fischer-Benzon, S. 181 f. Hoops, S. 540.

in dem Grundriß des Gartens des Klosters St. Gallen vom Jahre 820[1], der unter dem Einfluß des Kapitulares steht. Auch in den beiden andern Zeugnissen ist der Bestand des Obstgartens annähernd derselbe wie im Kapitulare. Dieses befiehlt, auf den kaiserlichen Meierhöfen folgende Obstbäume anzupflanzen: pomarios diversi generis, pirarios div. gen., prunarios div. gen., sorbarios (Spierling oder Speierling, Sorbus domestica), mespilarios, castanearios, persicarios div. gen. (Pfirsiche und Aprikosen), cotoniarios (Quitten), avellanarios, amandalarios, morarios, lauros, pinos, ficus, nucarios, ceresarios div. gen.

Diese Verzeichnisse beweisen natürlich nichts für die Zeit um 500, gestatten aber doch Rückschlüsse, wie anderseits die Saalburgfunde Schlüsse nach vorwärts notwendig machen. Dazu kommt nun als entscheidendes Moment der Lautbestand der deutschen Lehnwörter, der bei Pflaume, Kastanie, Pfirsiche, Quitte, Kirsche Entlehnung vor der Lautverschiebung, also um 500 erweist. Die lautlich indifferenten Lehnwörter aus diesem Kreise von den ebengenannten zu trennen und einer späteren Zeit zuzuweisen, liegt aber sachlich gar keine Veranlassung vor.

Die folgende Übersicht zeigt, in welch bedeutendem Umfange sich die Deutschen noch vor dem Abschluß der hochdeutschen Lautverschiebung, also in der Merowingerzeit und früher, die südliche Obst- und

---

1) Heyne, Nahrungswesen, S. 79.

Gartenkultur angeeignet haben. Zugrunde liegen den Bezeichnungen der Obstsorten fast durchweg die lateinischen Pluralformen auf -*a*, die schon auf lt.-romanischem Boden und danach dann im Deutschen infolge der Gleichheit der Endung in beiden Sprachen zu Femininen Sing. geworden sind. Nächst dem Apfel (S. 154) ist wirtschaftlich die bei weitem wichtigste Obstart die Birne. An ihrem Namen zeigt sich, daß die sprachlichen Kriterien allein nicht immer ausreichen, die Zeit der Entlehnung zu bestimmen. Denn aus lt. *pira* konnte in unserer Periode nur *pfira* werden mit derselben Lautverschiebung wie in Pflaume, Pfirsich usw. Das ergäbe ein mhd. *pfir*, nhd. ‚Pfirne‘ — das *n* ist festgewachsene Endung des mhd. Plural *birn* —, nicht ‚Birne‘. Daher haben Kluge u. a.[1] vom sprachlichen Standpunkt aus vollkommen recht, ahd. *bira* Birne zu den jüngeren Entlehnungen der folgenden Periode, etwa des 9. J., zu rechnen. Dem widersprechen nun aber die S. 156 angeführten Saalburgfunde. Gab es im 1. und 2. J. n. Chr. auf dem rechten Rheinufer schon eine so reiche Obstkultur, wie diese Funde beweisen, so ist undenkbar, daß damals nicht auch die Birne kultiviert sein sollte.[2] Demgemäß

---

1) Franz, S. 14, 43. Pogatscher, S. 84, 113.
2) Hoops, S. 542. Allerdings sind in den Schachtbrunnen der Saalburg weder Birnen- noch Apfelkerne gefunden; das liegt aber daran, daß dieselben von Nagetieren gefressen worden sind, deren Kiefer sich ebenfalls in den Brunnen gefunden haben. Die Steinobstkerne waren dagegen unzerstörbar. Jacobi, Saalburg, S. 161.

stehen sowohl im Capitulare de villis wie in den beiden Garteninventaren und im St. Galler Grundriß neben den übrigen Obstbäumen die peraricii, perarii, pirarii. Also sachlich betrachtet, kann man die Einführung der Kulturbirne gegenüber dem heimischen Holzbirnbaum unmöglich später datieren als die der übrigen nachweislich aus Italien importierten Edelobstarten. Aber auch vom sprachlichen Standpunkt ist die Annahme einer späteren Entlehnung keineswegs zwingend. Regelmäßig gebildet ist nämlich nur die niederdeutsche Formreihe: nbl. *peer*, ags. *pere*, engl. *pear* mit *p* aus roman. (it.-span.) *pera* (fr. *poire*). Das *b* der hd. Formen ist in jedem Falle unregelmäßig, mag *bira* im 4. oder im 9. J. entlehnt worden sein. Es läßt sich nur verstehen als die Wirkung einer Durchkreuzung der Lautgesetze durch eine volksetymologische Angleichung; das kann aber nur eine an das Verbum *beran* ‚tragen‘ (erhalten in ‚gebären, Bahre‘) gewesen sein. Das Volk faßte die Frucht auf als ‚das Hervorgebrachte‘.[1] Diese Angleichung konnte natürlich schon in unserer Periode erfolgen. Auf spätere Entlehnung darf man also aus dem *b* statt *pf* bei dieser Annahme nicht schließen. Dagegen deutet das *i* im ahd. *bira* neben dem *e* des nd.-ags. *pere* auf eine ältere Quelle, nämlich auf lt. *pira* gegenüber roman. *pera*. Am Nieder-

---

1) So Henne, Nahrungswesen, S. 79. Schrader, Reallexikon, S. 93. Hoops, S. 542. Dieselbe Volksetymologie haben die Goten angewandt bei Übersetzung des Maulbeerbaums durch *bairabagms*.

rhein war zur Zeit der Entlehnung bereits die zweite Form üblich und gelangte so ins Ndl., Nd., Ags. (vgl. S. 25), am Mittelrhein wurde, ein oder ein halbes Jahrhundert früher, die hd. Form entlehnt.[1] Die deutschen Bezeichnungen der Kirsche sind nicht unmittelbar aus lt. *cerasa* (Plur. von *cerasum*) entstanden, sondern ebenso wie fr. *cerise* und it. *ciriegia* aus einem vorauszusetzenden *ceresia*, *ceresea* von einem Adjektivum *ceraseus*. Dies wurde deutsch teils durch *kerisa* zu *kirisa* und weiter ahd. *kirsa*, ags. *cirisbeam*, teils zu *krêsia*, woher alemannisch Chriesi.[2] Die auf kleinasiatischem Boden veredelte Süßkirsche[3] kam vor der Mitte des 1. J. v. Chr. nach Italien (Plin. 15, 102); sie wurde sehr gern gegessen und verbreitete sich rasch (S. 155), weil die in Süd- und Mitteleuropa überall wildwachsende Süß- oder Vogelkirsche durch sie leicht veredelt werden konnte. Die oberrheinische Tiefebene ist ein Hauptmittelpunkt für ihre Verbreitung in Deutschland gewesen und gehört

---

1) Der verwickelten Annahme einer Dialektmischung der germanischen Kolonisten in England, durch die Hoops (S. 588) den Wechsel zwischen *i* und *e* zu erklären sucht, bedarf es also meiner Ansicht nach nicht.
2) Unmittelbarer Anschluß an lt. *cerasa* liegt dagegen vor in den ahd. Zusammensetzungen *cherseperi* und *cherseboum* sowie im mhd. *kerse*.
3) Der gr. Name der Kirsche κέρασον hängt vielleicht mit κέρας Horn zusammen. Der Baum hat dann den Namen von der hornartigen Härte des Holzes oder des Kernes, wie *cornus* Kornelkirsche von *cornu* (doch s. Schrader bei Hehn[8] 409). Von κέρασον hatte die von Lukullus zerstörte Stadt Cerasus den Namen ‚Kirschenstadt'.

noch jetzt zu unseren reichsten Kirschenländern.¹ — Die Kornelkirsche, ahd. *cornil-boum* aus lt. *corneolus* ‚hornartig‘ hat sich weniger verbreitet als die Kirsche und ist nicht nach Norddeutschland gelangt.

Die Kultur der Pflaume hat ebenfalls in den pontischen Ländern ihren Ursprung gehabt. Ihre verschiedenen Arten rühren von verschiedenen Stammformen her. Die wilde Pflaume und Zwetsche ist in ganz Süd- und Mitteleuropa heimisch, die veredelten Arten kamen erst zu Katos Zeit nach Italien und im ersten Jahrhundert n. Chr. von dort aus nach Deutschland. Das *r* des ahd. *pfrūma* aus lt. *pruna*, verwandelte sich schon früh in *l*, ahd. *pflūmo* Pflaumbaum, agf. *plūme*, doch haben viele Dialektformen das *r* bewahrt, auch ndl. *pruim*. Neuerdings hat man² allerdings wegen des *m* das deutsche Wort direkt von dem gr. προῦμνον hergeleitet und demgemäß einen Import aus den nördlichen Gegenden der Balkanhalbinsel angenommen, wo ja noch heute die Pflaumenkultur blüht; wir hätten dann gotische Vermittlung eines griechisches Wortes wie bei Pfaid (S. 51). Da indessen alle übrigen Obstnamen lateinisch sind, so wird wohl vielmehr eine Verdickung des *n* zu *m* anzunehmen sein.³ Eine Erinnerung an den östlichen Ur-

---

1) Fischer-Benzon 149.
2) J. Schmidt, Kritik der Sonantentheorie, S. 111. Vgl. Hehn⁸ 387.
3) Kluge⁷ weist mit Recht auf Pilgrim aus *peregrinus* hin. Auch ist möglich, daß das lt. *prunum*, da es aus gr. προῦμνον entlehnt war, in vulgären Dialekten *prumum* gesprochen wurde.

sprung der Pflaume sieht man auch in der Benennung der Pflaumenschlehe als *chrieh-* oder *krichboum*, Krieche (fr. *crèque*), was manche für eine Abkürzung von ‚griechische Pflaume' und also für eine Bildung wie Walnuß, Franzbrot halten. Doch fehlt ein lateinisches Zwischenglied, und es ist nicht recht denkbar, daß die Deutschen diese Frucht, selbst wenn sie sie vom Südosten her durch slawische Vermittlung bekommen hätten, als ‚griechische' bezeichneten. Die Herkunft des Wortes ist also noch dunkel.[1]

Höher als heutzutage, wo es Ananas und Apfelsinen gibt, wurde früher sowohl in Italien wie in Deutschland die Quitte geschätzt, wegen ihrer prachtvollen goldgelben Farbe und ihres durchdringenden Duftes; man bereitete aus ihr Quittenwein, Quittenhonig und Quittenmus. Ihre Heimat ist das pontische und kaspische Asien. Den Namen aber empfing die Frucht von der kretischen Stadt *Cydon*, wo die Griechen zuerst den gelben Apfel kennen lernten und μῆλον κυδώνιον benannten. Die Römer sagten neben *cydonia* auch *cotonea*[2], und beide Formen sind ins

---

1) Kluge[7] s. v. Krieche. Schrader, Reallexikon 628. Hehn[8] 386. Schröder im Anz. f. d. Alt. 23, 158. Fischer-Benzon's (152, A. 2) Ableitung vom kriechenden Wurzelstock ist sicher nicht richtig. Über den späteren Namen Zwetsche s. II² 157.

2) Nach Solmsen, Geschichte des Namens Quitte (Glotta III) rührt die Form *cotonca* von etruskischer Vermittlung her. — Quittenkerne sind so leicht zerstörbar wie Apfel- und Birnenkerne und daher nicht gefunden. Hier beweist also allein die sprachliche Form das Alter der Entlehnung. Hoops 550.

Deutſche übergegangen: ahd. *chutina* und *cottana*, *cozzana*, mhd. *kütten* und noch bayr. Kütten.

Der Pfirſich wurde ſeit Mitte des erſten Jahrhunderts v. Chr., als die römiſche Staatsmacht nach dem Sturze des Mithridates bis Armenien und bis zum Südrand des Kaspiſees vorgedrungen war, in Italien angepflanzt und ſeine Früchte teuer bezahlt. Man wußte von ihm, daß er irgendwo hinter Kleinaſien, etwa im Perſerlande zu Hauſe ſei, und nannte ihn daher „perſiſchen Apfel‘ malum *Persicum*[1], mhd. (12. J.) *pfersich*, nhd. noch bis ins 17. J. hinein Pferſich, daneben für die Frucht die Pfirſche ſtatt Pfirſiche aus mlt. *persica*. Gleichzeitig mit dem Pfirſich brachten die Römer auch die „armeniſche Pflaume‘ nach Italien, die erſt im 17. J. auf vielverſchlungenen Wegen ihren jetzigen Namen erhalten hat. In älterer Zeit begriff man ſie mit unter der Bezeichnung „Pfirſich‘.[2] Daher werden weder im Capitulare de villis noch im St. Galliſchen Kloſterbauplan Aprikoſenbäume geſondert angeführt (S. 158). Es heißt dort nur persicarii diversi generis. Darunter ſind ſicher auch Aprikoſenbäume zu verſtehen. Denn Aprikoſenkerne ſind ebenſogut wie Pfirſichkerne auf der Saalburg gefunden worden.[3]

---

1) In Wirklichkeit ſtammen beide Bäume, Pfirſich und Aprikoſe, aus dem öſtlichen Aſien, China, Mandſchurei, Turkeſtan uſw., waren aber im 1. J. v. Chr. bereits bis Vorderaſien vorgedrungen. Hehn[8] 431 ff.
2) Fiſcher=Benzon 154. — Über den Namen Aprikoſe ſ. II[2] 207.
3) Hoops, Waldbäume und Kulturpflanzen 549.

Der schwarze **Maulbeerbaum**, *mûrberi*, *mûrboum*, dann volkstümlich umgeformt zu mhd. *mûlber*, *mûlboum* aus lt. *morum*, stammt aus den pontischen Gegenden südlich vom Kaukasus und liefert die angenehm säuerlich schmeckenden Früchte, aus denen man einst den Fruchtwein bereitete, den die Römer *moratum*[1] nannten und der im mhd. danach *môraz* heißt.

Die **Mispel** kam ebenfalls aus dem Orient über Griechenland nach Italien und wurde von den Römern nach Nordeuropa verpflanzt. Sie wird heute meistens nur noch als Zierstrauch gezogen. Im Mittelalter aber, als das Obst noch seltener war, wurde sie höher geschätzt, besonders weil sie auch in rauhen Lagen gedeiht.[2] Daher wurde sie so häufig angepflanzt, daß sie verwilderte. Ob die in unseren Wäldern wachsenden Bäumchen von solcher Verwilderung herrühren, oder einheimische Wildmispeln sind, ist wohl noch nicht festgestellt. Im Capitulare de villis werden auch mespilarii erwähnt. Der Name lautet ahd. *mespila*, *mespilboum* aus gr.-lt. *mespilum*, daneben ahd. *nespil* aus roman. *nespila* (it. *nespola*, fr. *nèfle*).

Der **Kastanienbaum** ist nicht nur in Kleinasien, sondern auch in ganz Südeuropa heimisch. Sein Holz ist in bronzezeitlichen Pfahlbauten verwandt worden, auch haben sich Reste von Kastanien in ihnen gefunden. Die nahrhafte Frucht des Baumes hat also schon damals als Volksnahrungsmittel gedient, wie sie in

---

1) Heyne, Nahrungswesen, S. 353.
2) Fischer-Benzon 148. Hoops 550.

manchen südlichen Gebirgsgegenden, z. B. auf Korsika, noch heute fast die Stelle des Brotes vertritt. Die feineren Kultursorten aber kamen aus den Pontus=
gegenden im 5. J. nach Griechenland und dann nach Süditalien. Damit wurde zugleich der armenische Name *kask* für die Frucht, *kaskeni* für den Baum[1] importiert. Die Griechen gestalteten das Wort zu καστανέα um, die Römer übernahmen es als *castanea*. Sie verpflanzten den Baum dann mit den übrigen Obstarten nach dem Norden. In den ersten christ=
lichen Jahrhunderten war er am Rhein eingebürgert. Ahd. wurde vulgärlt. *castinia* zu *chestinna kesten-boum*, dem ags. *cistenbēam* entspricht (engl. *chestnut*). Unser heutiges ‚Kastanie‘ ist eine im 15. J. auf=
tretende gelehrte Annäherung an die korrekt lateinische Form. Das alte *kestinna* lebt fort in elsässischen Ortsnamen wie ‚Kestenholz‘ und als ‚Käften‘ in süd=
deutschen Volksmundarten.

Die Römer brachten auch die veredelte Walnuß in die transalpinischen Länder. In den Brunnen der Saalburg sind zahlreiche Walnüsse gefunden und schon im Jahre 776 ist der von dem Nußbaum herrührende Ortsname Nußloch[2] bei Heidelberg urkundlich bezeugt.

---

1) Schrader bei Hehn[8] 402, Reallexikon 411. — Die Stadt Castanea in der Landschaft Pontus hat also nicht dem Baum seinen Namen gegeben, sondern ihn von ihr empfangen, wie Cerasus von der Kirsche. — Über die wilde oder Roßkastanie s. IV, 296.

2) Loch in Ortsnamen ist = Loh, Busch, Wald, be=
wachsene Lichtung: urverwandt mit *lucus*.

Besonders gut gedieh der Nußbaum in Gallien; seine Frucht bekam daher spätlt. den Namen *nux gallica* (fr. *nois gauge*). Dies wurde in Oberdeutschland wörtlich übersetzt durch *wälhisch nuz*, in Niederdeutschland durch *walnut*, daher agſ. *weal-hnutu* (engl. *walnut*). Seit dem 13. J. drang dann das nd. Wort auch nach Oberdeutschland vor, so daß nhd. Walnuß herrschend geworden ist.[1] Mit der Walnuß brachten die Römer auch eine veredelte Art der in Deutschland wie in ganz Mitteleuropa einheimischen Haselnuß in die transalpinischen Provinzen, nämlich die *nux Abellana*, benannt von der kampanischen Stadt *Abella* (S. 57). Wenn Karl der Große in seinen Gärten avellanarii anpflanzen ließ, so war das selbstverständlich diese kultivierte Art, nicht die wildwachsende heimische Haselnuß.[2]

Karl der Große befahl in dem Capitulare de villis auch die Anpflanzung zweier Fruchtbaumarten, die wir jetzt entschieden zu den Südfrüchten zählen, der Feige und der Mandel. Beide erhalten auch in dem Grundriß des St. Galler Klostergartens je eine Parzelle zugewiesen (S. 158). Die Feige, ahd. *figa*, stammt nicht direkt vom lt. *ficus* her, sondern vom roman. *figa*, woher auch fr. *figue*. Damit ist die Entlehnung als eine volkstümliche erwiesen.[3]

---

1) Schrader, Reallexikon, S. 937. Hoops 553, 577. Vgl. S. 26.
2) Hoops, Waldb. und Kulturpfl., S. 554.
3) Das agſ. *fīc-treo*, *fīc-bēam* dagegen ist gelehrte Entlehnung aus der Bibel. Aus eigener Anschauung kannten die Angelsachsen die Feige so wenig wie die Dattel. Hoops 612.

Die Mandel ferner kam aus ihrer syrisch-mesopotamischen Heimat ziemlich früh nach Griechenland, wo sie schon im 5. J. erwähnt wird, und dann zur Zeit Katos, der sie nux Graeca nennt, nach Italien. Wann sie zuerst nach Deutschland gekommen ist, ist fraglich. Weder auf der Saalburg noch an anderen Stellen sind bis jetzt mit Sicherheit Mandelkerne aus römischer Zeit festgestellt worden. Der Name der Frucht lautet gr. ἀμυγδάλη, ein semitisches Lehnwort, die Römer machten daraus literarisch und gelehrt amygdala, volkstümlich statt amundala mit Anlehnung an amandus ‚lieblich‘ amandula; romanische Dialekte ließen das anlautende a abfallen, mandula (it. mandola) und diese populäre Form übernahm das Deutsche, ahd. mandala. Aus dem nicht zu t verschobenen d darf man nicht ohne weiteres folgern, daß das Wort erst nach der Römerzeit frühestens im 8. J. entlehnt worden sei (vgl. S. 17) und die sachliche Erwägung leitet eher darauf hin, daß die Mandel gleichzeitig mit der Kastanie, der Walnuß und den übrigen Obstarten in den Rheingegenden angepflanzt worden ist. Man versuchte eben alles Schöne und Gute, was in Italien wuchs, auch in Deutschland zu akklimatisieren. Wie weit man damit kam, mußte bei jeder Art erst die besondere Erfahrung lehren. Man konnte nicht von vornherein wissen, daß Feige und Mandel nur an ganz geschützten Stellen reife Früchte bringen, daß ihr Anbau sich also in unserm Klima nicht in weiterem Umfang lohnt. Befahl doch Karl d. Gr. auch lauros und pinos, Lorbeerbäume und Pinien zu pflanzen, die bei uns ohne Winterschutz ebenfalls nicht aushalten. Als Zierbaum hat der Mandelbaum eine viel ausgedehntere Verwendung erlangt als der Feigenbaum. Am Rhein und in der Pfalz erfreuen in den Gärten und an den sonnigen Berghängen seine sanftrötlichen Blüten schon im Vorfrühling das Auge. Weiter nach Osten und Norden vermochte er wegen der längeren Dauer des Winters nicht vorzudringen.

Von Kukurbitazeen ist in jener ältesten Zeit nur der Kürbis und die Melone nach Deutschland gelangt. Das lt. *cucurbita* bezeichnet nur den Flaschenkürbis oder die Kalebasse; es wurde ahd. mit Abstoßung der Reduplikation zu *churbiz*; die Angelsachsen nahmen das Wort als *cyrfet* mit nach Britannien. Dieser Kürbis war zu vielerlei Dingen gut. Seine Blätter und Blüten galten als heilkräftig, sein Fleisch als angenehmer Nachtisch. Das Beste und Brauchbarste an ihm war aber seine Schale, die ausgekratzt und nicht selten auch inwendig verpicht ein großes Wasser- und Weingefäß abgab, in das man auch kleinere Gefäße hineinstellte, um das Getränk frisch zu erhalten. Da die irdenen Gefäße damals nur schlecht gebrannt waren und noch keine Glasur hatten, so waren solche Kürbisflaschen damals stark in Gebrauch.[1] Da der

---

1) Heyne, Nahrungswesen 92. Lauenstein 15. — Der echte Kürbis war dem Altertum und Mittelalter noch fremd; er stammt aus Amerika. Engler bei Hehn[8] 323. Fischer-Benzon 91.

Anbau des Kürbis einen großen Raum beansprucht, so legte man bald für ihn einen besonderen Garten an, der schon im Ahd. als *churpizgarto* erscheint. — Für die Melone ist die älteste deutsche Bezeichnung Pfebe, noch bei Luther 4. Mos. 11, 5, ahd. sowohl unverschoben *pepano*, wie verschoben und entstellt *pfedamo*; das Wort stammt von dem gr.-lt. *pepon* ‚reif‘: denn die Wassermelone, die ausschließlich mit diesem Namen bezeichnet wird, kann nur in ganz reifem Zustand gegessen werden. Daneben gab es einen μηλοπέπων, bei Plin. 19, 67 *melopepo*, d. i. Apfelpfebe; dies wurde schon im Lt. zu *melo* verkürzt, im Ital. zu *mellone* und im 15. J. von uns als Melone entlehnt. Damit wurde ursprünglich die Zuckermelone bezeichnet, doch kommen Verwechslungen schon frühe vor.[1]

An Gemüsen und Gartengewächsen hatte die germanische Hausfrau vor der Berührung ihres Volkes mit der römischen Kultur nur Erbsen, Bohnen, Möhren und Rüben zur Verfügung. Gewürze waren ganz unbekannt: sine blandimentis expellunt famem (Tac. Germ. 23); nur das Salz stand in hoher Wertschätzung: um Salzquellen wurden gelegentlich große Schlachten geschlagen: eadem aestate (a. 58) inter Hermunduros Chattosque certatum magno proelio, dum flumen gignendo sale fecundum et conterminum vi trahunt (Tac. ann. 13, 57), ein Fluß, mit dem die Werra

---

1) Fischer-Benzon 94. — Vgl. II² 223.

oder die fränkische Saale gemeint sein muß: noch jetzt befinden sich Salzwerke an beider Flüsse Usern.

Jetzt stellt sich neben den Obst= der Kräuter= garten. Einen solchen anzulegen, lohnte sich erst, als die bis dahin nur spärlichen Gemüse, Küchenkräuter und Würzpflanzen von Süden her eine gewaltige Ver= mehrung erfuhren. Während man ferner bis dahin nur Gift= und Zauberkräuter kannte, lernte man jetzt durch die römische Kultur auch Heilkräuter in einem „Würzgarten", wie man ihn später nannte, ziehen.[1] Dabei ist es vollkommen gleichgültig, ob eine wild= wachsende Art des Kulturgewächses in Deutschland von jeher heimisch war oder nicht. Vom Kohl z. B. haben die Botaniker nachgewiesen, daß er im wilden Zustand bei uns heimisch war.[2] Seine Kultur ist uns durch die Römer vermittelt worden, ebenso wie die des Weinstocks, mögen sich auch wirklich, wie die Botaniker annehmen, wilde Reben in Ostfrankreich, im Elsaß und Baden vorfinden. Nicht ihre Existenz im wilden, unbenutzten Zustand, sondern ihre Verwendung im Dienste des Menschen gibt den Pflanzen den Kultur= wert, den sie haben.[3] Die Römer haben uns diesen gebracht, und die Quittung dafür sind die lateinischen

---

1) Heyne, Nahrungswesen 87, 92. Eine genaue alpha= betische Aufzählung der entlehnten Pflanzennamen in den ahd. Glossen gibt E. Björkmann, 3. f. d. W. 6 (1904), 174—198.
2) Schrader bei Hehn XVI.
3) Schrader, Die Anschauungen Hehns von der Her= kunft unserer Kulturpflanzen und Haustiere im Lichte neuerer Forschung (1912), S. 16f.

Lehnwörter, die wir mit den Kulturpflanzen angenommen haben. Zu nennen sind folgende: Kohl, *chôlo* von *caulis* aus gr. καυλός Kohlstengel[1], und sein Genosse Kappes oder Kopfkohl, *chapuz* von romanisch erweichtem *cabut* oder roman. *capuccio*, die Beete (rote Rübe), ahd. *bieza* aus *beta*, noch jetzt bayrisch Bießen, Bießkohl, auch Beißkohl[2], agf. auch *næp* Steckrübe aus *napus*, das auch in Deutschland selten als Nape erscheint, die Pastinake, eine feinere Möhrenart, ahd. *pestinach*, auch *bestina*, später *palsternake*, *basternack*, *pastency* u. a. aus lt. *pastinaca*[3], der Rettich, der in Deutschland so gut gedieh, daß zur Zeit des Plinius (hist. nat. 19, 83) dort bereits Rettiche von der Größe neugeborener Kinder vorkamen, ahd. *râtih*, *retich* von *radic-em*, eigentlich ‚Wurzel‘, die Minze, *minza* aus lt. *menta*, gr. μίνθα, deren zahlreiche und sehr verschiedene Arten ehemals sehr beliebt waren, weil man der Pflanze die mannigfachsten Kräfte zuschrieb, der Kümmel, der vor dem Bekanntwerden des Pfeffers diesen ersetzte, *chumin*, *chumil*, auch *kumich* aus lt. *cuminum*, das durch κύμινον auf semitisches *kammōn* zurückgeht[4], der Senf, schon got. *sinap*, ahd. *senaf* aus gr.-lt. *sinapi*, der Porree, eine neuere französische Entleh-

---

1) Das mundartliche Dorsche aus *thyrsus* s. III, 314.
2) Die jetzige Form Beete ist nb.-agf. *bete*, engl. *beet* und erst in der neueren Sprache aufgekommen; mhd. noch *bieze*.
3) Dieffenbach 416ᵃ. Heyne, Nahrungswesen 67. Die Agf. übersetzten das Wort zu *walhmore*, vgl. Walnuß S. 166.
4) Hehn⁸ 208.

nung statt älteren *pforro*, *pforo* aus *porrus*, der **Eppich**, *epfich* aus *apium*, eigentlich Bienenkraut, weil diese der Petersilie und dem Sellerie verwandte Doldenart von den Bienen sehr geliebt wird, der **Fenchel**, *fenachal* aus *foeniculum* von *foenus* Heu, wegen seines heuartigen Geruchs so genannt, der noch jetzt in Süddeutschland viel gebaut wird und als Brotwürze dient, früher auch als Arzneimittel sehr geschätzt war[1], ferner der Kerbel, ahd. *kervola*, agf. *cerfille* aus *caerifolium*, χαιρέφυλλον, der wegen des aromatischen Öls seiner Früchte als Heil- und Küchenpflanze gebrauchte Koriander, *chullantar* aus mlt. *coliandrum* (IV, 293), der Quendel, *konala*, *quenala* aus *conila*, gr. κονίλη. — An der Mosel nennt man den Wermut, aus dem man schon im 6. J. ein berauschendes Getränk herzustellen verstand[2], wie jetzt den Absynth, noch heute Alsem, ahd. *alahsan* (fr. *aluine*) aus spätlt. *aloxinum* = gr. ἀλόη ὀξίνης. Auch die Eßbarkeit der Edelpilze lernten die Deutschen erst durch die römische Küche kennen. — Neben den einheimischen ungenießbaren swam trat daher als Tafelwort Pilz, älter Bülz, ahd. *buliz*, agf. *bulot* aus lt. *boletus*, gr. βωλίτης. Besonders die Klöster, deren Küche stets auf Ersatz der Fleischnahrung bedacht sein mußte, werden zur Verbreitung des neuen Wortes beigetragen haben.[3]

---

1) Fischer-Benzon 132.
2) Schrader, Reallexikon 954.
3) Heyne, Nahrungswesen 332.

Aber nicht nur Nutzgärten, sondern auch Lust- und Ziergärten begann man frühzeitig anzulegen, und gern nahm man auch in diese Gäste aus dem Süden auf. Freilich konnte nicht jeder das nordische Klima vertragen, z. B. die Pinie und der Lorbeer (S. 168). Die Anpflanzungsversuche konnten bei diesen stolzen Zierbäumen des Südens nicht gelingen. Die Sonnenwärme war zu gering, die Winterkälte zu groß. In die Sprache aber drangen beide Namen ein: *pinus* als *pimboum*, *laurus* als *lôrboum*. Von dem letzteren lernte man die stark duftenden Blätter und Beeren als Speisewürze und Heilmittel schätzen[1] und bezog sie durch den Handel *lôrberi*, mhd. *lôrber* Lorbeer; daher wurde dann der Baum mhd. auch *lôrberboum* genannt. Dagegen drang von Süden her ein neuer schöner Nadelholzbaum vor, die Lärche aus *laric-em* (S. 21). Sie wuchs in den rhätischen Alpen massenhaft, so daß Tiberius von dort gewaltige Lärchenstämme zum Brückenbau nach Rom schaffen ließ.[2] Aber auch als Zierbaum für die Parke und Gärten der Großen empfahl sich diese einzige nadelabwerfende Konifere, die es in unseren Breiten gibt, weil sie dem deutschen Klima standhält und im Frühling noch vor den Laubbäumen durch ihr herrliches Grün das Auge erfreut.

In den Gärten der römischen Villen sahen die Germanen auch mit Staunen die seltsamen Tier-

---

1) Fischer-Benzon 48.
2) Plin. hist. nat. 16, 190, 200.

gestalten und Buchstaben, die aus einem ihnen unbekannten immergrünen Zierstrauche vom topiarius zurechtgeschnitten waren (Plin. ep. 5, 6). Sie benutzten diesen *buxus* (aus πύξος) bald ebenfalls als Beeteinfassung und lernten das eisenharte, dichte, unvergängliche und tadellos glatte Holz des *buhs-boum* (agf. *box*) zur Herstellung von allerhand kleineren Gefäßen und Geräten verwerten. Auch als Heilpflanze wurde der Buchsbaum in Deutschland gebraucht. Da der Strauch in den westlichen Alpen ganze Berge bedeckt, so leiteten die romanischen Sprachen von seinem Namen die Bezeichnung des Gebüsches her: it. *buscione*, fr. *buisson*. Mit leichter Umstellung der mittleren Konsonanten wurde nämlich *bucsus* im Mlt.-Rom. zu *buscus*, it. *bosco*, fr. *bois*, ahd. *brâmal-busc*, Brombeerstrauch, nhd. *busch* Busch.[1]

Auffallend muß es erscheinen, daß auch die Bezeichnung des Schilfes aus dem Latein entlehnt ist, ahd. *sciluf* (nd. *schelp* durch die Grundform *skilpus* aus lt. *scirpus*)[2], obwohl es doch sicher in Deutschland genug Schilf gab. Man darf wohl annehmen,

---

1) Andere romanische Wörter, die vom Buchsbaum stammen, sind fr. *boîte* Büchse, *boisseau* Scheffel, *boussole* Kompaß. — Körting 1675 möchte eher *busticum* Brennholz als Stammwort von *bosco* ansetzen, läßt aber auch eine Kreuzung von *buxus* und *busticum* gelten. Über Büchse s. u. Vgl. auch Fischer-Benzon 49. Schrader, Reallexikon S. 119.
2) So Kluge, jedenfalls mit Recht. Andere halten ‚Schilf‘ für urgermanisch und stellen es zu ‚Schelfe‘ = Obstschale, Hülsenfrüchte (Hirt-Weigand[5]), wobei aber die Bedeutung nicht zueinander stimmt.

daß die Kunst des Binsenflechtens den Anlaß zur Übernahme des Wortes gab; von den Römern wurden nicht bloß Körbe, sondern auch Fischreusen, ja Weingefäße aus Binsen geflochten (cuppas vinarias scirpare bei Varro sat. Men. 116). Die Händler brachten derartige Gegenstände natürlich auch nach Deutschland und damit zugleich das lateinische Wort. Allmählich werden dann die Deutschen diese nutzbare Kunst selbst auszuüben gelernt haben. Eine treffende Parallele hierzu ist, daß auch die Griechen ihr *κάννη* (lt. canna Rohr) auf dieselbe Weise aus dem Semitischen entlehnt haben, obwohl das Rohr bei ihnen, wie überhaupt in den Mittelmeerländern heimisch ist. Sie erhielten zuerst von den Phöniziern Gegenstände, die aus Rohr geflochten oder gefertigt waren, wie Körbe, Matten, Spulen, Richtstäbe. Damit übernahmen sie auch das phönizische Wort.[1] Nicht das Vorhandensein eines Naturprodukts, sondern seine kulturelle Verwendung ist für ein Volk das Bedeutsame.

Eine rationelle Garten= und Obstkultur war nur möglich, wenn man auch die Tätigkeit des Veredelns erlernte. Die deutsche Sprache hat dafür drei Ausdrücke, sämtlich dem Lateinisch=Romanischen entlehnt. Erstens pfropfen nhd. *pfropfen* vom ahd. Fem. *pfropfa* Setzling aus lt. *propago*, zweitens pelzen *pelzôn* aus lt.=rom. *impellitare (provenz. *empeltar*, engl. *to pelt*), welches von *pellis* Rinde abgeleitet ist, also eigentlich

---

1) Hehn[8] 309.

einrinden, in die Rinde einsetzen, drittens impfen *impfitôn* (daher bayr. noch *impten*), *impfôn*, agf. *impian* aus lt. *imputare* einschneiden, ins Kerbholz schneiden von *putare* Bäume beschneiden (vgl. *amputare*), wovon auch fr. *enter* für *empter*; dazu gehört auch *inpotus* Pfropfreis in der Lex Salica (85, 10) und mnd. *poten* pfropfen, während mnd. *enten* aus dem fr. Wort geflossen ist. Jetzt gebraucht man das Wort ‚impfen‘ fast nur noch im medizinischen Sinne, in welchem es seit dem 18. J. von England aus zu uns gekommen ist. Den Setzling, Schößling, Absenker bezeichnete die lateinische Sprache auch durch *planta*. Dieser Ausdruck hat im Deutschen einen wahren Siegeslauf gehalten; er wurde als Pflanze, ahd. *pflanza*, agf. *planta* auf jedes mit Stengel und Kraut versehene Gewächs, zuletzt auf alles, was aus der Erde wächst, vom Baum bis zum Mose übertragen. Dazu pflanzen, ahd. *pflanzôn*, agf. *plantian* aus *plantare*.

Eine andere Tätigkeit, die der Winzer und Obstzüchter nicht entbehren kann, ist die des kunstgerechten Abnehmens der Trauben und Früchte. Dafür muß es im Spätlateinischen ein Verbum *piluccare* gegeben haben, eine Weiterbildung von *pilare* Haare ausrupfen; denn it. heißt *piluccare* Trauben abbeeren, fr. *éplucher* aus *expiluccare*. Daher unser pflücken, ahd. noch nicht belegt, mhd. *pflücken*, agf. *pluccian*.

Kapitel IX.

Ackerbau und Viehzucht. Jagd und Fischfang.

Die Obst- und Gemüsezucht empfingen die Germanen von den Römern als etwas schlechthin Neues. Den Ackerbau kannten sie bereits, wie wir gesehen haben (S. 119), und hatten ihn bis zu einer gewissen Höhe entwickelt. Man hat sogar die Behauptung aufgestellt, daß sie hierin von den Römern nichts gelernt hätten und nichts hätten lernen können. Das ist schon an sich höchst unwahrscheinlich. Wie sollte wohl gerade dieses eine Lebensgebiet allein von der Beeinflussung durch die römische Kultur freigeblieben sein, der doch alle andern Lebensgebiete in größerem und geringerem Umfange unterlagen? Die Römer waren von Hause aus ein Ackerbauvolk und hatten den Landbau nicht nur praktisch auf eine erstaunliche Höhe gebracht, sondern auch theoretisch studiert und literarisch behandelt. Und wenn man sagt, die natürlichen Verhältnisse Italiens seien von denen Deutschlands zu verschieden, als daß der italienische Landbau auf den deutschen hätte einwirken können, so ist auf das römische Gallien hinzuweisen, dessen natürliche Bedingungen sich von denen des westlichen Deutschlands in nichts unterscheiden. Dementsprechend gibt es denn auch eine nicht ganz geringe Zahl von lateinischen Lehnwörtern, welche beweisen, daß tatsächlich eine Beeinflussung stattgefunden hat. Von diesen sind einige die Namen von Feldfrüchten. Man hat diese Entlehnungen für irrelevant und nichts beweisend erklärt, da die betreffenden Früchte schon vor der Römerzeit in germanischen Gräbern aufgefunden seien. Aber die Tatsache der Entlehnung muß doch auf irgendeine Weise erklärt werden. An eine bloße Mode, ein Vornehmtun mit Fremdwörtern ist doch auf diesem rein wirtschaftlichen und für die Masse des Volkes wichtigsten Gebiete sicher nicht zu denken. Also woher die Entlehnung, wenn keine kulturelle Beeinflussung? ‚Hirse‘ ist ein hochdeutsches Wort und Hirse hat sich in der Hallstattperiode auch in österreichischen und böhmischen Gräbern gefunden. Wenn also dafür die Lehnwörter ahd. *pfenih*, *fennich* aus lt. *panicum* und *milli*, ags. *mīli* aus *milium* auftreten, so muß man doch wohl entweder annehmen, daß damit neue aus Italien eingeführte Hirsearten bezeichnet wurden[1], oder daß die Germanen die beiden Hirsearten, welche die Römer schon längst unterschieden, die Rispenhirse milium und die Kolbenhirse panicum[2] nun auch unterscheiden lernten.

Auf eine schärfere Unterscheidung der Pflanzengattungen, wie sie eine Folge sorgfältigerer Kultur zu

---

1) Fischer-Benzon 170.
2) Hoops, Waldbäume und Kulturpflanzen 354.

sein pflegt, lassen auch zwei mundartliche, alte Ent=
lehnungen schließen. Die Schweizer nennen nämlich
die männliche Hanfblüte **Fimmel** aus *femella* (in
andern südd. Dialekten Femel), die weibliche **Mäsch**
oder **Mäschel** aus *masculus*. Die Bedeutungen sind
also geradezu vertauscht. Das Volk versteht nichts
von Botanik; es beurteilt die Naturprodukte nach dem
äußeren Augenschein und hielt daher die männlichen
Hanfpflanzen, weil sie zarter und zierlicher sind, für
weiblich und umgekehrt. Auf Einführung einer neuen
und besseren Haferart deutet die Entlehnung von lt.
avena, ahd. *evina*, die am Niederrhein erfolgt ist,
wo noch heute der September *evenmant*, d. i. Haber=
monat heißt.[1]

Das altnationale Getreide der Römer, das auch
im Götterkultus eine große Rolle bei ihnen spielte,
war der Spelt. Sie verpflanzten dessen Anbau natür=
lich auch in die Provinzen, deren Klima dafür geeignet
war. Die Germanen dagegen kannten den Spelt ur=
sprünglich nicht, sondern lernten ihn erst in den Alpen=
ländern kennen und bauten ihn dann ebenfalls an.
Noch heute deckt sich die Grenze der Speltkultur in
Deutschland annähernd mit der des ehemaligen römischen
Provinziallandes[2] und hat erst in den letzten Jahr=
zehnten in der Schweiz und Oberelsaß abgenommen.
Der schwäbische Name des Spelts ist Dinkel, daher
der Ortsname Dinkelsbühl. Spelt selbst ist ein

---

1) Schrader, Reallexikon 321.
2) Hoops, Waldbäume und Kulturpflanzen 435. 439.

schwieriges Wort. Um 300 n. Chr.[1] kam statt der alten Bezeichnungen *ador* und *far* im Lateinischen ein neues *spelta* auf, das romanisch durch Erweichung des *t* auch zu *spelda* wurde. Daher die deutsche Doppelform Spelz (ahd. *spelza*) aus *spelta* und Spelt (ahd. *spelta*) aus *spelda*. Neuerdings hat man die Behauptung aufgestellt, daß vielmehr umgekehrt *spelta* aus dem Germanischen ins Lateinische entlehnt sei. Besonders Hoops[2] hat diese Ansicht verfochten. Er weist darauf hin, daß der heilige Hieronymus spica und spelta italische und pannonische Provinzialausdrücke[3] nennt, und daß Pannonien im 3. J. schon von Germanen besetzt gewesen sei. Das Wort *spelta* zieht er zu ‚spalten‘, weil die Ähre des Spelts beim Dreschen in einzelne kleine Ährchen zersplittere. Wir hätten demnach die doch seltsame Erscheinung, daß das Wort *spelta* zwar deutsch, die Frucht aber undeutsch war, und umgekehrt die Frucht römisch, das Wort aber unrömisch. Hoops (S. 434) sucht das durch den Getreidehandel zu erklären. Germanisch-pannonischer Spelt sei in Rom eingeführt worden und damit das Wort aus einem Provinzialausdruck zu einem allgemein gültigen geworden. Da nun aber die Germanen den Spelt ursprünglich nicht gekannt haben, müssen sie unter dem Worte ein anderes,

---

1) Der früheste Beleg findet sich im Edikt des Diokletian vom J. 301: mili pisti, hordei, spoltao mundae.
2) S. die ausführliche Erörterung S. 411—443.
3) Die Stelle bei Hoops 430.

verwandtes Getreide, vielleicht den Emmer oder das Einkorn verstanden und es erst auf den Spelt übertragen haben, als sie diesen in den Alpenländern kennen lernten. Man sieht, es ist eine ganze Reihe von Annahmen nötig, um den germanischen Ursprung von *spelta* glaublich zu machen. War aber lt. *spelta* wirklich ursprünglich ein südostgermanisches, pannonisches Wort, so ist es doch erst mit der römischen Speltkultur zu den südwestlichen Germanen, den Alemannen und Schwaben, gelangt, also ein rückgeflossenes Lehnwort. Denn nur auf die oben angegebene Weise sind die deutschen Doppelformen zu erklären, trotz der von Hoops (S. 420) angeführten scheinbaren Analogien eines Wechsels zwischen *t* und *z* (Harz und Hart).

Die Hülsenfrüchte, die einen Hauptteil der Volksnahrung bildeten und in größerem Umfang angebaut wurden als heute, wurden bereichert durch die Einführung der Linse, *linsi* statt *linzi* aus *lent-em*[1] und der Kicher *chichura* aus *cicera*, dem Plural von *cicer*, die als vornehme Speise galt[2]; sie wurde später noch einmal in der jüngeren Form *ziser* entlehnt. Bei dem Zunehmen der Vieh- und Geflügelzucht war auch ein südliches Futterkraut willkommen, die Wicke *wiccha* aus *vicia*, deren Bohne vorzüglich zum Futter des Federviehes diente und daher auch vogelbône, vogal-

---

1) Das auffallende *s* statt *z* ist noch nicht erklärt. Vielleicht hat eine Vermittlung durch eine andere Sprache stattgefunden. Hoops, Waldbäume 462.
2) Fischer-Benzon 101.

krût hieß, aber in ärmeren Gegenden, auf dem Eichsfeld noch heute, auch gemahlen dem Brotmehl beigemischt wurde.¹ Die Angelsachsen nahmen vom Niederrhein (S. 25) auch das lt. *pisum* Erbse mit hinüber, ags. *pise*, engl. *pea*; ‚Erbse‘ selbst ist ihnen unbekannt geblieben, jedenfalls weil sie erst nach Auswanderung der Angelsachsen in das nördliche Norddeutschland gelangte; ags. *earfe* ist lt. *ervum*.

An Bohnen kannten die alten Germanen nur die grobe Sau- oder Pferdebohne. Diese hieß ahd. bôna. In Südeuropa wurde dagegen eine aus dem Orient stammende Bohnenart, die im tropischen Afrika heimisch ist, angebaut, die gr. φασίολος, φασιολος, lt. *phaseolus* hieß. Diese konnte in Deutschland wegen des Klimas nicht angebaut werden. Dennoch ist ihr Name ins Deutsche entlehnt worden als mhd. *phasôl*, Faseole, auch Fasele, Fisole, schon im Capitulare de villis 70 *fasiolus*. Darunter wurde aber nicht die in Deutschland unbekannte Bohnenart verstanden, sondern die rotblühende Erbse. Bis ins 16., ja 17. J. hinein war Fasol, Faseln, Fäseln die allgemein volkstümliche Benennung der Erbsen. Unsere heutige Gartenbohne ist nach den sicheren Ergebnissen der neuesten botanischen Forschungen amerikanischen Ursprungs. Ihr indianischer Name war *frisol*, woraus die Spanier *frijol* machten. Der zufällige Gleichklang dieses *frisol* mit lt. *phaseolus* und die äußere Ähnlichkeit der amerikanischen mit der

---

1) Heyne, Nahrungswesen, S. 66.

südeuropäischen Bohne bewirkten, daß vom 16. J. an die lateinische Benennung in Südeuropa auf die neue Gartenbohne überging und sich die Einführung dieser daselbst fast unbemerkt vollzog.[1] Die Deutschen machten, als die neue feine Art auch zu ihnen kam, aus *frisol* Fisolen, doch wurde dann das altheimische ‚Bohne‘ auf sie übertragen.

Die von der Ernte zurückgebliebenen Halmstiele hießen spät-lt. *stupula* (für *stipula*), woraus fr. *étouble*, ahd. *stupfala*; erst durch Luther kam statt des hochdeutschen Stupfel das niederdeutsche Stoppel in Gebrauch. Alle Erzeugnisse des Feld- und Gartenbaues aber bezeichnete der Römer mit dem Ausdruck *fructus*, woher unser Frucht, ahd. *fruht*. Eine merkwürdige Doppelbedeutung hat der Stiel. Schon das lt. *stilus* bedeutete sowohl den Pflanzenstengel, wie ein Hakengerät der Gärtner; beide Bedeutungen übernahm das ahd. *stil*.

Damit sind wir von den Ackerfrüchten bereits auf die Ackerwerkzeuge gekommen. Auch bei ihnen lassen die Entlehnungen eine Verbesserung und Vermehrung erkennen. Daß die Germanen beim Beginn unserer Zeitrechnung bereits den einfachen ‚Haken‘ mit dem auf Rädern gehenden Pfluge vertauscht hatten[2], scheint aus der Angabe bei Plinius 18, 172 hervor-

---

1) Hoops, Waldbäume und Kulturpflanzen 400f.
2) Meringer, Indogerm. Forsch. 17, 109 und ‚Das deutsche Haus‘ S. 73. Hoops, Waldbäume und Kulturpflanzen 506.

zugehn, daß nicht lange vor seiner Zeit in Rätien die Erfindung gemacht sei, dem Pfluge Räder zuzufügen, und daß man solche Pflüge *plaumorati* nenne.¹ Der erste Teil dieses schwierigen Wortes ist wohl sicher gleich dem als longobardisch überlieferten *plovum* ‚Pflug‘. Daraus schließt man dann, daß auch Pflug², ahd. *pfluog*, agf. *plōg* von vornherein den Räderpflug bezeichnete, und knüpft daran die Vermutung, daß dieser Name eben mit der neuen Erfindung aufge= kommen sei im Gegensatz zu den älteren altf. *erida*

---

1) Die Stelle lautet: Non pridem inventum in Raetia Galliae, ut duas adderent tali (vomeri) rotulas, quod genus vocant plaumorati. Baist verbessert dies zu *plaum Rati* („die Räter nennen ihn *plaum*“). Meringer sieht im zweiten Teile unser ‚Rad‘, also ‚Pflugwagen‘.
2) Über den Urspiung des Wortes Pflug selbst ist in den letzten Jahren viel gestritten worden. Kluge und Hirt= Weigand⁶ sind der Ansicht, daß die Germanen das Wort während der Wanderzeit von einem Volke entlehnt hätten, das ihnen einen brauchbareren Pflug vermittelt habe, stellen es also zu den S. 32 ff. aufgezählten Wörtern. Meringer (Indogermanische Forschungen 18, 244 und „Das deutsche Haus" S. 73) erklärt es für echtgermanisch und stellt es zu ‚pflegen‘, dessen Grundbedeutung nach seiner Ansicht ‚ackern‘ war. Dem widerspricht aber der Umstand, daß bisher kein im Hochdeutschen mit *pf* anlautendes Wort mit Sicherheit als echtgermanisch festgestellt worden ist. Der Grund ist der, daß nach den Gesetzen der beiden Lautverschiebungen hd. *pf* auf gemeingermanisches *p*, dies aber auf indogerm. *b* zurück= gehn müßte. Der Laut *b* war aber in der Ursprache, wenn überhaupt vorhanden, so doch äußerst selten. Im Germani= schen ist jedenfalls bisher noch kein indogerm. Erbwort mit *b* nachgewiesen. Daher leitet Feist (Indogermanen 177) mit größerer Wahrscheinlichkeit ‚Pflug‘ von einem keltoromanischen (rätischen) **plōrus* ‚Räderpflug‘ her, das mit lt. *plōstrum* ‚Frachtwagen‘, *plōxemum* ‚Wagenkasten‘ zusammenzustellen sei. Hierzu gehört dann auch *plaumoratus*.

(zu Wurzel *ar* ackern), got. *hōha*, agf. *sulh* (zu ἕλκω ziehen, *sulcus* Furche), die sämtlich den alten indogermanischen Hakenpflug in verschiedenen Formen bezeichnet hätten. Doch ist auch möglich, daß bei den älteren Worten die Schar nur aus einem die Erde aufwühlenden Holzpfahl, bei dem späteren Pflug dagegen aus schärfer schneidendem Metall bestand.[1] Auch Zugtiere spannte man bereits vor den älteren Hakenpflug.[2] Trotz dieser verhältnismäßig vorgeschrittenen Technik des Pflügens blieb der germanische Pflug natürlich verbesserungsfähig. Einen Fortschritt bezeichnet sicher die Übernahme des gallisch-lt. *carruca*, ahd. *karruh* (fr. *charrue*) d. i. der größere und stärkere Pflug der gallischen Landwirtschaft, der nun auch bei den Deutschen Eingang fand[3], ebenso wie die gallische Mergel-Düngung, gall.-lt. *margila* (fr. *marne*), ahd. *mergil*. Auf eine Verbesserung der Pflugschar deutet ahd. *koller, plogkoller*, agf. *culter*, aus lt. *culter*. Wahrscheinlich war dieser romanische Kolter aus stärkerem und breiterem Eisen gefertigt und schnitt tiefer ins Erdreich. Da der Pflug größer geworden war, so gab man jetzt dem eigentlichen Ackerer noch einen Jungen bei, der die Zugtiere nach römischer Weise mit dem Stachelstock antrieb. Der bulgärlt. Ausdruck dafür

---

1) Hoops, Waldbäume 508. Kauffmann, Altertumskunde 53.
2) Vgl. das instruktive Felsenbild eines von Rindern gezogenen Hakenpflugs mit Pflüger aus Bohuslän in Schweden (Bronzezeit) bei Hoops 500 und Feist 175.
3) Meyer-Lübke in: Wörter und Sachen I (1909), 240.

war *minare* (ftatt *minari*), fr. *mener* unter drohen=
dem Zuruf treiben; daher in Südwestdeutschland ahd.
mennan und noch mhd. *mennen*, jetzt wieder ver=
schwunden.[1]

Von allergrößtem Werte mußte den Germanen
ferner das neue Dreschwerkzeug werden, das ihnen
aus Nordgallien zukam. Ursprünglich bedienten sie
sich zum Dreschen des Viehes, welches die Körner
austrat, oder eines einfachen Knüttels, der *driskil*,
mhd. *drischelstap* hieß. Jetzt lernten sie eine römische
Erfindung kennen, die in der Verbindung eines längeren
und eines kürzeren Stockes mittels eines Lederriemens
bestand, wodurch die Schläge leichter und sicherer
wurden. Das vulgärlt. Wort für dies Instrument
war *flagellum* (schon in der Vulgata Jes. 9, 28),
eigentlich Peitsche, aber auch auf das Dreschwerkzeug
passend, weil bei beiden das schlagende Stück nicht
mit dem Stocke verwachsen, sondern am Stocke lose
befestigt und infolgedessen beweglich ist. Das latei=
nische Wort ging in das Romanische (altfr. *fluel*, fr.
fléau) und Germanische über Flegel, ahd. *flegil*,
agf. *fligel*, engl. *flail*.[2] Zum Aufladen des Getreides
lernte man sich jetzt der großen dreizinkigen Gabel

---

1) Noch bei Dieffenbach, Glossarium 361c ift *minare*
durch *mennen, triben* gloffiert. — Vgl. Heyne, Nahrungs=
wesen S. 44.

2) Ob sich in Flegel ein germanisches *plagils* mit dem
lt. *flagellum* gemischt hat, ist ganz unsicher. S. Meyer=
Lübke: Wörter und Sachen I (1909), 236 und Anm. 2
(alem. *pflegel* aus Plural *de flegel* wie *pfreud* aus ‚die
Freude').

bedienen: ahd. *furcha*, ags. *forca* Furke, Forke aus lt. *furca*. Zum Schneiden hatten die Germanen natürlich schon früher geeignete Werkzeuge gebraucht. Die römischen Händler brachten ihnen praktischere und billigere, nämlich die Sichel, *sichila*, ags. *sicol* aus vulgärlt. *secula* von *secare* schneiden.[1] An Stelle der alten Wind= oder Worfschaufel trat jetzt der Schwing=korb, dessen sich die römische Landwirtschaft zum Son=dern der Spreu von den Körnern, namentlich bei Windstille bediente. Neben einem heimischen Worte *swinga* gebrauchte man dafür *wanna* aus dem lt. Fem. *vannus*, ags. *fann*. Dies ist der Ursprung der Gefäßbezeichnung Wanne, die sich ein sehr viel wei=teres Verbreitungsgebiet erobert hat.

Aller Wahrscheinlichkeit nach ist auch das nd. Miete für hd. Diemen oder Feimen bereits eine Ent=lehnung der Römerzeit. Das Wort ist allerdings erst am Ausgang des 16. J. literarisch bezeugt und zwar im Ndl. als *mijte*. Es kann aber wohl nicht erst damals entlehnt sein, weil dazu keine Veranlassung mehr war, sondern ist jedenfalls im Volksmunde schon lange üblich gewesen. Seine Quelle ist das lt. *meta*, das schon bei Plinius und Columella die Bedeutung Heuschober hat. Die germanischen Anwohner des Niederrheins werden also von den Römern die künst=

---

1) Varro de ling. lat. 5, 137. Heyne, Nahrungs=wesen 58. Meringer, Indog. Forschungen 17 (1905), 117, bringt dagegen Sichel zusammen mit Sech = Pflugmesser, Sense aus *segansa*, Sachs = Schwert und leitet es von W. *seg* schneiden ab.

liche pyramidenförmige Aufschichtung des Heues mittels hölzerner Gestelle gelernt haben. Von da aus drang dann das Wort weiter nach Nordwestdeutschland vor und wurde vom Heu auch auf das Getreide übertragen. Dies ist wenigstens die wahrscheinlichste Erklärung dieser Entlehnung.

Indem wir nun vom Ackerbau zur Viehzucht übergehn, beginnen wir mit der Geflügelzucht, die man jetzt nach römischem Vorbild rationell und ertragreich zu gestalten anfing. Zwar das Federvieh selbst, Gans, Ente, Huhn, Taube, war den Teutschen schon längst bekannt. Aber die Zucht des Geflügels war in der Urzeit nur eine sehr dürftige. Sie erfordert solidere Wohnungsverhältnisse als die Germanen vor der Berührung mit der römischen Kultur hatten, und der angehende Ackerbauer fürchtet zudem die pickenden Vögel, weil sie den ohnehin nur notdürftigen Ertrag seiner Äcker schmälern. Was die Germanen veranlaßte, dem Federvieh eine größere Aufmerksamkeit zuzuwenden, war die Nachfrage der römischen Händler nach Gänsefedern. Die kleine weiße Wildgans, die dann später zum gezüchteten Haustier wurde, gedieh in dem wasserreichen Lande vortrefflich, und ihre weichen Federn wurden massenhaft nach Italien exportiert zur Herstellung von Polstern und Kissen aller Art. Plinius klagt (hist. nat. 10, 22, 27), daß „jetzt selbst der Männer Nacken ohne dies Werkzeug der Üppigkeit nicht mehr dauern können". Die eifrige Nachfrage der Händler nach *pluma* brachte das Wort *pflûma*, agſ. *plûmfedere*, nhd. Pflaum und ſeit dem 16. J. auch Flaum in unſere Sprache, welches das einheimiſche Daune, aus Oberdeutſchland wenigſtens, verdrängt hat. Die obengenannten Luxus= gegenſtände müſſen auch von den Germanen ſelbſt benutzt worden ſein. Denn drei der betreffenden Aus= drücke ſind in unſere Sprache ſchon früh aufgenommen worden, vor allem der Pfühl, *pfuliwi* aus *pulvinus*, der durch das agſ. *pyle*, *pylwe* als ſehr altes Lehn= wort erwieſen wird, ſodann das mundartliche Zieche, *ziahha*, eigentlich Bettüberzug, dann Bettdecke aus gr.=lt. *thcca* Futteral, endlich das Kiſſen, noch im 18. J. Küſſen geſchrieben, *kussîn* aus mlt. *cuscinus* (it. *cuscino*), das auf ſpätlt. *coxima* zurückgeht von *coxa* Kiſſen für die Hüfte, Sitzkiſſen.[1] Auch Flocke, ahd. *flocco* aus *floccus* iſt wohl zunächſt als ein Wort der Geflügel= und vielleicht der Schafzucht auf= genommen und dann ſpäter zum Kloſterwort geworden (II[2] 67).

Mit der Ausbreitung einer rationellen Geflügel= zucht hängt ferner zuſammen die Übernahme von *ca-vea*, vulgär *caria*, eig. Höhlung, ahd. *chevia* Fem., nhd. mit Genuswechſel Käfig — das entſprechende deutſche Wort Bauer bedeutet urſprünglich allgemein Wohnung, Haus —, ferner die von Pips, der be= kannten Hühnerkrankheit, welche noch vor einigen Jahr=

---

1) P. Meyer, Romania 21, 83.

hunderten **Pfipfs** hieß, ahd. *pfipfiz* aus mlt. *pipita*, einer unter Einfluß von *pipare* pfeifen erfolgte Umbildung von *pituita*; aus einer weiteren Entstellung *tipita* entstanden Dialektformen wie Zipf, Zipfs. Für den Federwechsel des Geflügels war der lateinische Kunstausdruck *mutare*, wovon mlt. das Substantivum *muta* gebildet wurde (fr. *muer*, *mue* nach Schwächung des *t* zu *d*). Im Ahd. ist davon abgeleitet *mūzzōn* sich m a u s e r n, agſ. *mūtian*, und mhd. die *mūze* M a u ſ e r. Die regelrechte Verschiebung des *t* zu *z* hat sich im mundartlichen maußen erhalten, sonst ist Schwächung zu *s* eingetreten. Das Alter der Entlehnung beweist auch das agſ. *bi-mutian* tauschen, wechseln. Das Wort wurde später besonderer Kunstausdruck der Falknerei, wo das Adjektivum m a u ſ i g das Federspiel bezeichnete, das sich gemausert hat und nun zur Jagd geschickt ist. Daher stammt die Redensart ‚sich mausig machen‘, d. h. sich neu herausputzen, sich schön machen.

Eine neue, vorher in Germanien unbekannte, durch die römische Geflügelzucht eingeführte Vogelart ist der P f a u, *pfāwo* aus *pavo*. Dieser glänzende Ziervogel ist — wie auch das agſ. *pāwa* und *pea*, engl. *peacock*, beweist — schon früh aus der römischen Villa an den fränkischen Königs- und Edelhof übergegangen. Er hat sich dann das ganze Mittelalter hindurch einer großen Wertschätzung zu erfreuen gehabt. Seine strahlenden Federn und seine auffallenden Farben mußten dem noch ungebildeten Geschmack besonders gefallen. Pfauenfedern trug das Edelfräulein als Kranz um den Hals, der Ritter am Hut auf dem Kopfe. Das Hauptstück bei Prunkmahlzeiten war der gebratene Pfau. Ihn trug noch im vollen Schmuck seines Gefieders die Frau des Hauses unter Trompetengeschmetter auf silberner Platte den Gästen zu. Bei einem andern Ziervogel gewähren die Laute keinen Anhaltspunkt über die Zeit, wann er zu uns gekommen ist. Doch steht sachlich wohl schwerlich etwas im Wege, sein Bekanntwerden in Germanien mit dem des Pfaues gleichzeitig zu setzen. Es ist der Vogel vom Phasis am Pontus, der gr.-lt. *phasianus*, ahd. *fasân* Fasan, den das Volk später zum Fashahn machte und ihm ein Fashuhn beigab. In den römischen Parks wurde das prachtvoll geschmückte und köstlich schmeckende Tier massenhaft gezogen und spielte auch auf der Tafel eine Hauptrolle. Karl der Große befahl im Capitulare de villis die Züchtung beider Ziervögel, und im Mittelalter wurden Fasan und Pfau neben anderm Geflügel auf den Edel- und Klosterhöfen vielfach gehalten. Der Fasan verwilderte auch und wurde im späteren Mittelalter ein Jagdtier.[1]

Von der Geflügelzucht kommen wir zur eigentlichen Viehzucht. Das älteste und wichtigste Nutztier ist das Rind, das die Germanen schon in der Urzeit hielten. Milch war eines ihrer Hauptnahrungsmittel.

---

1) Heyne, Nahrungswesen 247.

Auf eine bedeutende Verbesserung der Milchwirtschaft läßt nur die Entlehnung des Wortes Käse schließen. Zwar nennt schon Cäsar (de bell. Gall. IV, 22) den Käse unter den täglichen Nahrungsmitteln der Germanen, aber Plinius (hist. nat. II, 239) berichtet, daß die Germanen zu seiner Zeit „die Gabe des Käses verachteten". Der Widerspruch löst sich dadurch, daß Plinius unter *caseus* die südliche feste, Cäsar aber die altgermanische breiige Form des Käses verstand. Daß der Käse der Germanen ursprünglich flüssig oder wenigstens breiartig war, beweist das älteste echtgermanische Wort dafür, altn. *ostr*, das mit lt. *ius* Brühe verwandt ist. Diese ältere Gestalt meint auch Tacitus (Germ. 23) unter dem lac concretum. Der deutsche Käse war also nichts anderes als eine formlose Masse durch Rütteln geronnener Milch, die zwar nahrhaft aber nicht haltbar war. Die römische Landwirtschaft verstand es, die Milch durch ein Lab rasch zum Gerinnen zu bringen und das so gewonnene Produkt in eine feste Form zu pressen, weswegen es auch *formaticus* (it. *formaggio*, fr. *fromage*) hieß. Die deutschen Viehzüchter müssen diese Künste schon im 3. oder 4. J. den römischen Nachbarn abgelernt haben. Sie führten damit den Namen des römischen Produktes vulgär *casius* statt *caseus* in die deutsche Sprache ein: *châsi*, ags. *cese*, *cýse* (engl. *cheese*).[1]

---

[1] Schrader, Reallexikon 409. Heyne, Nahrungswesen 316. — Auf eine Beeinflussung der germanischen Ziegenzucht durch die vorgeschrittene römische scheint die Entlehnung des lt. *hircus*, ahd. *irah* Bock hinzuweisen.

Der Ausdruck für die Umzäunung, die zur Aufnahme der Herde bestimmt ist, ist wahrscheinlich ursprünglich keltisch.[1] Er kommt bereits im frühen Mittellatein als *parricus*, *parcus* vor und muß als *pharrich*, Pferch schon im 4. J. ins Deutsche gedrungen sein wegen der Übereinstimmnng mit ags. *pearroc*. In solchen Pferchen wurden nicht nur die Rinder zusammengehalten, sondern auch die Rosse, die zwar unansehnlich waren, aber sogar eine gewisse religiöse Bedeutung hatten (Tac. Germ. 6, 10).

Für dieses ursprünglich nur zu Jagd und Kampf bestimmte edle Tier kam jetzt mit niederer Verwendung auch ein niederes Lehnwort mit merkwürdiger Entwicklungsgeschichte auf. Das ursprünglich ebenfalls keltische Wort *reda* (vgl. oben S. 49) wurde in der Kaiserzeit üblich für die kleinen zweirädrigen Wagen, in denen Offiziere, Beamte und Kuriere zwischen den Provinzialhauptstädten und den Grenzkastellen hin und her reisten (reda fiscalis). Dies Wort wurde nun komponiert mit dem Stamme *vehe*, zusammengezogen *re*. So entstand *verēdus* als Bezeichnung des Postpferdes, welches auf den Stationen zur Beförderung der Reisenden bereit stand. Für die Nebenlinien mußten die Ortsbehörden den mit kaiserlichen Pässen versehenen Personen Gäule stellen. Ein solches zur Beförderung

---

1) Meringer allerdings in den Indogerm. Forsch. 18 (1905), S. 259 hält *parcus* für ein altes lateinisches Wort, das im Volke fortlebte mit der Bedeutung ‚Zaun, Hürde'; es sei eine Ableitung von *parcere*, das ursprünglich bedeutet habe ‚eine Hürde machen', dann schonen, sparen.

auf Nebenlinien gestelltes Roß hieß gr.-lt. *paraverēdus* von παρά neben. Diese im römischen Reich im 4. J. n. Chr. ausgebildete Einrichtung übernahmen dann die merowingischen Könige und allmählich auch die geistlichen und weltlichen Territorialherren, so daß dies Servitium von immer mehr Personen beansprucht, und die Stellung der paraveredi zu einer ständigen, selbstverständlich unangenehm empfundenen Last der Untertanen wurde. Auf diese Weise wurde das Wort im üblen Sinne volkstümlich und so lange umgeformt, bis es dem Munde des gemeinen Mannes, der darunter zu leiden hatte, bequem war: *pferifrid*, *pferfrit*, *pferit* (von der gekürzten mlt. Form *paredrus*) Pferd, daneben erschienen auch Formen mit *l*: *palefred*, *paledrus* (vgl. fr. *palefroi*). Das Geschlecht des neuen Lehnwortes wurde von Roß bestimmt. Natürlich stellte man zu dem Postdienst nicht die besten Tiere. Daher haftete dem Worte ursprünglich der Begriff des Minderwertigen an. Auch im späteren Mittelalter bezeichnet Pferd nie das Streitroß, sondern nur das gewöhnliche Arbeits- und Reittier. Da die geringwertigen Pferde aber zahlreicher sind als die edlen, besonders bei den kleinen Leuten, so drängte das Wort die älteren Ausdrücke Mähre (S. 49), Roß, ehu erheblich zurück und wurde in Nord- und Mitteldeutschland sogar zum Gattungsnamen.

Etwa gleichzeitig mit dem Pferde ist der Zelter zu uns gekommen, ahd. *zeltāri*, der auf ein spanisch-iberisches Wort *thieldo* zurückgeht, das Plinius (8, 67, 1) als Bezeichnung einer Art im Paßschritt laufender asturischer Pferde anführt. Daher mhd. *zelten* den Paßgang gehen. Die Endung *-âri* hat das deutsche Wort wohl durch das lt. *tolutarius*, Paßgänger (Seneca ep. 87, 10) erhalten, welches früher irrtümlich als Quelle des deutschen Wortes angesehen wurde. Die Gangart dieser Tiere war wiegend und sanft. Sie waren daher besonders für Frauen, Geistliche und ältere Leute geeignet.

Ein neues Haustier, das in den Jahrhunderten der Völkerwanderung aus dem Süden nach Nordeuropa gelangt ist, ist die Hauskatze.[1] Diese stammt nicht etwa von unserm jetzt leider ausgerotteten Wildkater. Die alten Germanen hatten bei weitem nicht die zur Zähmung eines so scheuen Tieres nötige Geduld. Es ist vielmehr die nubische Falbkatze, deren Zähmung in prähistorischer Zeit äthiopischen Stämmen gelungen ist. Um 2000 v. Chr. wurde das Tier nilabwärts nach Ägypten gebracht, wo es göttlich verehrt und sorgfältig gehegt und gepflegt wurde.[2] Diese heilige ägyptische Katze lernten die Römer um 100 v. Chr. kennen[3], es dauerte aber lange, bis sie in Italien selbst eingeführt wurde. Bekannt ist, daß man in den

---

[1] Die Vorgeschichte der Katze ist behandelt von O. Keller in den Mitteilungen des deutschen archäologischen Instituts in Rom 1908, S. 40—70. Nehring bei Hehn[8] 473. Blankenhorn in der Z. f. d. W. 11, 312ff.

[2] Darüber berichtet Herodot II, 66, der die Katze *αἴλουρος* nennt.

[3] Sie wird erwähnt als *felis* von Ov. met. V, 330. Plin. nat. hist. 10, 202. Seneca ep. 121.

Ruinen von Pompeji Reste aller übrigen Haustiere, aber keine Katzenknochen gefunden hat. Es gab also damals dort noch keine Katzen.[1] Die erste, freilich noch zweifelhafte Erwähnung des Tieres auf italischem Boden finden wir erst im 4. J. bei dem landwirtschaftlichen Schriftsteller Palladius (300 bis 350), der 4, 9, 4 empfiehlt contra talpas catos frequenter habere in mediis carduetis (Artischokengärten), was freilich durchaus nicht klar ist; denn Katzen fressen keine Maulwürfe, schon deswegen nicht, weil sie sie nicht kriegen. Etwa gleichzeitig, bei Ausonius (309 bis 392), erscheint *felis* zum letzten Male in der Bedeutung Marder. Der Name *catus* oder *cattus* läßt sich erst um 600 mit Sicherheit nachweisen.[2] Er soll nach Hehn (S. 469) der Volkssprache entlehnt sein und eigentlich das Tierchen, das Junge bedeuten. Das Wort findet sich in allen europäischen Sprachen und erscheint im ahd. als *chazza* mit Lautverschiebung, dazu das nichtverschobene *chataro*, Kater[3] mit demselben

---

1) Das Bild einer Katze auf einem pompejanischen Wandgemälde beweist nicht, daß die Katze dort einheimisch war. Auch ausländische Tiere wurden abgebildet.
2) Schrader bei Hehn⁸ S. 474.
3) Schon Hildebrand machte im Deutschen Wörterbuch s. v. Katze (Sp. 290) auf eine Stelle des Militärschriftstellers Vegetius (um 390) 4, 15 aufmerksam: vineas dixerunt veteres, quas nunc militari barbaroque usu vocant cattos. Er sieht darin unser „Katze"; der Vergleichungspunkt mit den Laufhallen sei die schleichende List (ähnlich sind musculus, cuniculus ursprünglich Tiere, dann Kriegsmittel). Schrader (Reallexikon 413 und bei Hehn⁸ S. 475) schließt aus dieser Stelle, daß das Wort ursprünglich kelto-germanisch war und aus dem Germanischen erst, wie der Name des Marders,

Suffix wie in Marder, Ganser, Tauber. Vielleicht hat die Katze ihre schnelle Ausbreitung außer der Vermehrung der Mäuse infolge des gesteigerten Ackerbaus dem Auftreten eines bis dahin unbekannten, gefräßigen Nagetiers zu verdanken, der Ratte, *rato, ratta*, welche zur Zeit der Völkerwanderung im Gefolge hunnischer Völker Europa von Osten her überschwemmte. Die

---

Dachses und Bibers, ins Spätlateinische, Romanische und die übrigen Sprachen Europas gedrungen sei. Natürlich bedeutete *cattus* dann ursprünglich die Wildkatze, und die in den romanischen Süden einbrechenden Germanen hätten dann diesen Namen der Hauskatze, die sie dort vorfanden, beigelegt. Ich gestehe, daß mir — abgesehen von der großen Unsicherheit der Lesart — nicht recht einleuchten will, daß die aus Nordostafrika stammende Hauskatze in Italien gerade den Namen bekommen haben soll, mit dem die germanischen Söldner des kaiserlichen Heeres ihre heimischen Wildkatzen benannten. Auch ist schwer denkbar, daß es bei Einbruch der Germanen in Italien noch an der deutlichen Bezeichnung eines mit dem Menschen zusammenlebenden Haustieres gefehlt habe, das sich zudem von Wiesel und Marder doch ganz scharf und jedem Kinde sichtbar unterschied. Schrader versteht nicht, wie auf romanischem Boden plötzlich ein vorher nicht vorhandenes catus aus catulus erwachsen konnte. Allein das Diminutivum catulus setzt doch mit Notwendigkeit ein Stammwort catus voraus, welches in der Volkssprache neben dem häufigeren Diminutivum fortbestanden haben kann. Wir sprechen heutzutage auch kaum noch vom ‚Frett‘, sondern nur vom ‚Frettchen‘, das ältere ‚Veil‘ ist vor ‚Veilchen‘ zurückgewichen, und das niederdeutsche ‚Küken‘ hat sein Stammwort im Deutschen ganz verloren. „In der Sprache ist die Tendenz zu beobachten, ursprüngliche diminutive Begriffe zu Gattungsnamen zu erweitern" (Palander, Die ahd. Tiernamen 6). Auch kann anderseits sehr wohl aus einem vermeintlichen Diminutivum ein neues Simplex erwachsen; vgl. unten S. 212 coca aus cocula. — Nach Kauffmann, Altertumskunde S. 313 ist *cattus* keltisch und aus dem Gallischen sowohl ins Lateinische wie ins Germanische gedrungen.

Etymologie des Namens steht nicht fest. Doch ist die Quelle des deutschen Wortes wohl das it. *ratto*, fr. *rat*, und dies wieder ist möglicherweise nichts anderes als das Adjektivum *ratto* ‚flink‘ aus *rapidus*.[1]

Auch ein neues Wild muß schon in dieser Periode nach Deutschland gekommen sein. In italienischen Tiergärten tauchte nämlich im 3. J. ein zwischen Rotwild und Renntier stehender Hirsch auf, der durch seine bunten Farben, seine liebenswürdige Zutraulichkeit und seine rasche Anpassung an das Leben im geschlossenen Gehege sich wie keine zweite Hirschart dazu eignete, Zier- und Parkwild zu werden. Die Römer bezeichneten das aus Nordafrika in Italien eingeführte Tier mit dem Namen dama, der für zierliche Jagdtiere von ähnlicher Beschaffenheit und Größe, wie Antilopen und Gemsen, bereits üblich war. Auf scharfe Scheidung der Arten und Gattungen sah man damals nicht so wie heute. Mit diesem Namen wurde das schöne Wild dann auch in die Parke und Jagdgründe römischer Großgrundbesitzer in Gallien überführt und drang bei seiner guten Akklimatisationsfähigkeit immer weiter nach Norden und Osten vor; jetzt ist es nicht nur in England überaus häufig, sondern auch in Dänemark; Südschweden, ja in Norwegen anzutreffen. Seinen lateinischen Namen hat es überall behehalten: ahd. *tâmo*

---

1) Hirt-Weigand[6] hält Ratte wegen der Nebenform Ratze für echt germanisch. Diese kann aber leicht eine Analogbildung nach Katze sein. Ratzen und Katzen gehören zusammen.

und *tâm*, agſ. verkürzt *dū*, däniſch *daa*. Die Romanen verwandelten *m* in *n* it. *daina*, fr. *daine*, woher dann mhd. *tenisch*, Leder aus der Haut des Tieres, und im 16. J. Tänlein, Denbock. Allgemein durchgedrungen ist aber die lateiniſche Form: Damhirſch[1], Dambock, Damwild.

Auch eine aus Gallien ſtammende Hunderaſſe kam den Jagherren zu ſtatten. Schon Arrian (de ven. 3, 4) erwähnt κύνες Ἐγούσιαι, die von einem keltiſchen Volke den Namen hätten. Gemeint ſind die Segusiavi, in der Nähe des heutigen Lyon.[2] Die Kelten ver= ſtanden ſich gut auf die kunſtgerechte Jagd und die Abrichtung von Spürhunden; die canes *segusii* müſſen als Jagdhunde einen hervorragenden Ruf genoſſen haben. Sie gingen nicht nur in die romaniſchen Sprachen (it. *segugio*) über, ſondern auch ins Ahd. als *siuso*, *siusi*, *sûse*. Mit ihnen wurden nach den alt= germaniſchen Volksrechten, in denen ſie *segutii* oder *siusii* heißen, nur ursi, bubuli (Wiſente und Ure) und ſonſtiges großes Wild gejagt.[3]

Auch unſer Windhund ſcheint galliſchen Urſprungs zu ſein. ‚Hund‘ oder ‚Spiel‘ iſt natürlich nur ver= deutlichender Zuſatz, und Wind iſt wohl eine Ent= ſtellung des gall.=lt. *vertrāgus* Windhund, das in der

---

1) Daß man vielfach Dammhirſch in Anlehnung an Damm ſchrieb, iſt begreiflich. Weniger, daß noch in neuen wiſſenſchaftlichen Werken Damwild als „Wild der Damen" erklärt wird.
2) Suſa in Piemont hängt wohl nicht damit zuſammen.
3) Palander 34. S. auch II[2] 139 A.

Lex salica zu *veller* gekürzt ist, it. *veltro*. Aus *veller* konnte mit volkstümlicher Anlehnung an ‚Wind, windschnell‘ *winder* und weiter ahd. *wint* werden.[1]

Strittig ist die Frage, woher der Name des Jagdvogels Falke ahd. *falco* stammt, und die damit zusammenhängende, ob die Falkenjagd in Deutschland oder auf romanischem Gebiet ausgebildet worden ist. Diejenigen, die für deutschen Ursprung sind, berufen sich auf Eigennamen wie *Falco Falchorarii* und leiten das Wort entweder von ‚fahl‘, also von der Farbe oder von ‚fallen‘ her.[2] Das deutsche Wort sei dann von den romanisierten Kelten entlehnt worden. Die Germanen — so schließt man weiter — hätten die neue Kunst kurz vor dem Beginne des 4. J. bei sich ausgebildet oder von außenher, aber nicht von den Kelten, übernommen.[3] Beide Etymologien befriedigen indessen kaum, weil sie das *k* nicht erklären. Kluge bleibt daher[4] bei der älteren Herleitung des

---

1) So Kluge s. v. Diese Entstellung von *reller* zu *wind* ist jedenfalls nicht so stark wie die von Kinematograph zu Kientopp.
2) Baist in der Zeitschr. f. d. Altertum 27, 55 zitiert: accipitres praedas persequuntur, falcones ab alto feruntur. Vgl. auch Körting 3593.
3) Schrader bei Hehn[8] 381.
4) Auch in der 7. Auflage. Ebenso Suolahti, Vogelnamen 327. Seltsamerweise stützt sich auch Kluge auf Eigennamen, aber gerade auf ihr Fehlen. Der Falke spiele unter den germanischen Eigennamen längst nicht eine so große Rolle, wie der Adler (Arnold), Bär (Bernhard) und Wolf (Wolfgang). Das Auftreten des Namens *Falco* bei Langobarden und Westgoten falle wenig ins Gewicht.

spätlt. *falco* aus *falx*, wonach der Vogel wegen seines krummen Schnabels Sichelträger genannt worden ist.

Was endlich den Fischfang betrifft, so war derselbe den Germanen zwar von Hause keineswegs unbekannt — das beweisen schon die altheimischen Fischnamen und Wörter, wie Angel, Netz, Hamen — aber von Auswahl und kunstreicher Zubereitung war keine Rede. Man kochte einfach alles, was man gefangen hatte. Erst durch die römisch-gallische Klosterküche lernten die Deutschen den hohen kulinarischen Wert guter Fischspeisen kennen. Die römische Gourmandise hatte sich ja mit Vorliebe gerade auf kostbare, pikante Fischgerichte geworfen, so daß schon der alte Cato klagte, ein Fisch sei jetzt teurer als der Pflugstier. Es traten nun einige Fische als speziell für die Herrentafel geeignet vor der Masse der übrigen hervor und erhielten als Speisefische die vornehmen lateinischen Menübenennungen. So vor allem der Rheinlachs, der nun als Salm, ahd. *salmo* aus gall.-lt. *salmo* (fr. *saumon*) serviert wurde; sein Abkömmling ist der kleine Sälmling, Sälbling oder Saibling; bemerkenswert ist, daß Salm nur im Süden und Westen auf altem Römergebiete festgewurzelt ist, während in Norddeutschland Lachs herrschend blieb. Ferner die Lamprete, ahd. *lamprêta*, auch umgedeutet zu *lantprîda*, *lantfrida* aus mlt. *lampreta* ‚Steinlecker‘ von *lambere* und *petra*, weil sich der Fisch mit dem Maul an Steine anzusaugen liebt. Die Angelsachsen nahmen auch für die Forelle das lt. *tructa* als *truht* mit

hinüber. Fortschritte in der Technik des Fischfangs bezeugen Entlehnungen wie ahd. *segina*, ags. *segne* aus lt. *sagena* Schlagnetz, *peskôn* aus *piscare* mit dem Köder fangen, *pfulsen* aus *pulsare* das Wasser schlagen, um die Fische ins Netz zu treiben. — Daß Fischfang und Fischgenuß in christlicher Zeit einen ganz ungeheuern Aufschwung nehmen mußte, liegt auf der Hand, weil die Kirche den Fleischgenuß an Fast=
tagen streng untersagte, Fische dagegen gestattete.

Kapitel X.

Handwerk und Hauswirtschaft. Körperpflege.

—

Neben der Vieh= und Ackerwirtschaft sind nunmehr Wein=, Garten= und Obstbau Nahrungsquellen und Beschäftigungen der westlichen und südlichen Deutschen geworden. Handwerk, Gewerbe und städtisches Leben standen noch in den Anfängen und schlossen sich zunächst an die Römerstädte und Grenzkastelle an. Das Handwerk wurde teils von den Bauern selbst, um den eigenen Bedarf zu decken, teils von unfreien Leuten im Dienste eines Herrn betrieben. Die Technik des Handwerks übernahmen die Germanen vollständig von den Römern. Spätrömische Werkzeuge des 3. und 4. J. sind an verschiedenen Stellen in ziemlichen Mengen gefunden worden. Bemerkenswert ist z. B. der Kollektivfund von der Heidenburg in der Pfalz, der sich jetzt im Museum zu Speyer befindet, besonders aber die reiche Sammlung des Saalburgmuseums, die aus den Limeskastellen des Taunus stammt. Schon eine flüchtige Betrachtung der hier ausgestellten römischen Zimmer= und Tischlerwerkzeuge zeigt, daß diese von unseren modernen sehr wenig verschieden sind. Die Hämmer,

Stemmeisen, Locheisen, Holzmeißel, Fuchsschwänze, Sägeblätter, Ambosse, Lineale, Zirkel, Hobel, auch die Sensen und Sicheln jener Zeit sehen fast wie unsere aus. Nur bei den Bohrern ist ein Fortschritt eingetreten, der aber auch erst seit anderthalb Jahrhunderten nachweisbar ist.[1] Aus diesen Funden geht also mit Sicherheit hervor, daß unsere Handwerkstechnik auf dem Boden der römischen erwachsen ist, daß wir auch in dieser Hinsicht die Erben des großen Kulturvolkes geworden sind. Allein in der Sprache ist der Niederschlag dieser Entwicklung geringer als man, nach der Menge der Lehnwörter auf andern Gebieten zu urteilen, annehmen sollte. Der Grund ist offenbar der, daß die Germanen die wichtigsten und unentbehrlichsten Handwerkstätigkeiten schon vor ihrer Bekanntschaft mit den Römern auszuüben verstanden, daß sie auf diesem Gebiete nicht etwas schlechthin Neues erhielten, sondern nur allerhand nützliche Verbesserungen der Werkzeuge und der Handgriffe. Darum konnten sie die heimischen Gewerkausdrücke zum größten Teile auch für die neue Technik beibehalten.

Dagegen hat das römische Handwerk seltsamerweise die deutsche Wortbildung um ein wichtiges

---

1) Vgl. Mehlis in der Berliner philol. Wochenschrift 1894, S. 476. — „Die römischen Eisengeräte zeigen eine so wunderbare Übereinstimmung mit den heute gebräuchlichen, daß es schwer ist, den Ortsbewohnern den antiken Ursprung der Funde glaubhaft zu machen." Kramer, Monatsschr. f. höhere Schulen 1910, 663. Derselbe, Deutschland in römischer Zeit 159. Kauffmann, Altertumskunde 497.

Suffix bereichert, das bis auf den heutigen Tag eins der lebenskräftigsten Ableitungs= und Wortbildungs= mittel geblieben ist, das wir besitzen, das Suffix =er aus lt. -*ārius*.[1] Es erscheint schon im Gotischen als -*areis*, aber nur siebenmal, nämlich in vier gelehrten Buchwörtern: *bōkareis* Schriftgelehrter, *laisareis* Lehrer, *sōkareis* Sucher, Forscher, *daimōnareis* Besessener, und außer diesen in *liuthareis* Sänger, *mōtareis* Zöllner und *wullareis* Tuchwalker. Das letzte zeigt uns die Ein= wirkung des römischen Handwerks. Wie nämlich lt. *lanarius* von *lana*, so ist *wullareis* von *wulla* Wolle abgeleitet, also eine Nachbildung der lateinischen Hand= werksbezeichnung. Ebenso ist *mōtareis* eine Nachbildung von *tolonarius* (S. 90). Wir treffen also in diesen go= tischen Wörtern zum ersten Male auf die Erscheinung, daß an einen einheimischen Wortstamm ein fremdes Suffix gehängt wird, eine Erscheinung, die später eine so große Ausdehnung gewonnen hat (Hornist, Kneipier, gastieren, vgl. IV, 78 ff.). In den übrigen germanischen Sprachen wurde das $\bar{a}$ des lateinischen Suffixes zunächst verkürzt, jedenfalls infolge des deut= schen Stammsilbentons.[2] Das Suffix lautet daher

---

1) Daß das Suffix =er ein Lehnsuffix ist, wird jetzt allgemein anerkannt. Sütterlin, Geschichte der nomina agentis im Germanischen (1887), 78. Wilmanns, Deutsche Grammatik (1896) II, 282. Kluge, Vorgeschichte der alt= germ. Dialekte² 354.
2) Das *a* in got. -*areis* könnte an sich lang sein, da got. *a* sowohl *ă* wie *ā* bezeichnet. Da aber die übrigen Sprachen zunächst *ă* haben, so ist es auch wohl im Gotischen kurz gewesen. Wilmanns II, 283.

im Ahd. -*ari*, -*eri* oder auch -*iri*, altf. -*eri*, agf. -*ere*. Bald aber trat neben -*ari* unter erneuter Einwirkung jüngerer lateinischer Lehnwörter das lange -*âri*, das dann als -*âre*, -*œre* die Überhand gewann, bis der fortschreitende Verfall der Endungen beim Übergang vom Mhd. zum Nhd. die jetzige Form -*er* hervorrief.

Anstoß zum Eindringen dieses Suffixes gaben also die lateinischen Gewerkswörter wie *monetarius*, ahd. *munitzari*, altf. *muniteri* Münzer, *molinarius*, ahd.= altf. *mulinari* Müller, *plumarius*, ahd. *phlûmari* Brokatweber, *tolonarius*, ahd. *zolanari*, agf. *tolnere* Zöllner, *gemmarius*, ahd. *gimmari* Edelsteinarbeiter, *macellarius*, *mezzilari* Metzger u. a., nach denen dann deutsche nomina agentis gebildet wurden wie *mûrari* Maurer, *jagari* Jäger, *fiskari* Fischer, *gartari* Gärtner. Diesen Handwerksbenennungen folgten Herkunftsbezeichnungen von Orten: *Rômari*, *Bernære* usw. Auch neue Tiernamen wurden mittels dieses Suffixes gebildet: *soumari* Saumtier, *zeltari* Zelter und besonders merkwürdig *olbentari* (statt *olbanta*, S. 54) nach *dromedarius*. Neben dem Personen bezeichnenden maskulinen Suffix -*arius* steht das neutrale Suffix -*arium* mit sächlicher Bedeutung. Auch dies wurde deutsch zu -*ari*, im Genus aber infolge des Gleichklangs zum Maskulinum. Wir sagen der Söller, Weiher, Speicher, Keller usw. für die lt. Neutra solarium, vivarium, spicarium, cellarium. Auch dies Suffix erscheint schon im Gotischen, und zwar zur

Bezeichnung eines Gegenstandes, der den Germanen erst durch die Römer bekannt wurde (S. 190), nämlich *wangareis* Wangenkissen.[1] Auch in den übrigen germanischen Sprachen dient dies Suffix zur Bezeichnung neuer Geräte, zunächst in Lehnwörtern: *bechari* Becher, *trahtari* Trichter, *mortari* Mörtel (II[2] 58), dann auch an deutsche Wortstämme gehängt: *wangari, gertari* Gartenmesser, Hippe, *seigære* Wage, Uhr, *liuhtære* Leuchter, *strælære* Kamm.[2]

Dies aus *-arius* und *-arium* zusammengeflossene Lehnsuffix *-âri, -ære, -er* erweiterte sich dann im Verlauf der sprachlichen Entwicklung durch Verbindung mit vorangehenden Konsonanten zu neuen produktiven Bildungen.[3] Durch Verbindung mit stammhaftem *n* in Wörtern wie *mulin-âri (molinarius), mesin-âri (mansionarius* II[2] 8), *lugin-âri* Lügner, *hafan-âri*

---

1) Wenn got. *aurali* Schweißtuch von lt. *orarium* herstammt, so liegt hier eine volkstümliche Umbildung des Suffixes vor; es geht aber wohl auf ein allerdings nicht belegtes *orale zurück.

2) Auf ein schon vorhandenes deutsches Suffix *-il* (Wilmanns II, 261—262) haben lateinische Lehnwörter auf *-ellum, -illum, -ula* in hohem Maße verstärkend gewirkt (Wilmanns II, 267). Nach Analogie von lateinischen Gerätbezeichnungen wie *seamil* Schemel *(scamellum), flegil* Flegel *(flagellum), wirtil* Wirtel *(vertellum)* hängte man *-il* an deutsche Wortstämme, um Geräte zu bezeichnen, die von den Römern übernommen waren: *wurfil* (Würfel), *meizzil* (Meißel), *leffil* (Löffel); auch *sluzzil* ist eine deutsche Neubildung. — Kauffmann, Altertumskunde 475. Kluge, Vorgeschichte der altgerm. Dialekte[2] 354. Wollermann, Studien über die deutschen Gerätnamen (Göttinger Dissertation 1904).

3) Wilmanns, Teutsche Grammatik II, 293.

Hafner entstand eine jüngere Form -*nâri* oder -*inâri* z. B. *sculdinâri* Schuldner, *gartinâri* Gärtner neben *gartari*, *klôs-enære* Klausner, *bild-enære*, Gleisner, Glöckner. Ebenso wuchs stammhaftes *l* in Wörtern wie *vogalari* Vogler, *videlære*, *goukelære*, *giselære*, Zweifler, Händler, Wechsler mit -*ære*, -*er* zu der Neubildung -*lære*, -*ler* zusammen: *dörfeler* Dörfler, Tischler, Häusler, Gegenfüßler, Zünftler, Ausflügler usw. So ist dies Lehnsuffix das triebkräftigste von allen deutschen Suffixen geworden, die zur Bezeichnung handelnder Personen dienen. In der mhd. Literatur gibt es reichlich 2200 Wörter mit diesem Suffix[1], im Nhd. kann so ziemlich von jedem Verbum ein Substantiv auf -*er* gebildet werden zur Bezeichnung der die Tätigkeit ausübenden Person.

Von eigentlichen Lehnwörtern sind, wie gesagt, auf dem Gebiete des Handwerks nicht eben viel zu nennen. Die alten Germanen hatten, wie die Schweizer im „Tell", weder Schloß noch Riegel (s. II[2] 62) an den Türen. Der zunehmende Besitz an allerhand Wertgegenständen machte allmählich das Verschließen der Haustüren immer notwendiger. Die römische Kultur gab das Mittel dazu und brachte der Sprache das Verbum *excludere*, *(es)cludere*, nd. *slûtan*, ahd. *sliozan*, schließen, wovon dann weiter alts. *slutil*, ahd. *sluzzil* Schlüssel gebildet wurde. Und in der Tat ist bis jetzt auf germanischem Boden noch nirgends ein Schlüssel

---

1) Sütterlin, Gesch. der nomina agentis S. 97.

aus vorrömischer Zeit gefunden worden.[1] Die Präposition *ex* erklärt sich daraus, daß der Schlüssel ursprünglich nur dazu diente, den Zugang zu etwas abzusperren, also ein Schloß an der Außenseite einer Tür oder einer Truhe voraussetzte.[2] — Die Kunst, das Eisen zu härten, haben die Germanen jedenfalls zugleich mit dem Eisen selbst von den Kelten (S. 45) erhalten, da Werkzeuge aus ganz ungehärtetem Eisen kaum zu brauchen sind.[3] Sie nannten gehärtetes Eisen mit einheimischem Ausdruck *stahal*, Stahl. Doch verstanden sie sich nur auf eine oberflächliche Stählung. Erst durch die Römer und an römischen Waffenstücken lernten sie, wie man das Eisen in harten Stahl verwandelt. Zeuge dieser Kulturerrungenschaft ist die Übernahme des mlt. von *acies* abgeleiteten *aciale* als ahd. *ecchil*, das sich gegen das einheimische Wort indessen nicht zu behaupten vermochte.

Einen wesentlichen Fortschritt für die Volksernährung bedeutete die Einführung mechanischer Mühlwerke. Bis dahin zerkleinerten die Germanen das Brotkorn auf einfachen Handmühlen, die von Unfreien oder von

---

1) Kauffmann, Altertumskunde 474.
2) Die oben gegebene Herleitung von ‚schließen' ist zuerst aufgestellt worden von Heyne, Das deutsche Wohnungswesen 31 f. Ihm stimmt bei Much im Anzeiger für deutsches Altertum XXVIII, S. 312. Über die Verwandlung des *d* in nd. *t* (hd. z) f. ebenda, und Kossinna, Festschrift für Weinhold 40. Solange die Germanen *d* zwischen Vokalen noch wie *dh* sprachen, mußten sie lateinisches *d* in dieser Stellung zu *t* machen. Kluge und Hirt-Weigand[5] halten schließen nicht für entlehnt, sondern für urverwandt mit *claudere*.
3) Schrader, Reallexikon 795. Diez s. v. *acciajo*.

den Frauen und Kindern gehandhabt wurden; eine solche Handmühle hieß got. *quaírnus*, ahd. *quirn, quern, kurn*. Es war täglich eine unendliche Summe Arbeit erforderlich, das nötige Quantum Getreide in Mehl zu verwandeln, und es mußte einem jeden die riesige Ersparnis an Arbeitskraft einleuchten, welche die Römer durch geschickte Ausnutzung der Kräfte des Wassers zu erzielen wußten. Künstliche Wassermühlen gab es bereits im 4. J. an der Mosel und ihren Nebenflüssen. Der Dichter Ausonius sagt (Mosella 362): ille (der Erubris, Ruwer, der gegenüber dem Celbis, Kyll, unterhalb Trier mündet)

Praecipiti torquens cerealia saxa rotatu
Stridentesque trahens per levia marmora serras
Audit perpetuos ripa ex utraque tumultus.

Es wurde also das Gefälle des Baches sowohl zum Drehen der Mühlsteine für das Getreide als auch zum Zersägen des blauen Moselschiefers benutzt. Der spätlateinisch-romanische Ausdruck für solche Wasserwerke war *molinae*, wovon fr. *moulin*. Daraus wurde im ahd. *mulin*, agf. *müln*, mhd. *müline mülne*, daneben mit Abfall des *n muli*, *müle*, Mühle. Das Wort ist also nicht, wie man auf den ersten Blick glauben könnte, das zu ‚mahlen‘ gehörige Substantivum, sondern wie das *n* deutlich zeigt, Lehnwort, das indessen bald auch auf die alten Handmühlen übertragen wurde. Von diesen beiden Arten der Mühlen leitet sich eine zwiefache Reihe von Personenbezeichnungen her. *Quern* ist in dem Ortsnamen Kirn erhalten, sowie in den Eigennamen Querner, Kerner, Körner, die also Müller bedeuten, vom lt. *molinarius* kommt *mulinâri*, Müllner, her, woraus erst seit dem 14. J. durch Ausgleichung Müller oder in niederdeutscher Form Möller, Moller geworden ist.

Das feine Weizenmehl, wie es durch die neuen Mühlen mittels Sieben und Beuteln hergestellt wurde, hieß in der Sprache der römischen Müller *simila* (gr. σεμίδαλις); wie in die romanischen Sprachen (it. *semola*, fr. *sémoule*), ging dies Wort mit der Verfeinerung des Müllergewerbes ins Deutsche über, ahd. *simila*, *semala*, mit verdeutlichendem Zusatz *semalmelo*, Semmelmehl. Das Wort bekam dann mlt. und danach auch ahd. auch die Bedeutung: aus Weizenmehl hergestelltes Gebäck, Semmel. Denn zur Kunstmüllerei gesellte sich bald die Kunstbäckerei. Deren Hauptprodukt war das Gebäck, welches die romanischen Nachbarn *coca* nannten. Das Wort gehört zu der überraschend großen Zahl von Schößlingen, welche das lateinische aus dem griechischen κοχλίας stammende Wort *cochlea* Schnecke getrieben hat. Dieses entwickelte sich durch *cocla* zu *cocula*, welches als Deminutivum empfunden wurde und daher ein *coca* erzeugte.[1]

---

1) Die im Text gegebene Erklärung des Wortes „Kuchen" rührt von Schuchardt her in den Romanischen Etymologien II, 23—25, Sitzungsb. der Wiener Akademie 1899, und scheint mir durch den großen Zusammenhang langer Wort- und Bedeutungsreihen, in den sie dort hineingestellt worden ist, gesichert zu sein. Doch will ich nicht unterlassen, noch andere Erklärungen anzuführen. Körting im lateinisch-romanischen Wörterbuch leitet *coca* von *coquere* kochen ab. Kluge

Unter anderen Bedeutungen erhielt diese scheinbar ursprüngliche Neubildung die eines schneckenförmig gewundenen, süßen und wohlschmeckenden Gebäckes, ähnlich wie *spira* und *torta* (Kringel, Torte). Die Deutschen nahmen es gern an und gebrauchten es nicht nur für schneckenförmigen, sondern für jede Art Kuchen, ahd. *kuocho* Aus *coca* entwickelte sich dann weiter *cocania*, fr. *cocagne*, mit der Bedeutung eines Märchenlandes, in dem es nur Kuchen gibt.

Solches Gebäck herzustellen verstand aber zunächst nur der mit der römischen Technik vertraute, in fränkischen Klöstern angestellte *pistor* (von *pinsere* stampfen), der ahd. zu *pfistur* wurde und noch jetzt im bayrischen Dialekt und als Eigenname Pfister fortlebt, seine Werkstatt hieß *pistrina*, ahd. *pfistrina*, bayrisch noch heute ‚die Pfister'. Es hing bei diesem Worte wohl nur an einem Haare, daß es zum herrschenden wurde; man sieht gerade hier recht deutlich den schweren Ringkampf zwischen den heimischen und römischen Kunstausdrücken.

---

verwirft dies und nimmt ein altgermanisches Kinderwort *koko* an, gebildet wie Papa, Mama (Neue Jahrbücher für Phil. und Päd. 1901, 694). Gutmann (Revue de linguistique 44, 69 ff.) und Feist (Indog. 248) erklären es für vorindogermanisch (S. 20) wegen baskischen *kōka* Fladen und esthnischen *kōk* Kuchen. Doch ist ersteres wohl erst aus dem Romanischen (katalon. *coca*, provenz. *coco*), letzteres aus dem Germanischen entlehnt. — Ein anderes Gebäck ist ahd. *fochanza* Kuchen, Weißbrot. Es lebt noch jetzt in Oberdeutschland als Fochez, Fogatz fort und ist mit voller Lautverschiebung vom mlt. *focatia* (zu *focus* Herd) gebildet worden, bedeutet also zunächst einen in der Asche des Herdes gar gebackenen Brotkuchen. Vgl. Schrader bei Hehn[3] S. 566. Heyne, Nahrungsw. 268.

In der Müllerei siegte der fremde, und der heimische lebt nur noch zum Eigennamen erstarrt fort, in der Bäckerei behauptete der heimische zuletzt das Feld gegen den vornehmeren Frembling, und dieser erscheint, wenigstens in der Schriftsprache, nur als versteinerter Eigenname. Natürlich hat auch der deutsche Ausdruck eine ganze Reihe von Eigennamen gezeugt: Bäcker, Becker, Becke, Beck, Boeckh.

Die Fußbekleidung der Germanen fand Bereicherung durch Socke, *soc* aus *soccus*[1], das ursprünglich einen bequemen Schlüpfschuh, dann auch einen Kurzstrumpf bezeichnete, und Sohle, *sola* aus *solea* oder vulgärem *sola*, wovon schon got. *sulja*.[2] Das Wort bedeutet zunächst Sandale, dann Pantoffel und wird erst später auf die heutige Bedeutung eingeengt. — Was die Kleidung betrifft, so gab es eine Anzahl Lehnwörter, die später wieder aus der deutschen Sprache verschwunden sind: *menihha* aus *manica* Ärmel, *phellôl* und *pfelli* aus *palliolum* und *pallium* seidenes Gewand, *tunicha*, agf. *tunuce* aus *tunica* Untergewand, das got., ahd. und agf. erscheinende *saban* aus gr.=lt. *sabanum* feine Leinwand, Tuch, so benannt von Saban bei Bagdad, *serih* aus *sericum* Seide, agf. auch *cemes*

---

1) Lt. *soccus* ist ein Lehnwort aus gr. σύκχος, das wiederum in einer orientalischen Sprache seine Quelle hat.

2) Heyne, Körperpflege 265 f. Auch das lt. *caliga* erscheint schon im ältesten Ahd. als *chelisa*, *kalizia* für eine feinere Art leichten Schuhwerks. Ein sonderbarer Ausdruck für Schuhe ist ahd. *suftelâra* aus *sublalares* (*fl* ist Lautsubstitution; s. S. 18) ‚bis an die Knöchel gehende Schuhe', agf. *swiftlere*.

aus *camisia* Hemd. Auch die erste Bekanntschaft des Schnupftuchs verdanken wir den Römern: got. *aurali* aus *orarium* oder *orale* Gesichtstuch (S. 208), agf. *orel*. Erhalten hat sich Schurz und Schürze, gekürztes Kleidungsstück, die mit dem ahd. Adjektivum *skurz* kurz, agf. *sceort* und dem engl. *shirt* Hemde auf vulgärlt. *excurtus* zurückgehen, wie agf. *cyrtel* Kurzkleid, wovon engl. *kirtle* Jacke auf *curtus*, über das zu vergleichen S. 125. Zum Bekleidungswesen kann man wohl auch rechnen stopfen, ahd. *stophôn*, md. *stoppôn*, agf. *stoppian* aus mlt. *stuppare* mit Werg füttern (vgl. it. *stoppare*, fr. *étouper*). Die Kunst des Spinnens war wie die des Webens bereits dem indogermanischen Urvolk bekannt. Aber das Werkzeug des Spinnwirtels ist nach Nordeuropa erst durch die Römer gebracht worden. In Deutschland sind frühere Funde von Spinnwirteln nur vereinzelt gemacht worden, weil in dem rauhen Klima des nördlichen Europas die Fell- oder Wollkleidung lange herrschend blieb. Man[1] sieht darum wohl mit Recht in Wirtel, mhd. *wirtil* ein lt.-rom. Lehnwort, dessen im provenzalischen *vertèl* fortlebende Quelle vulgärlt. *vertellum* gelautet haben mag; überliefert ist die erweiterte Form *verticillus*.

Nach Tacitus (Germ. 17) steckten die Germanen ihr Obergewand mit einem Dorn oder, wenn sie eine solche hatten, mit einer Spange zusammen. Für die letztere entnahmen sie dem Latein den Ausdruck *spinula*

---

[1] Schuchardt, Z. f. d. W. I, 67, führt Wirtel direkt auf das provenz. *vertèl* zurück. Vgl. auch Feist S. 231, A.

als *spenala*; *fibula* erscheint im Ags. als *fifle*.¹ Weitere Ausdrücke des Spinnens und Webens sind die nur im südwestlichen Deutschland gebräuchliche Kunkel, *chonachla*, *chuncula* aus mlt. *conucla* für *colucla*, Verkleinerungswort von *colus*, fr. *quenouille* Spinnrocken, und die zum Wollekrämpeln gebrauchte **Karde** oder **Weberdistel**, *karto* und *karta* aus *carduus*. Da dies Wort neben das heimische *zeisala* trat und dieses allmählich verdrängte, so ist anzunehmen, daß die ursprünglich nur wildwachsende Pflanze jetzt nach dem Vorbild der Romanen zu Weberzwecken angebaut wurde.² Auf verbesserte Wollarbeit deuten auch ags. *pihten* aus *pecten* Kamm und *fullere*, mhd. *vuller* aus *fullo* ‚Walker‘.

Der Einfluß der römischen Töpferei auf die germanische tritt schon im got. *aúrkeis*, aus lt. *urceus* ‚Krug‘ hervor, dessen Diminutiv *urceolus* im ahd. *urceol*, *urzel* ‚Becher‘ wiedererscheint; über Schaff, ahd. *scaph*, aus gr.-lt. *scapha* s. S. 102. Lt. *olla* ‚Topf‘ wurde ahd. *ûla*, das zwar selbst wieder verschwunden ist, aber in den Eigennamen **Auler**, **Euler**, **Ulner** (mit Fortbildungs-*n* wie in Kellner S. 209) noch fortlebt, die sich neben Töpfer, Hafner vornehmlich in den rheinischen Gegenden erhalten haben.³

---

1) Nhd. ‚Fibel‘ ist keine alte Entlehnung, sondern erst in neuester Zeit in die wissenschaftliche Sprache aufgenommen.

2) Heyne, Körperpflege 217.

3) In Bayern bezeichnet das ‚Öl‘ noch einen ausgehöhlten Stamm, der als Brunnenkorb gebraucht wird (Schmeller, Bayrisches Wörterbuch).

Der Aufschwung der Töpferei wurde gefördert durch die Einführung einer verfeinerten Kochkunst, die neue Gefäße nötig hatte. Die alten Germanen hatten, wie alle primitiven Völker, nur einen einfachen, groben Geschmack. Sie legten mehr Gewicht auf die Quantität als auf die Abwechslung und Zubereitung. Das wurde nun anders. Die germanischen Fürsten und Edlen lernten in den römisch-gallischen Villen und Klöstern die raffinierte römische Kochkunst kennen und führten sie in ihren Haushalt ein, um sich die Freuden der Tafel zu erhöhen. Zu diesem Zwecke mußten durchgreifende Änderungen in der Hauswirtschaft getroffen werden. Bisher war man gewöhnt, die Speisen auf der Feuerstätte im Wohnraum des Hauses zu bereiten. In den besseren römischen Haushaltungen und in den Klöstern war dagegen für die Bereitung der Speisen ein eigener Raum, nicht selten sogar ein besonderes Nebengebäude für die Bereitung der Speisen bestimmt, die hier mit ganz anderer Sorgfalt und unter Benutzung weit zahlreicherer Geräte vorgenommen werden konnte, als in dem allgemeinen Wohnraume. Diese Einrichtung übernahmen die vornehmen germanischen Haushaltungen zugleich mit der Besitzergreifung der römischen Häuser und Villen, und damit die lt. Bezeichnung *culina*, ags. *cyln*, oder — was damals häufiger war — *coquina* (eig. ‚auf Kochen bezüglich‘, dann speziell der Ort, wo gekocht wird) oder *cucina*, woher fr. *cuisine*. Im Hochdeutschen mußte daraus *kuchina* werden, Küche, in Mundarten noch jetzt Kuchen oder Kuchel. Die Angelsachsen nahmen das Wort als *cycene* übers Meer. Die Hausfrau selbst verstand sich nicht auf die neue, verfeinerte Art der Zubereitung. Die germanischen Edlen übernahmen daher mit der neuen Einrichtung auch die Wirtschaftsperson, die der Küche vorstand und berufsmäßig die Kunst der Speisebereitung ausübte, den *coquus*, vulgär *cocus*, woher agf. coc, ahd. *coch*, Koch. Die neue Kunst selbst unterschied sich von dem alten einfachen Verfahren hauptsächlich dadurch, daß die Speisen nicht mehr lediglich gesotten, sondern zugleich durch Schmälzung und Zusatz von Gewürzen schmackhafter gemacht würden. Der lt. Ausdruck dafür *coquere* wurde nun ebenfalls als *chochôn*, kochen übernommen; wo künstliche Zusätze nicht angänglich sind, wie bei Eiern, bedienen wir uns noch jetzt bezeichnenderweise gern des älteren Ausdrucks ‚sieden'.

Mit dem Koch und der Küche wurde natürlich auch die ganze Kücheneinrichtung übernommen, wie sie sich in den römisch=gallischen Hauswirtschaften vorfand. Die Ausstattung des altgermanischen Hauses mit Gefäßen und Geräten zur Herstellung der Speisen und zum Gebrauch bei den Mahlzeiten war natürlich sehr dürftig. Auf keinem Gebiete tritt die ursprüngliche Armseligkeit, der Mangel an Komfort vielleicht stärker zutage. Unsere geläufigen Ausdrücke auf diesem Gebiete — mit Ausnahme etwa von Topf, Napf, Kelle, Sieb und Quirl sowie der eigentlichen Eßwerkzeuge, Löffel und Messer (über Gabel f. S. 47) — sind sämtlich lateinisch=romanisch. Aus jener frühen Zeit stammen Pfanne, Kessel, Schüssel und Tisch. Pfanne, *pfanna*, ags. *panne*, stammt aus dem mlt. *panna = pannus* Tuch, dann, mit Metallreifen und Stil versehen, Abschaumlöffel in Ölpressen, dann ganz aus Blech oder Kupfer hergestellt, teils Maurerkelle, teils flache Schüssel zum Braten.¹ Von *pfanna* leitet man auch *pfenning* Pfennig ab und deutet das teils als pfannenförmig, wie die Brakteaten waren, teils als in der Pfanne gemacht; andere führen das Wort wegen der Nebenform *pfenting* auf ‚Pfand' zurück. Kessel, *chezzil*, schon got. *katils*, ags. *cytel*, aus lt. *catīnus* Schüssel mit Übergang des *n* zu *l* wie bei Esel (S. 113). Daneben findet sich aber auch *n* in ahd. *chezzin*, *chezzi*, noch jetzt alemannisch *chessi*.² Schüssel selbst, *scuzzila*, ags. *scutel*, ist lt. *scutella*, Demin. von *scutra*, *scuta* (fr. *écuelle*).³ Das Wort bedeutet in unserer älteren Sprache auch kleiner Tisch, wie anderseits Tisch eigentlich eine Schüssel bezeichnet. Das ahd. *tisc* wie das ags. *disk* haben noch beide Bedeutungen, Schüssel

---

1) Die obenstehende Bedeutungsentwicklung zeigt auch *mappa*, ursprünglich Tuch, Serviette, in it. Dialekten dann Schaumlöffel für Ölpressen. Vgl. Meyer-Lübke, Germ.-rom. Monatsschr. 1909, 641. — Heyne, Das altd. Handwerk 91, Kluge und Hirt-Weigand⁵ leiten Pfanne noch vom lt. *patina* her durch die synkopierte Form *patna, die dann assimiliert worden sei.
2) Abgestorben sind ahd. *chuhma* aus *cucuma* Kochgeschirr, *gebiza* Eßgeschirr aus lt.-rom. *gabata*, nndl. *treeft* aus *tripodem* Dreifuß, ags. *amol* aus *amula* Becken, *ceac* Kessel aus *caucus* Trinkschale (Schrader, Reall. 530).
3) Walde, Etymologisches Wörterbuch der lt. Sprache s. v. scutella. — Zur Bedeutung vgl. S. 110.

und Tisch, engl. *dish* nur die erste ‚Schüssel‘, dann weiter ‚Gericht‘. Zugrunde liegt gr.=lt. *discus* Wurf=scheibe, flache Schüssel, dann Tisch. Der Bedeutungs=übergang von Schüssel zu Tisch erklärt sich daraus, daß die Schmausenden ursprünglich auf Fellen oder Bündeln saßen, vor denen zunächst nur runde Holz=scheiben als Speisebretter lagen. Diese wurden dann zu größerer Bequemlichkeit mit niedrigen Gestellen versehen oder auf Holzblöcke gelegt.[1] Zuerst hatte jeder seinen besondern Sitz und Tisch.[2] In der ersten Hälfte des Mittelalters pflegte man dann zu zwei und zwei an besonderen kleinen Tischen mit abhebbarer Platte zu speisen. Die Schüssel, aus der beide Personen gemeinsam aßen, wurde mit der Platte zugleich auf=getragen und wieder abgenommen. Daher auch die Redensart ‚die Tafel aufheben‘, daher ‚Gang‘ = Ge=richt, daher auch ‚Schüssel‘ = Gericht, wenn man z. B.

---

1) Die germanische Bezeichnung eines Holzblocks war got. *biuds*, das aber bemerkenswerterweise bei Ulfilas bereits die Bedeutung Tisch angenommen hat. Im Hd. behielt das Wort infolge der Entlehnung von Tisch und Schüssel die ältere Bedeutung, ahd. *biot* oder *biutta*. Ausgehöhlte Holz=blöcke dienten als Backtrog oder Bienenfässer, wie ja die Bienen ursprünglich in hohlen Baumstämmen wohnten. Da=her mhd. *biute* Backtrog, Bienensaß, nhd. mundartlich Bente = Bienensaß, Backtrog, Backtisch, auch Starbeute = Star=kasten. Vgl. Hirt=Weigand[5] s. v. Beute. Meringer, In=dogerm. Forsch. 16, 159. Die gewöhnliche Erklärung, der sich auch Meringer, ‚Das deutsche Haus‘ S. 59 77 an=schließt, bringt das Wort mit ‚bieten‘ (got. *biudan*) zu=sammen, also Brett, auf dem die Speisen geboten werden.

2) Schrader, Reallexikon 346. Meringer, Indogerm. Forsch. 19 (1906), S. 450. Tac. Germ. 22: separatae singulis sedes et sua cuique mensa.

von fünf oder sechs Schüsseln redet, die es gegeben habe.[1] Auch das lt. *mensa* wurde schon von den Goten entlehnt als *mēs* (ahd. *mias*) und zwar ebenfalls in der doppelten Bedeutung Schüssel und Tisch. Eigentliche Tische als gezimmerte Möbelstücke hat es also im altgermanischen Hause nicht gegeben.

Auch der Einzelsitz, der Stuhl, ist verhältnismäßig jung und diente nur als Ehrensitz für die Fürsten und Vornehmen, während die Hausgenossen und Mannen auf der festen Bank an der Wand saßen, die ursprünglich aus Lehm bestand, aber mit Holz gedielt war und zugleich als Sitz- und Liegemöbel diente.[2] Jetzt lernte man durch die Römer niedrige Einzelsitze aus Holz kennen, auf denen auch das Gesinde beim Essen bequemer saß, als auf den Fellen oder Bündeln. Sie hießen ahd. *scamal*, ags. *sceamol*, Schemel aus spätlt. *scamillus*, einer Nebenform von *scamellum*, eigentlich Bänkchen, Deminutiv von *scamnum* Bank.

Das Bett war ursprünglich eine vertiefte Lagerstelle im Wohnraum (vgl. Flußbett)[3], in die man Felle legte oder Streu schüttete. Dann legte man beides auf den Fußboden selbst; weiterhin steckte man die Streu in einen Sack und legte diesen in einen

---

1) Vgl. meine Ausgabe des Ruodlieb S. 98 ff., Grimms DW. unter ‚aufheben‘ 3. — Daß die Entlehnung des Wortes ‚Tisch‘ sehr alt sei, schließt Pogatscher S. 62 aus der Erhaltung des *i*.
2) Meringer, Das deutsche Haus, S. 58.
3) Bett ist etymologisch verwandt mit lt. *fodio* ‚graben‘.

besondern Holzverschlag. Nach dem Vorbild der römischen Betten wurde nun ein besonderes Gestell eingeführt mit Beinen und unter dasselbe Gurte gespannt; damit kam das lt. *sponda* als Sponde, Bettspond ins Deutsche. Allerdings tritt das Wort in der Literatur nicht vor dem 15. J. auf (zuerst bei Dieffenbach, Glossarium, dann bei Luther); es ist aber wahrscheinlich schon in der alten Zeit entlehnt worden, und zwar in Norddeutschland. In Süddeutschland sagt man Spannbette, mhd. *spanbette*, das vielleicht ebenfalls durch *sponda* beeinflußt ist.[1]

Auch die Beleuchtung wurde besser. Man begnügte sich nicht mehr mit dem Herdfeuer und brennenden Spähnen, sondern lernte von den Römern den Gebrauch kunstgerecht hergestellter Fackeln; denn *facchala*, *facla* ist entstanden aus dem spätlateinischen Deminutivum *facula* von *fax* und auch ins Ags. als *fæcele* übergegangen. Besonders bemerkenswert ist aber das Wort Kerze, *kerza*, welches in seiner Grundform *karz* den aus Werg gedrehten Docht bezeichnet und wahrscheinlich aus *charta* entlehnt ist. Dieses lateinische Wort bedeutet ursprünglich das Blatt der Papyrusstaude, dann das daraus gefertigte Papier, muß aber im Spätlateinischen auch Docht bedeutet haben.[2] Auch *papyrus* ist im Romanischen der aus dem Mark

---

1) Meringer, Wörter und Sachen I (1900), 180. Indogerm. Forsch. 19 (1906), 449.

2) Allerdings ist diese Bedeutung von *charta* nicht nachgewiesen. Daher wird die Zurückführung von *karz* auf *charta* angezweifelt.

der Staude gefertigte Docht, wovon das ags. *lapor*, engl. *laper* ‚Wachskerze‘ durch die Zwischenform *tapurus* herkommt. Der Ausdruck *papyrus* ist also ins Niederdeutsche, *charta* ins Hochdeutsche übergegangen, beides für dieselbe Sache.

Auf eine geregelte Körperpflege schon in der vorrömischen Zeit lassen gewisse Toilettenartikel schließen, die man den Toten in die Gräber mitgegeben hat: Kämme, Rasiermesser, Scheren, Haarzangen zum Auszupfen der Haare im Gesicht.[1] In der Römerzeit kam ein neues, sehr wesentliches Toilettengerät in Gebrauch, nämlich der Spiegel. Allerdings war etwas Ähnliches schon den altgermanischen Frauen bekannt. Es gab dafür das Wort got. *skuggva*, ahd. *scûcar*, eigentlich Schattenbehälter zu ahd. *scûwo* Schatten. Diese Geräte müssen also in einem hellen, umrahmten Holzbrett bestanden haben, auf das man durch die Sonne den Schatten des Gesichts silhouettenartig werfen ließ. Jetzt wurde der römische Metallspiegel eingeführt, in dem man das Gesicht nicht nur im Profil, sondern auch von vorn mit allen Farben und Farbenschattierungen deutlich erkennen konnte. Damit kam lt. *speculum* in der romanischen Form *spēglum* als *spiagal* Spiegel in unsere Sprache.

Das neue Gerät leistete für die Haar- und Bartpflege vortreffliche Dienste, und daß die Germanen

---

1) Kauffmann, Altertumskunde I, 148. 201. 287. 425.

darauf einen nicht geringen Wert legten, zeigt die Hervorhebung des Gegenteils bei den Chatten, deren junge Krieger Haare und Bart wild wachsen ließen (Tac. Germ. 31: squalor), bis sie den ersten Feind getötet hatten. Die Haartracht war schon in den ältesten Zeiten ebensogut wie heute der Mode unterworfen. Auf eine kunstreiche Frisur legen wenig oder gar nicht zivilisierte Völker oft sehr großen Wert. Die freien Germanen trugen die Haare ziemlich lang, die Sueben banden sie zu einem Knoten auf dem Scheitel zusammen und ließen sie dann herabfallen.[1] In der bekannten Pariser Bronzestatuette[2] ist das Haar des knieenden Germanen an der rechten Seite kunstrecht zu einem seitwärts in die Höhe stehenden spitzen Schopfe gedreht. Bei den Römern sahen die Germanen durchweg kurz geschnittene Haare und nahmen diese Haartracht, die ja für die tägliche Arbeit viel bequemer ist, allmählich an, so daß nunmehr nur noch fürstliche Personen als auszeichnendes Kennzeichen lange Haare trugen. Die neue Kunst des Haarschneidens wurde durch römische Barbiere den Deutschen bekannt und mit römischen Handgriffen ausgeübt.[3] Daher schon got. *kapillôn* ‚die Haare schneiden' von *capillus* und ahd. *calo*, kahl von *calvus*. Auch ahd. *krisp* ‚kraus' ist aus dem lateinischen *crispus* hervorgegangen.

---

1) Tac. Germ. 38: Insigne gentis, obliquare crinem nodoque substringere.
2) Abgebildet u. a. bei Kauffmann, Tafel 38, 2.
3) Schrader, Reallexikon 317. Heyne, Körperpflege 62. 79.

Die Hauptsache bei einer geregelten Körperpflege ist die Reinlichkeit. Daß es damit nicht zum Besten bestellt war, läßt sich sowohl aus den heutigen Zuständen auf dem Lande schließen, wie aus Andeutungen des Tacitus.[1] Immerhin war Baden und Schwimmen nach Cäsar (de bell. Gall. 6, 21) und Tacitus (Germ. 22) bei den Germanen von jeher üblich gewesen. Dazu genügte ihnen vollkommen der an der Hofstatt vorbeifließende Fluß oder Bach. Durch die Berührung mit der römischen Kultur nahmen sie dann die bequemere Sitte an, sich mit Hilfe eines kleinen Gefäßes im Zimmer zu waschen. Mit dieser neuen Gewohnheit übernahmen sie zwei lateinische Ausdrücke für ein solches Waschgefäß: spätlt., der Vulgärsprache entnommenes *baccinum*[2], wovon auch fr. *bassin*, wurde ahd. zu *becchîn* Becken, *labellum*, Deminutiv von *labrum*, zu *labal* Schale, Wassergefäß, das sich freilich nicht behauptet hat. Außerdem ging von dem bis zur höchsten Vollendung verfeinerten Apparat des römischen Badewesens noch ein Werkzeug in ihren Besitz und Gebrauch über, der Striegel, *strigil* aus *strigilis*, das Schabeisen, mit dem man sich nach dem Bade die Haut glättete. Auf eine Verbesserung des Kleiderwaschens deutet das erst mhd. belegte *biuchen* oder *büchen* aus mlt. *bucare* (vgl. it. *buco* ‚Wäsche‘). Das

---

1) Tac. Germ. 20 von den Kindern: sordidi; 46 von den Bastarnern: ut Germani agunt; sordes omnium ac torpor.

2) *Baccinum* ist eine Weiterbildung von spätlt. *bacca* = *vas aquarium*, Isidor Orig. 20, 5. 4. — Heyne, Körperpflege 38.

Verfahren bestand darin, daß man die Wäsche in einem mit Ablaßloch versehenen Gefäße wiederholt mit immer wieder frisch aufgegossener Aschenlauge behandelte.[1]

Bemerkenswert ist, daß in der Römerzeit ein lateinisches Wort zur Bezeichnung der Reinheit sowohl des Körpers wie der Kleidung aufgenommen und in ähnlicher Weise modisch wurde, wie etwa im 16. J. ‚propper‘ (IV, 98), nämlich sauber, ahd. sûbar, ags. sŷfre aus vulgärlt. suber für sobrius, dessen spezielle Bedeutung ‚nicht betrunken‘ (aus so-ebrius) in der vulgären Sprache sich zu ‚fleckenlos, rein‘ verallgemeinert hatte. Wie volkstümlich dieses Lehnwort wurde, geht daraus hervor, daß es auf altem Römergebiete in Südwestdeutschland das einheimische ‚rein‘ im Volksmunde nahezu verdrängt hat. Mit der gesteigerten Körperpflege geht überhaupt eine gesteigerte Aufmerksamkeit auf die Beschaffenheit des Körpers Hand in Hand. Eigenheiten, die früher unbeachtet und unbenannt blieben, werden nun beobachtet und mit Bezeichnungen versehen. Wie man im 17. J. blond, brünett, muskulös, korpulent aus dem Französischen entnahm (IV, 145), so entlehnte man in jener frühen Zeit das lt. *macer* (verwandt mit gr. μακρός lang), wohl in der vulgären Form *magro*, ahd. *magar* mager. Über ‚kurz‘ s. S. 125.

Mit dem äußeren Auftreten des Mannes hängt auch die Entlehnung des lt. *stultus* töricht, und die

---

1) Heyne, Körperpflege 93.

weitere Bedeutungsentwicklung dieses Adjektivs im Deutschen zusammen. Den Römern erschien die prahlerische Tracht der barbarischen Häuptlinge mit Tierfellen, grellbemaltem Schild, in die Höhe gebundenem und mit Federn und Bändern geschmücktem Haar (Germ. 28), mit phalerae und torques (Germ. 15) als albern und abgeschmackt. Sie nannten einen so geschmückten, im Gefühl seiner Würde sich spreizenden Edlen einfach *stultus*. Daraus wurde spätahd., aber mit Lautverschiebung, also schon zur Römerzeit entlehnt, *stolz* stolz, nd. *stolt, stult, stout*. Das Wort verwandelte dann in den germanischen Sprachen seine Bedeutung allmählich aus einer tadelnden in eine lobende. Das hochmütige, selbstbewußte Auftreten erschien den Deutschen vielmehr als vornehm, prächtig und der Würde des Mannes entsprechend.[1] So zeigt das Wort mhd. die Bedeutungsreihe: töricht, übermütig, hochgemut, herrlich, stattlich.

Für Krankheitsfälle und Verwundungen hatten die Germanen in alter Zeit weise Frauen, die sich auf Besprechen und Verbinden verstanden, und berufsmäßige

---

1) Brückner in der Z. f. d. W. 13 (1911), 152 leitet *stolz* und afrz. *estout*, das die gleiche Bedeutung hat, nicht von *stultus*, sondern von einem vulgären *extultus = elatus her, das zwar nicht nachgewiesen ist, sich aber aus *tullus* und *abstultus* folgern läßt. It. *stolto* stolz soll dagegen von *stultus* herkommen. — Die ältere, neuerdings von H. Schrader (Indog. Forsch. 18, 1905, S. 514) wiederaufgenommene Etymologie bringt *stolz* mit *stelze* = Stützbein zusammen, löst es also von dem it. *stolto* gänzlich los; afrz. *estout* muß dann aus dem Nd. entlehnt sein.

Heilkünstler, die wohl ungefähr dasselbe leisteten. Ihre aus dem Keltischen entlehnte Bezeichnung ahd. *lâkhi* Zauberer, Besprecher, Quacksalber ist bereits erwähnt worden (S. 43). Studierte, wissenschaftlich gebildete Ärzte, lernte man erst zur Merowingerzeit kennen und damit kam eine neue Bezeichnung des Standes auf. Am byzantinischen Hofe nämlich hieß der Leibarzt des Kaisers ἀρχίατρος, lt. *archiater*, was *arziater* gesprochen wurde. Diesen Titel übernahmen zugleich mit dem größten Teile des byzantinischen Hofzeremoniells, das den germanischen Edlen mächtig imponierte, die merowingischen Könige und ihnen folgend auch kleinere weltliche und geistliche Fürsten, die sich seit dem 5. und 6. J. ebenfalls Leibärzte hielten[1]; *arziâter* wurde gekürzt zu *arzât*, nb. *erzetere, arsatre*, jetzt Arzt, und davon *arzâtôn* und *arzâtîe* abgeleitet, das dann später durch den Einfluß des einheimischen *lâkhînôn* zu *arzinôn* und *arzenîe* Arznei wurde. Das Wort Arzt bedeutet also als Ehrentitel ursprünglich ausschließlich den fürstlichen Leibarzt, später wurde dann jeder, der die griechische Medizin studiert hatte, als ein solcher „Erzheiler" bezeichnet. Aus dem Titel wurde damit eine Berufsbenennung. Dadurch verlor das Wort das Auszeichnende, was von Haus aus in ihm lag.

Sehr früh muß auch schon der gelehrte Ausdruck für die häufigste und sinnfälligste Krankheitserscheinung,

---

[1] Heyne, Körperpflege 176 ff.

die es gibt, volkstümlich geworden sein, *fiebar*, agf. *fefor* aus *febris* Fieber, wodurch das altheimische Wort rito ‚Ritten‘ allmählich verdrängt worden ist. Wichtiger als die innere Medizin war in den alten Zeiten bei den ewigen Kriegen und der Trink= und Rauflust der Germanen die Wundheilkunde. Daß diese schon sehr früh kunstmäßig vom Volke selbst geübt wurde, bezeugen einige alte, aus der griechischen Medizin stammende Lehnwörter. Während man sich nämlich ursprünglich bei der Behandlung von Wunden und Geschwüren mit dem einfachen Aufstreichen einer Fett= salbe begnügte, lernte man nun von der römischen Chirurgie, künstlich zubereitete Heilstoffe auf eine Binde von Zeug oder Leder zu schmieren und diese dann fest auf die wunde Stelle zu legen. Eine solche Wund= binde hieß lt. *fascia*, woraus ahd. *faski* wurde[1], das dann auch den aufgestrichenen Stoff selbst bezeichnete. Das Wort hat sich nicht behauptet, sondern ist zurück= getreten hinter gr.=lt. *emplastrum*[2], welches in der gr.=röm. Wundheilkunde ein mit Heilstoff bestrichenes, zum Auflegen bestimmtes Stück Zeug bezeichnete. Die Deutschen machten daraus mit starker volkstümlicher Kürzung ahd. *pflastar* Pflaster. Auch das Gefäß, in welchem man die kostbare Wundsalbe aufbewahrte, be= hielt den Namen, den es in der antiken Medizin führte,

---

1) Im Got. ist *faski* volkstümliche Entlehnung für Binde überhaupt, in der Schweiz heißt ‚Fäsche‘ noch jetzt Wickelband für Neugeborene. Heyne, Körperpflege 312.
2) Ἔμπλαστρον heißt ‚das Daraufgeschmierte‘ von ἐμπλάσσειν daraufschmieren.

nämlich πυξίς, buxis, ahd. buhsa Büchse. Eine solche Salbenbüchse gab es später in den meisten Haushaltungen. Sie wurde sehr in Ehren gehalten und entweder aus dem edlen Holze des Buchsbaums (S. 175), wovon sie schon bei den Griechen den Namen erhalten hatte, oder aus Steingut, Elfenbein, Edelmetall gefertigt.[1]

Der Mensch will aber nicht nur leben und gesund sein. Er will sich auch des Daseins freuen und sein Vergnügen haben. Dazu diente schon in der alten Zeit, wie noch jetzt, vor allem Musik und Tanz. Von musikalischen Instrumenten kannten die Germanen ursprünglich nur das Horn, die Harfe[2] und die Schwegel, swegala, eine Art primitiven Blaseinstrumentes. Jetzt lernten sie noch zwei andere kennen, die Pfeife, mlt. *pipa*, abgeleitet aus dem volkstümlichen, den Naturlaut der Vögel nachahmenden *pipare*, und die Fiebel, ahd. *fidula*, deren Alter durch das ags. *fidele* bezeugt wird; das Wort stammt nicht von *fidicula*, dem Deminutiv von *fides* ‚Saite‘, sondern von dem mlt. Streichinstrument *vitula*, aus dem das romanische *viola*, *riolino* usw. geflossen ist. Eigentlich bedeutet *vitula* ‚Jubel‘, indem *Vitula* mit Anlehnung

---

1) Heyne, Körperpflege 188.
2) Harfe, ahd. *harpha* leitet Körting 4500 von spätlt. *harpa* (Venantius Fortunatus 7, 8) her. Doch ist es wahrscheinlich ein germanisches Wort. In den Alpenländern wird noch jetzt ein aus übereinanderliegenden Stangen bestehendes Gerüst zum Trocknen des Getreides ‚Harfe‘ genannt (Meringer, Indogerm. Forsch. 16, 128). Das könnte allerdings erst eine Übertragung von dem volkstümlichen Musikinstrument her sein.

an *Victoria* als Göttin des Siegesjubels gedacht wurde (bei Varro); das abgeleitete Verbum *vitulari*[1] bedeutete im Alt- und Spätlatein ‚einen Siegesgesang anstimmen'. Es wurde dann in der Volkssprache auf das Instrument übertragen, durch dessen Töne der Jubel wiedergegeben wurde. Eine wesentliche Verbesserung der Fiedel wurde durch Anbringung eines Griffbrettes bewirkt. Das so verbesserte Instrument wurde seit dem 12. J. gîge, Geige, genannt, ein einheimisches Wort, das wohl den wiegenden, zitternden Gang des Bogens zum Ausdruck bringt.

Was sodann den Tanz betrifft, so blieb der einen sakralen Ursprung habende Sprungtanz nackter Jünglinge zwischen aufrecht stehenden Schwertern (Germ. 24) nicht bis ins Mittelalter hinein üblich. Daß römische fahrende Leute nach Germanien kamen, um Affen und Kamele zu zeigen, haben wir schon oben (S. 34. 55) gesehen. Andere werden beim Mahle der Edlen mimische Tänze vorgeführt haben, die den Germanen wohlgefielen. Daher die Entlehnung von ahd. *salzôn*, agf. *sealljan*, aus lt. *saltare* tanzen. Wieder andere werden allerlei Kunststücke und Taschenspielereien aufgeführt oder Liebes- und Zaubertränke angepriesen haben. Man hat daher unser Gaukler, ahd. *gougulâri* bald vom mlt. *joculator, jocularius*, bald vom mlt. *cauculator, cauclearius* abgeleitet. Letzterer hat seinen Namen von gr.-lt. *cauca, caucula* Trinkschale

---

1) Vom Siegesrufe *voi = εὐοῖ (Walde s. v. vitulari).

und bezeichnet im mittelalterlichen Latein einen, der Liebestränke zu bereiten versteht. Vielleicht nannte man auch den Zauberbecher, mit dem diese Leute hantierten, *caucula*.[1]

Eine weitere Unterhaltung war das Spiel. Das älteste war das Würfelspiel, das die Germanen von den römischen Provinzialen gelernt hatten und zu des Tacitus (Germ. 24) Zeit so leidenschaftlich betrieben, daß sie auf den äußersten und letzten Wurf ihre Person und ihre Freiheit setzten. Später wurde auch das römische Brettspiel eingeführt. Reste von Spielbrettern mit eingeritzten viereckigen oder runden Feldern haben sich in dänischen Gräbern gefunden, ebenso weiße und schwarze Spielsteine aus Glas, Stein oder Knochen.[2] Mit der Sache übernahmen die Germanen das lt. Wort für Spielbrett *tabula*, ahd. *zabal*. Im Mittelalter wurde das längst volkstümlich gewordene Wort dann auch auf das aus dem Orient kommende Schachbrett und Schachspiel angewandt, mhd. *schâchzabel* (II² 168).

---

1) Neuerdings erklärt man Gaukler für ein einheimisches Wort und stellt es mit Gauch = Narr, Schelm zusammen. Dagegen würde die rheinische Form für Gaukler ‚Kacheler, Köchler' gut zu *coclearius* passen. DW. IV, I, 1, S. 1556.

2) Kauffmann, Altertumskunde 473; dazu die Abbildungen Tafel 30, 7 und 8.

Kapitel XI.
Die erſten kirchlichen Entlehnungen.

Die tiefgreifende Umgeſtaltung des äußern Lebens unſerer Vorfahren, wie ſie in den vorangehenden Kapiteln geſchildert worden iſt, erfolgte im weſentlichen vor der Bekehrung der deutſchen Stämme zum Chriſtentum. Die erſten irlſch=ſchottiſchen und fränkiſchen Glaubensboten kamen bekanntlich im 7. J. zu den Alemannen und Bayern. Aber ſchon vorher müſſen die deutſchen Stämme mit der neuen Religion in nähere Berührung getreten ſein: Das beweiſt die Sprache. Seit dem Beginn des 8. J. taucht zuerſt in Ortsnamen ein Ausdruck auf, der den Anfang einer neuen geiſtigen Entwicklung bezeichnet; noch im 8. J. erſcheint er dann auch ſelbſtändig: *chiricha* Kirche, daneben in der oberdeutſch=populären Form *chilicha* Kilche. Das Wort ſtammt aus dem griechiſchen κυριακόν ‚Haus des Herrn'. Das Lateiniſche und die romaniſchen Sprachen kennen dieſes Wort nicht; ſie haben ſämtlich ecclesia angenommen. Darum kann das Wort den Germanen nicht auf dem Umwege des Lateiniſch=Romaniſchen zugekommen ſein. Es muß vielmehr aus dem Griechischen direkt entlehnt sein. Das kann nur geschehen sein an der unteren Donau durch die Goten, die es dann weiter den Deutschen und Slawen vermittelt haben.[1] So erklärt sich auch das deutsche Femininum; denn die griechische Endung -ον wird gotisch bei Entlehnung zur Femininaalendung -ō, z. B. εὐαγγέλιον aivaggêljō, σάββατον sabbatō. Allerdings kommt bei Ulfilas das Wort nicht vor, sondern nur aíkklēsjō, aber nicht zur Bezeichnung des christlichen Kirchengebäudes, das in der Schrift überhaupt nicht erwähnt wird, sondern in der ursprünglichen Bedeutung des Wortes ‚Gemeinschaft der Gläubigen‘. Nichts hindert uns anzunehmen, daß daneben das andere griechische Wort mit konkreter Bedeutung im Gotischen in der Form *kyrikō gebräuchlich war.[2] Es ist jetzt nämlich nachgewiesen, daß neben κυριακός auch eine verkürzte Form κυρικός existierte. Ferner sind jetzt zahlreiche Belege für κυριακόν ‚Gotteshaus‘ seit Origines (3. J.) gefunden worden. Der Ausdruck muß im 4. J., als unter Konstantin zahlreiche Kirchen gebaut wurden, geradezu Mode gewesen sein, später drang dann wieder ἐκκλησία vor und verdrängte κυριακόν gänzlich. Die Entlehnung ins Gotische muß

---

1) Über andere Entlehnungen aus dem Griechischen in der Frühzeit s. S. 51 ff. Über die kirchlichen Entlehnungen aus dem Gotischen hat im Zusammenhang gehandelt F. Kluge in den Beiträgen zur Gesch. der deutschen Spr. und Lit. 35 (1909), S. 124 ff., wiederholt in Wortforschung und Wortgeschichte (1912), S. 134—183.

2) Vgl. Raumer, Die Einwirkung des Christentums auf die ahd. Sprache S. 289.

also um die Mitte des 4. J. stattgefunden haben. Da die Lautverschiebung durchgeführt ist, müßte das Wort ‚Kirche‘ spätestens im 6. J. zu den Deutschen gekommen sein, aber das ags. *cyrice* erweist einen noch früheren Termin. Das Wort muß als gemeinwestgermanisches bereits Ende des 4. J. vorhanden gewesen sein.¹ Die Angelsachsen haben die erste Kunde von dem neuen Glauben noch in der alten Heimat vor ihrer um 450 erfolgten Auswanderung erhalten (S. 25). Wir haben also in diesem Worte ein schwerwiegendes, sprachliches Zeugnis dafür, daß die ersten Glaubensboten, die in das mittlere Deutschland kamen, von den arianischen Goten der Donauländer ausgegangen sind. Dieser frühe Einfluß des gotisch-arianischen Christentums auf die deutschen Stämme ist bei Thüringern und Bayern auch historisch bezeugt.² Bald freilich wurde dann der Arianismus durch das siegreiche Vordringen des Katholizismus von den britischen Inseln und vom Frankenreiche her vernichtet.³

Es läßt sich von vornherein annehmen, daß das Wort Kirche nicht vereinzelt dasteht. Und in der Tat hat die neuere Forschung ergeben, daß auf demselben Wege, auf dem dieses griechisch-gotische Lehnwort zu

---

1) Pogatscher S. 179. — Die neuerdings vorgetragenen Herleitungen des Wortes ‚Kirche‘ aus dem Semitischen, dem Altgermanischen, dem lt. *circus* (Zeitschr. für deutsche Wortforsch. 2, 339 f.) sind unrichtig.
2) Steinhausen, Kulturgeschichte S. 48.
3) Raumer, Einwirkung des Christentums S. 278. — Derselbe in der Zeitschr. f. deutsches Altertum 6, 401. — Krafft, Die Anfänge der christlichen Kirche I, 336.

uns gekommen ist, auch noch andere in unsere Sprache gelangt sind. So die beiden Benennungen kirchlicher Würdenträger Pfaffe und Bischof. Pfaffe, ahd. *paffo*, kommt nicht, wie man früher annahm, von dem lateinischen papa ‚Vater' her, da dies die ehrende Anrede nur der Bischöfe ist, später sogar auf den Papst beschränkt wurde, während das ahd. Wort von Anfang an alle Geistlichen bezeichnet. Dagegen stimmt zur deutschen Bedeutung das griechische παπᾶς clericus minor. Dies Wort kommt zwar in der gotischen Bibel nicht vor, aus demselben Grunde wie *kirikō*, wohl aber erscheint in dem gotischen Kalender vom Ende des 4. J. ein Wōreka *papa*, ein Geistlicher namens Wereka. Wir haben also auch ‚Pfaffe' als gotisch-griechisches Lehnwort zu betrachten, das von den oberdeutschen Stämmen regelrecht verschoben wurde. Auch bei Bischof[1] folgt aus der Verschiebung des *p* zu *f*, daß es schon lange vor dem 8. J. im hochdeutschen Sprachgebiet eingebürgert war. Wahrscheinlich gehört es also ebenfalls zu dieser Klasse griechischer Kirchenausdrücke, die durch die Goten den Westgermanen vermittelt wurden. Ulfilas schreibt mit genauem Anschluß an das gr. ἐπίσκοπος *aípiskaúpus*; wir müssen daher annehmen, daß es neben dieser gelehrten Form bei den Goten eine volkstümlich gekürzte gegeben hat, die dann mit der arianischen Mission donauaufwärts zu den Deutschen kam. Wahr-

---

1) Über Bischof vgl. Franz S. 16.

scheinlich warf man nach Abfall des anlautenden e die nunmehr erste Silbe mit der in den germanischen Sprachen so häufigen Vorsilbe bi- zusammen.

Ein über die altgermanischen Dialekte weitverbreitetes, früh volkstümliches Wort der Kirchensprache ist ferner Teufel, tiufal, ags. dēofol, got. diabaúlus aus διάβολος ‚Verleumder'. Sowohl der Diphthong iu statt io wie das f aus griechischem gleich v gesprochenem β stellen die Entlehnung des Wortes in vorhochdeutscher Zeit sicher.[1] Das Wort muß im 8. J., als die römische Mission einsetzte, im Volke bereits festgehaftet haben. Von dem Teufel läßt sich sein Gegenbild der Engel unmöglich trennen. Allerdings lehren uns die Laute hier nichts. Ahd. engil kann ebensowohl auf das lt. angelus wie auf gr. ἄγγελος zurückgehen, aber der Zusammenhang mit dem Teufel spricht entschieden für die Entlehnung aus dem Griechischen unter Vermittlung des got. aggilus.

Bemerkenswert ist ferner, daß der Name des Heilands von Anfang an das ganze Mittelalter hindurch sowohl hd. wie nd. nur Krist lautet, was wir in Verbindung mit dem Artikel (der heilige Christ) und in Zusammensetzungen (Christkind, Christmarkt) beibehalten haben, während sonst nhd. die mit dem Bücherdruck vordringende gelehrte Form Christus herrschend geworden ist. Weshalb haben nun die christlichen Missionare nicht die geheiligte Namensform

---

1) Das Nähere s. bei Franz S. 10, Kluge S. 148.

Christus oder Jesus eingeführt? Die Antwort kann nur lauten: weil die Form Krist bereits fest im Volke Wurzel gefaßt hatte. Aus der Kürze des *i* gegenüber der Länge desselben in England, Irland und Frankreich (vgl. die heutige Aussprache des fr. und engl. *Christ*) folgt aber, daß wir auch diesen Namen von den Goten erhalten haben, die *Xristus* schrieben und *Kristus* sprachen, woraus im Westgermanischen zufolge der Auslautgesetze die abgekürzte Form *Krist* werden mußte.

Auch in Pfingsten folgt aus der Verschiebung des Anlauts *p* zu *pf* wie in ‚Pfaffe' Entlehnung im 5. J. Diese Festbenennung hat im Volksmunde starke Veränderungen durchgemacht, die auf eine lange Geschichte deuten. Das gr. $\pi\varepsilon\nu\tau\eta\varkappa o\sigma\tau\acute{\eta}$ ($\acute{\eta}\mu\acute{\varepsilon}\varrho\alpha$ der fünfzigste Tag) heißt bei Ulfilas regelrecht *paintēkustē*. In der gotischen Volkssprache wurde das *ē* der zweiten Silbe zu *i* verkürzt und dann ausgestoßen. Das ergab einen Dativ Plur. **pintkustim* und weiter **pinkustin*, das in der altf. Lautform *te pinkoston* (10. J.) regelrecht wiedergegeben ist. Im Hochdeutschen tritt zuerst (in der Benediktinerregel) die seltsame Umformung *zi finfchustin* auf, deren erster Teil *fimf* eine gelehrte Übersetzung des zugrunde liegenden gr. $\pi\acute{\varepsilon}\nu\tau\varepsilon$ ist, die der oberdeutschen Volkssprache natürlich fern blieb; in dieser darf man das Wort als **pfinchustin* vermuten, woraus mhd. *pfingesten* wurde. Dasselbe griechische Zahlwort wie in Pfingsten steckt in der bayrischen Benennung des fünften Wochentages als

Pfinztag aus πέμπτη (ἡμέρα). Die zwiefache Lautverschiebung beweist, daß das Wort, wenn es auch erst im 12. J. belegt ist, doch gleichzeitig mit Pfingsten und Pfaffe in das Oberdeutsche eindrang; auch dies kann nur durch gotische Vermittlung geschehen sein. Aus got. *paimplē mußte *pint und mit Lautverschiebung pfinz werden.

Der Donnerstag ist nicht der einzige Tag, der auf diese Weise in einer griechischen Benennung nach Deutschland kam. Noch drei andere Wochentagsbenennungen haben denselben Weg gemacht. Der siebente Wochentag heißt in vielen Gegenden Deutschlands noch heute Samstag, ahd. sambaztac, aus einer jetzt sichergestellten vulgärgriechischen Form σάμβατον mit parasitischem m, die in der gotischen Volkssprache *sambatō gelautet haben muß. Allerdings liegt diese Form nicht nur dem persischen, altslawischen und rumänischen Worte für jenen Tag zugrunde, sondern auch zahlreichen romanischen Bezeichnungen, z. B. dem fr. samedi und dem rätoromanischen sonda. Es wäre also an sich denkbar, daß sambaztac dem Lateinisch=Romanischen entstammt; die Verschiebung des t zu z, die älteste von allen (vgl. S. 19), die sonst in keinem aus dem Lateinischen entlehnten Kirchenworte auftritt, verbietet indessen diese Annahme. Wir haben also auch Samstag als ein gr.=got. Lehnwort etwa des 5. J. anzusehen. Wenn Ulfilas das korrektgriechische sabbatō schreibt, so ist das eben gelehrt, nicht volkstümlich.

Sind somit zwei Benennungen von Wochentagen sicher als griechisch=gotische Lehnwörter festgestellt, so liegt es nahe, noch zwei andere, die sonst jeder Er= klärung trotzen, durch Zurückführung auf eine griechische Quelle aufzuhellen. In bayrischen Glossen[1] aus dem Ende des 8. J. wird kirchenlateinisches *parasceve* ‚Rüst= tag' öfter durch *pherintac* wiedergegeben, z. B. Matth. 27, 62; im gr. Urtext steht hier $\pi\alpha\rho\alpha\sigma\kappa\varepsilon\nu\dot{\eta}$, und Ulfilas hat hier und an einer andern Stelle das gr. Wort beibehalten: *paraskaiwē*. Das griechische Wort ist als Benennung des Freitags seit dem 3. J. oft belegt, und noch heute heißt dieser Wochentag neugr. *paraskevi*. Da nun *pherintac* schon wegen der Lautverschiebung schwerlich aus dem lt. *parasceve* abgeleitet werden kann, so müssen wir auch für den Freitag, wie für den Sonnabend und Donnerstag, eine vulgäre gotische Benennung vermuten, die das gr. Wort stark verkürzte, etwa zu *parē, Akk. *parein, woraus dann im bayrischen Dialekt regelrecht *pherīn* werden mußte. Endlich wird eine noch jetzt im bayrischen Volke lebende Bezeichnung für den Dienstag Ertag, Eritag, Erich= tag, in Tirol Örtig, von Kluge nicht ohne guten Grund zurückgeführt auf das im 3. und 4. J. n. Chr. in grie= chischen Sprachquellen vielfach bezeugte $\H{A}\rho\varepsilon\omega\varsigma\ \dot{\eta}\mu\dot{\varepsilon}\rho\alpha$ Tag des Ares, des Kriegsgottes. Ertag würde dem= nach dem *Ziestac* im Alem., dem *Tīwesdæg* im Ags. und dem lt. *Martis dies* (S. 96) inhaltlich gleichstehn.

---

1) Steinmeyer, Ahd. Glossen I, 815, 37.

Bei den Goten wäre nach dieser Hypothese aus Ἄρεως ἡμέρα *Areins days geworden, das dann bayrisch erintag ergeben mußte. In der Literatur tritt das Wort seit dem 13. J. als erilac, eriglac, erintac, erlac u. a. auf, natürlich nur auf bayrisch-österreichischem Sprachgebiet.

Die soeben aufgezählten und auf die griechische Kirchensprache zurückgeführten Lehnwörter bilden kleine Gruppen: Kirche und Krist, Pfaffe und Bischof, Teufel und Engel gehören zusammen, ebenso die vier Wochentage. Zu Pfingsten stellt sich das noch zu besprechende Ostern (S. 245). Es spiegelt sich also in ihnen ein zusammenhängender Kultureinfluß wider, der vom Balkan her die Donau aufwärts nach Oberdeutschland vordrang. Dieser Einfluß ging von dem gotischen Arianismus aus. Die Festigkeit, mit der sich mehrere dieser frühesten kirchlichen Lehnwörter gegen die später mit Macht anbringenden Ausdrücke der lateinischen Kirchensprache ecclesia clericus sabbatum Christus behaupteten, beweist, daß sie keineswegs bloß sozusagen gelehrte Fremdwörter waren, sondern echt volkstümlich. Sie hätten aber im Volke nicht so fest Wurzel fassen und so weite Verbreitung gewinnen können, wenn es in Deutschland nicht zahlreiche arianische Gotteshäuser, Geistliche und Gemeinden gegeben hätte.[1] Wenn die Deutschen bloß aus der Ferne von diesen kirchlichen Gegenständen Kunde bekommen hätten, wenn sie sich

---

1) Lamprecht, Deutsche Geschichte I, 346.

ihnen nicht vielmehr im täglichen Leben aufgedrängt hätten — Engel und Teufel durch Kultus, Bilderdienst und Exorzismus —, dann hätten sie die betreffenden Worte sich nicht zum dauernden, unverwüstlichen Eigentum gemacht. Diese Worte beweisen also, daß der griechisch-gotische Arianismus im Innern Deutschlands im 4. und 5. J. weit mehr verbreitet gewesen ist, als die Kirchengeschichte überliefert hat. Der Arianismus hat dem Katholizismus einerseits Pionierdienste in Deutschland geleistet[1], anderseits aber unserer religiösen Sprache durch Einführung einzelner vom Kirchenlatein unabhängiger Ausdrücke eine gewisse Selbständigkeit und Urwüchsigkeit verschafft.

Zur sprachlichen Aneignung der durch das Christentum gegebenen neuen religiösen Begriffe gab es aber noch ein anderes Mittel als die Entlehnung, nämlich die Übersetzung.[2] Auch hiervon haben die Goten Gebrauch gemacht. Ἔθνη übersetzt Ulfilas sonst durch *thiudōs* Leute, Völker, an einer Stelle aber ἐθνική durch *haithnō* Heidin. Also muß damals bei den Goten das Wort Heide bereits geläufig gewesen sein. Kluge[3] vermutet, daß damit Völker einer tieferen Kulturstufe, eines längst überholten niederen Götterglaubens charakterisiert seien, wie es etwa die Griechen durch ihr Wort βάρβαρος taten. Wahrscheinlicher

---

1) Vgl. Gebhardt, Handbuch der deutschen Geschichte I, 181.
2) Kluge a. a. O. und im etymologischen Wörterbuch unter Heide, taufen. Schrader, Reallexikon 235. 577.
3) Wortforschung und Wortgeschichte 143.

aber ist doch wohl, daß es eine Nachbildung des gerade zu Ulfilas' Zeit auskommenden lt. *paganus* ist und zu got. *haithi* ‚unbestelltes Feld' gehört.[1] Ferner übersetzt Ulfilas βαπτίζειν durch *daupjan*, eigentlich eintauchen, νηστεύειν durch *fastan* zu ‚fest', eigentlich festhalten, nämlich an der religiösen Vorschrift; beide Verba bezeichnen jedenfalls ursprünglich altgermanische rituelle Gebräuche und ließen sich daher leicht auf die entsprechenden christlichen anwenden. Für die Unterwelt braucht Ulfilas *halja*, für Fest *dulths*, ebenfalls ursprünglich altheidnische Ausdrücke. Diese vier Wörter finden sich nun auch bei andern germanischen Völkern, Heide, fasten und Hölle bei allen, taufen nur bei den Deutschen. Im Ags. dagegen hat das entsprechende Verbum *dyppan* nur die natürliche Bedeutung ‚eintauchen', während für die kirchliche Handlung *fulwīth*, eigentlich Vollweihe, und dazu das Verbum *fulwian* eingeführt wurde; Dult, ahd. *tuld*, ist ausschließlich bayrisch. Es ist nun die Frage, ob die verschiedenen germanischen Völker unabhängig voneinander auf die Verwendung dieser altheidnischen Ausdrücke zur Wiedergabe der entsprechenden christlichen Begriffe gekommen sind, oder ob dies nur an einer Stelle geschehen ist, und die Übersetzungen dann zu andern Stämmen weiter gewandert sind in derselben Weise,

---

1) Schulzes Ansicht (Sitzungsber. der Berl. Akad. 1905, S. 726), *haithnō* sei gotische Schreibung nur für ἔϑνος und demgemäß *ethno* zu sprechen, ist nicht haltbar wegen der diphthongischen Aussprache des Wortes im Deutschen.

wie die Lehnwörter Kirche, Pfaffe usw. Wenn das letztere der Fall ist, so ist der Ursprung der Übertragung natürlich bei den Goten zu suchen.

Man kann nun hierüber bei den einzelnen Wörtern verschiedener Ansicht sein. Von ‚Gott‘ und ‚Himmel‘ behauptet niemand, daß sie als Übersetzungen des christlichen θεός und οὐρανός von den Goten ausgegangen seien. Man nimmt bei beiden an, daß die Missionare der einzelnen Völker selbständig auf diese Ausdrücke verfallen sind, weil sie ja ganz naheliegen. Von Hölle sagt Kluge im Wörterbuch⁷ (1910), da der Name der Totengöttin altn. Hel auf ein altgermanisches Wort für Unterwelt hinweise, so sei die Annahme einer Verbreitung des Wortes von den Goten aus nicht zu erweisen. In ‚Wortforschung und Wortgeschichte‘ (1912) dagegen (S. 166) entscheidet er sich umgekehrt dafür, daß die Umprägung nicht an mehreren Orten, in England, Deutschland und bei den Goten, erfolgt sei, sondern nur bei den Goten, von denen aus sie dann durch die arianische Mission weiter verbreitet worden sei. Denn der Inhalt der altheidnischen Vorstellung von der Hel stehe dem christlichen Begriff keineswegs so nahe, daß die Glaubensboten in Deutschland und England unabhängig von dem Apostel der Goten gerade auf dieselbe Umprägung verfallen mußten. Eine Stütze erhält diese Ansicht dadurch, daß es in Teutschland auch andere Übertragungen von Hades gibt, im Heliand *fern* aus *infernum*, im Ahd. *pech* (Pechhölle), im Bayrischen *wîze* (entehrende Strafe); denn daraus folgt,

daß Hölle keineswegs eine sich von selbst mit zwin=
gender Gewalt aufdrängende Übersetzung von Gehenna
oder Hades war. Dasselbe gilt von Heide, fasten
und von taufen, wo das Abweichen des Angelsächsi=
schen für Entlehnung des deutschen Wortes aus dem
Gotischen spricht; ebenso von dem bayrischen Dult.
Alle diese Wörter sind also in unserer Sprache wahr=
scheinlich **Lehnwörter aus dem Gotischen**.

Wenn man nun einmal gotische Lehnwörter geist=
lichen Inhalts überhaupt zugibt, so drängt sich auch
bei andern eigenartigen kirchlichen Ausdrücken die Ver=
mutung auf, daß sie gotischen Ursprungs seien, obwohl
sie im Bibeltext des Ulfilas nicht belegt sind. Wie
kommen die Deutschen und die Angelsachsen dazu, das
christliche Pascha durch den Namen der germanischen
Frühlingsgöttin *Ostara*, *Eostre* = Ostern, *Easter* zu
ersetzen? Sollten die Missionare, die das lateinische
Christentum nach England brachten, zufällig auf die=
selbe Idee verfallen sein wie die, die es nach Deutsch=
land verpflanzten? Oder sollten es etwa die einen
von den andern entlehnt haben? Das ist nicht eben
glaublich, um so weniger, da in dem heidnischen Worte
für die katholischen Missionare sicherlich etwas An=
stößiges lag. Beide stießen vielmehr jedenfalls bei Be=
ginn ihrer Missionstätigkeit bereits auf diese Benennung
des höchsten christlichen Festes als eine im Volke un=
ausrottbar festwurzelnde. Sie kann aber nur durch
gotische Glaubensboten in Deutschland angenommen
oder zugelassen worden sein. Ein anderer Ursprung

ist undenkbar. Allerdings sagt Ulfilas *pascha*, aber es ist nicht ausgeschlossen, daß im Munde der gotischen Christen ein **Austrō* gelebt hat, das Ulfilas wegen seines heidnischen Beigeschmacks nicht in seinen Bibeltext aufnahm. Nimmt man dies an, so bilden Ostern und Pfingsten eine zusammengehörige Gruppe, wie die oben genannten es sind. Auch von Demut und heilig vermutet Kluge, daß sie, obwohl sie bei Ulfilas nicht vorkommen, doch gotische Lehnwörter seien. Das ahd. *thio-muoti*, eigentlich Knechtsmut, habe — so meint er — in Deutschland nicht wohl gebildet werden können, weil es ein *thiu* für ‚Knecht‘ im Ahd. nicht mehr als selbständiges Wort gegeben habe, wogegen got. *thius* sehr wohl zur Bildung eines **thiu-mōdei* habe verwandt werden können.

Wir verdanken also die volkstümlichen Wörter Heide, fasten, taufen, Hölle, Ostern und vielleicht noch einige andere ebenfalls arianischer Toleranz. ‚Die gotisch-arianischen Glaubensboten, welche vom Balkan donauaufwärts nach Süddeutschland kamen, ließen diese Umprägungen heidnischer Vorstellungen zu Wörtern christlichen Gehalts nicht nur zu, sondern vollzogen sie selbst, um die christlichen Ideen dem Volke gemütlich nahe zu bringen und mundgerecht zu machen. Als dann vier Jahrhunderte später die römische Mission einsetzte, waren diese Wörter bereits so festgewurzelt, daß sie sich gegen den Andrang der lateinisch-christlichen Terminologie zu behaupten vermochten.

Bei ‚Heide‘ ist, wie wir gesehen haben, das

Lateinisch-gotische Lehnwörter.

Gotische möglicherweise durch das Lateinische beeinflußt worden. Unzweifelhaft ist dies geschehen bei Prägung des Ausdrucks *armahaírts*, der offenbar eine Lehnübersetzung des lt. *misericors* ist; beide Teile des lateinischen Kompositums sind im Gotischen wörtlich übersetzt, wie etwa in späterer Zeit *manuscriptum* durch ‚Handschrift‘ oder *biographia* durch ‚Lebensbeschreibung‘.[1] Im Ahd. wird nun *misericors* durch *armaherzi*, im Ags. durch *earmheort* wiedergegeben. Da es nun nicht wohl denkbar ist, daß an drei so verschiedenen Stellen dieselbe Übersetzung des lateinischen Wortes selbständig auftam, so ist auch hier die wahrscheinlichste Annahme, daß die gotische Lehnübersetzung des lateinischen Wortes von den Deutschen und weiter von den Angelsachsen übernommen worden ist. Das lt. Verbum *misereri* ferner übersetzte Ulfilas durch *sik arman*, abgeleitet vom Adj. *arms* arm, wie *misereri* von *miser* abstammt. Die Angelsachsen übernahmen das got. Verbum als *earmian*. Die Deutschen setzten es mit einem Präfix zusammen, sei es mit *bi-* (Hirt-Weigand⁶) oder mit *ab-* (Kluge⁷). So entstand ahd. *barmên* und weiter *irbarmên* erbarmen. Unter dem Einfluß von barmen wurde dann aus ahd. *armherxi* mhd. *barmherzec*, unser barmherzig.

Die gotische Sprache hat also der deutschen im 4. J. drei Klassen von kirchlichen Ausdrücken zugeführt:

---

1) Daß die Goten in Mösien an der unteren Donau auch von lateinischen Einflüssen berührt worden sind, s. bei Kluge, Wortforschung und Wortgeschichte S. 181.

Lehnworte aus dem Griechischen, Übersetzungen aus dem Griechischen und — in einem oder zwei Fällen — Übersetzungen aus dem Lateinischen.

Ich füge zum Schluß einen weltlichen Ausdruck hinzu, der mit großer Wahrscheinlichkeit als gotisches Verwaltungs=Lehnwort anzusehen ist: **Maut**, ahd.= bayr. *mûta* Wasserzoll, aus got. *môta* Zoll.[1] Diese Entlehnung kann nur zur Zeit Theodorichs des Großen stattgefunden haben, dessen Herrschaft sich auch über Bayern erstreckte, und der sicher an der Donau seine Wasserzölle hatte. Ein solcher war jedenfalls **Mautern**, mhd. im Nibelungenliede *Mûtarn*. Die Lautverschie= bung des *t* zu *z* war dann also zur Zeit des Königs Theodorich (gest. 526) schon vollzogen, so daß ent= lehntes *t* nicht mehr verschoben wurde (vgl. S. 19).

Es gibt endlich einige kirchliche Wörter, welche sicher lateinischer Herkunft sind und doch die Lautver= schiebung durchgemacht haben. Nicht etwa **Mönch**, *munih* aus *monacus*. Denn das *h* dieses Wortes steht mit dem in *canunih* (*canonicus*), *clirih* (*clericus*), *leih* (*laicus*) auf gleicher Stufe und beweist keines= wegs, daß diese Wörter schon vor der allgemeinen Bekehrung der hochdeutschen Stämme entlehnt worden sind, da *c* noch im 9. J. verschoben wird.[2] Wohl aber **Pfarre**, *pfarra* aus lt. *parochia*, welches wieder

---

1) Kompliziert und schwierig wird die Sache dadurch, daß auch *muozze* und andere Formen mit Verschiebung vor= kommen. Kluge ist geneigt, diese auf eine ältere Entlehnung zurückzuführen, die ahd. *muozza* gelautet haben müßte.

2) Franz S. 73, vgl. oben S. 18.

aus dem griech. παροικία ‚Kirchspiel' hervorgegangen ist; selbständig deutsch abgeleitet von *pfarra* ist *pfarrâri* **Pfarrer**. Auffallend ist dabei die starke Zusammenziehung des lateinischen Grundwortes.[1] Ferner **Dechant**, ahd. *techîn* aus *decanus*, Vorgesetzter von zehn Geistlichen, **Pfründe**, ahd. *phrovinta*[2], dann verkürzt *pfruonta* aus mlt. *provenda* statt *praebenda*, eig. die zureichenden Lebensmittel, dann die Einkünfte des geistlichen Amtes, das mundartliche **Pfetter** oder **Petter**, mhd. *pfetter*, die älteste Bezeichnung des Taufpaten aus *patrinus*, wovon fr. *parrain*, **opfern**, das nicht etwa von *offerre* herkommt, sondern, wie die ahd. Form *opfarôn* und mitteldeutsch *opparôn* beweisen, von *operari*, was eigentlich ‚arbeiten' bedeutet, dann ‚für die Gottheit arbeiten', ‚ein Opfer verrichten': so schon bei Vergil, Georg. I, 339, ferner bei Tacitus und Properz. In der Kirchensprache seit Augustin bedeutete es vornehmlich ‚Almosen spenden'. Dagegen stammt altf. *offrôn*, ags. *offrian* aus *offerre*. Auch **Almosen** ist bereits in dieser frühen Zeit entlehnt worden, weil das ahd. *alamuosan* zu dem ags. *ælmesse* und dem altn. *olmusa* stimmt, das Wort also allen Germanen gemeinsam ist. Auch zeigt die gelehrte

---

1) Aus diesem Grunde führt Kluge das Wort zweifelnd auf ein vorauszusetzendes german. *parra* = Bezirk, wovon auch ‚Pferch' (S. 194) stammen soll, zurück, Much (Z. f. d. W. 2, 284) sogar auf ‚Sparren' und ‚sperren', also ‚eingefriedigter Raum'. Mir scheint die alte Deutung aus *parochia* immer noch die wahrscheinlichste.

2) Franz S. 69.

ahd. Entlehnung *elemosyna*, daß man in der ahd. Zeit den Zusammenhang von *alamuosan* mit gr.-lt. *eleemosyne* nicht mehr fühlte; sonst hätte man jenes einfach für dieses eingesetzt. Die Form erklärt sich daraus, daß die unmittelbare Quelle nicht das korrekt-kirchliche *eleemosyne* war, sondern ein vulgäres romanisiertes *almosna*, das im afrz. *almosne*, fr. *aumône* fortlebte.

Wie ist nun die frühe Entlehnung dieser Wörter aus der lateinisch-romanischen Kirchensprache zu erklären, während doch die übrigen kirchlichen Ausdrücke aus dem Latein später und ohne Lautverschiebung entlehnt worden sind. Sollte in ihnen nicht ein Einfluß der römisch-fränkischen Kirche aus früherer Zeit zu erkennen sein? In den Rheinlanden hatten in den größeren Städten seit der Römerzeit die Bischofsstühle fortgedauert, die Reihe der Bischöfe und Geistlichen war nie ganz unterbrochen. In Mainz sind neuerdings christliche Grabschriften schon aus dem Anfang des 5. J. gefunden worden, auf denen uns nicht wenig germanische Namen begegnen, z. B. ein Priester Badegisel, ein Abt Bertram.[1] Im 6. J. waren dann fränkische Missionare wie Goar, Fridolin am Rheine tätig, und fränkische Könige, wie namentlich Dagobert um 620, sorgten aus politischem Interesse für die Ausbreitung des römisch-lateinischen Christentums in diesen Gegenden.[2] Wenn also auch die Bevölkerung ihrem Grundstock nach noch heidnisch war,

1) Cramer, Deutschland in römischer Zeit 163.
2) Gebhardt, Deutsche Geschichte I, 140.

so war sie doch jedenfalls mit römisch=christlichen Ge=
meinden durchsetzt, und es kann nicht wundernehmen,
daß gerade solche Ausdrücke, wie Pfründe, Pfarre und
Pfarrer, Dechant, opfern und Almosen schon damals
während der Lautverschiebung und vor der eigentlichen
Bekehrung in die deutsche Sprache aufgenommen wur=
den. Sie bezeichnen Dinge, die im Leben der be=
kehrten Landeseinwohner sich in erster Linie fühlbar
machen mußten. Zu welcher Pfarre sie gehörten, war
für sie von großer Bedeutung, und die Pfründe und
das Almosen opfern berührten ihren Besitz.

Kapitel XII.

Rückblick.

———

Das deutsche Volk kann ebensowenig wie irgend=
ein anderes indogermanisches Volk den Anspruch er=
heben, rein und unvermischt zu sein. Wie alle andern
indogermanischen Völker, ist es vielmehr aus einem
Mischungsprozeß hervorgegangen. Einwandernde in=
dogermanische Scharen vermischten sich in Norddeutsch=
land mit einer einheimischen, nichtindogermanischen Ur=
bevölkerung. Hier hat sich dann im Laufe der Jahr=
hunderte der Typus herausgebildet, der dem Tacitus
durch seine Einheitlichkeit und ausgeprägte Eigentüm=
lichkeit imponierte. Später sind dann keltische und
romanische, noch später slawische Elemente in die
Volks= und Sprachgemeinschaft aufgenommen worden.
So sind wir nicht von Anfang an eine Nation ge=
wesen, sondern es allmählich geworden und noch immer
im Begriff, es zu werden.

Unsere Sprache spiegelt diese Mischungen wider.
Neben dem indogermanischen Grundstock zeigt unser
Wortschatz einen nichtindogermanischen, ureuropäischen
Bestandteil. Dazu kamen Wanderwörter, die mit den

von ihnen benannten Kulturgütern von Volk zu Volk weitergehend auch zu den Germanen gelangten. Sodann gaben die in der Zivilisation viel weiter vorgeschrittenen keltischen Nachbarn den Germanen nicht geringe Anregungen und Förderungen, besonders auf dem Gebiete der staatlichen Einrichtungen, der Metallindustrie, der Pferdezucht und des Fuhrwesens. Zum Süden, also zur italischen und griechischen Kultur, lassen sich nur vereinzelte und wenig bedeutende Beziehungen nachweisen, bis das römische Weltreich in unmittelbare, im Lauf der Jahrhunderte immer enger werdende Berührung mit den Germanen trat. Die auf hellenistischem Mutterboden erwachsene Kultur der Römer hat dann das Leben der deutschen Stämme nicht nur nach allen Richtungen hin gefördert, sondern geradezu umgestaltet und auf neue Grundlagen gestellt. Alle Seiten menschlicher Daseinsbetätigung unserer Vorfahren sind von ihr aufs stärkste beeinflußt worden. Das hat uns der Überblick über die Fülle lateinischer Entlehnungen in unserer Sprache aufs deutlichste gezeigt.

Die Lehnwörter auf dem Gebiete des Kriegs-, Staats- und Rechtswesens wiesen uns hin auf die langdauernden Kämpfe mit den Römern, auf die vorübergehende Unterwerfung und den endlichen Sieg. Die materielle Kultur entwickelte sich durch den Handel, der hauptsächlich auf der Ausfuhr von Sklaven und der Einfuhr des Weines beruhte. Einen gewaltigen Fortschritt erkannten wir sodann darin, daß die

Deutschen vom bloßen Einhandeln und Empfangen südlicher Kulturgüter zum Nachahmen und zu eigener Herstellung übergingen. Sie lernten zunächst die Kunst, solide steinerne Häuser zu bauen, den Weinstock an den Berghängen zu pflanzen und zu pflegen und der Traube das köstliche Naß kunstgerecht abzugewinnen. Gleichzeitig fingen sie an, ihre wilden Apfel- und Birnbäume mit feinen südlichen Edelreisern zu pfropfen. Andere bis dahin unbekannte Fruchtbäume wurden eingeführt und lohnten bald den Anbau. Der spärlich und einförmig bepflanzte Hausgarten füllte sich mit verschiedenen südlichen Gemüsegattungen, mit Würz- und Heilkräutern und wohlduftenden Stauden mancherlei Art. Der Ackerbau wurde mit besseren Werkzeugen rationeller betrieben, die Viehzucht gewinnreicher gestaltet, die Küche wurde mit allerhand nützlichen Geräten ausgestattet, die Bereitung der Speisen wurde kunstreicher und geschmackvoller. Die Handwerke und Gewerbe bekamen neue Antriebe, Muster und Werkzeuge, die ganze häusliche Einrichtung wurde reicher und bequemer. Der Körperpflege wurde größere Sorgfalt zugewendet. Die Musik und die Medizin regten sich in ihren ersten Anfängen.

Wir können diese Entwicklung nicht wohl anders bezeichnen als eine vollständige Revolution des häuslichen und wirtschaftlichen Lebens der Nation, welche durch sie den Übergang von einem wenig zivilisierten, nach alter Weise dahinlebenden Natur- zu einem nun ununterbrochen weiterstrebenden

Kulturvolke vollzog. Die altererbten Tugenden des Volkes, die Treue, Aufopferung und Hingabe des eigenen Ichs fanden nun ein neues Feld; sie konnten sich jetzt in friedlicher Arbeit bewähren, statt sich wie bisher in Kampf und Schlacht oft ganz fruchtlos zu verzehren. Daneben mußten nun andere schlummernde Tugenden geweckt werden; der Erwerbssinn, der Fleiß, die Emsigkeit und Sorgfalt im kleinen mußten sich entwickeln. Aus den hünenhaften, furchtbar zerstörenden Germanen wurden die fleißig schaffenden, rastlos arbeitenden Deutschen, ohne daß sie jedoch ihre Kampfesfreudigkeit, ihren Heldenmut über der Friedensarbeit eingebüßt hätten. Das alte Geschlecht der riesenhaften Recken wäre ohne diese gründliche Umwandlung seiner Lebensweise wie das Riesengeschlecht auf Burg Niedeck spurlos vom Erdboden verschwunden. Die Aneignung der römischen Zivilisation ist es, die unserem Volke Bestand und Dauer verliehen hat. Durch die größere Sicherheit der Existenzbedingungen und die größere Ergiebigkeit der Existenzmittel hat sie zugleich eine schnelle Vermehrung des Volkes ermöglicht.

Aber auch die größte geistige Umwälzung, die das deutsche Volk je erlebt hat, hat in unserer Periode ihren Anfang genommen. Im 4. J. machten zunächst die oberdeutschen und weiter auch die mittel- und niederdeutschen Stämme die erste Bekanntschaft mit der neuen Religion, die einen so unermeßlichen Einfluß auf das Leben des deutschen Volkes gewinnen und es von innen heraus ebenso umgestalten sollte, wie es die römische Zivilisation mit seinen äußeren Lebensbedingungen getan hatte. Glaubensboten gotischer Zunge kamen die Donau herauf und gründeten unter den Bayern die ersten christlichen Gemeinden, die sich dann weiter nach Westen und Norden verzweigten. Diese Mission ging von der arianisch-griechischen Kirche aus und versiegte mit dem Hinsterben des arianischen Christentums, aber nicht, ohne in unserer Sprache deutliche Spuren hinterlassen zu haben. Ein Jahrhundert später begannen dann von Gallien her die ersten Einwirkungen des lateinischen Christentums, dem die Zukunft gehörte. Sie waren anfangs nur schwach, erstarkten dann aber durch die Kraft der Organisation und die unbeugsame Energie der Missionare zu einer unwiderstehlichen Macht, die sowohl das Heidentum wie den Arianismus siegreich überwand. Das römische Christen- und Kirchentum brachte dann eine wahre Hochflut kirchlicher Lehnwörter mit sich, die aber erst der folgenden Periode angehören.

Welche Folgerungen haben wir nun aus diesem Sachverhalt zu ziehen? Wir müssen zugestehn, mag es uns auch leid sein, daß es eine originelle deutsche Kultur nicht gegeben hat und nicht geben konnte, daß wir, was wir geworden sind, andern, früher als wir entwickelten Völkern verdanken. Unser Ruhmestitel ist der, daß wir das, was uns die Fremde geboten hat, innerlich und äußerlich uns zu assimilieren und somit zu unserm vollen Eigentum zu machen ver-

standen haben. Aus diesem Angleichungsprozeß heraus
ist unsere deutsche Kultur erwachsen und durch die
fortdauernde Verschmelzung mit mannigfachen fremden
Kultureinflüssen allmählich zu einer selbständigen und
eigenartigen geworden, die zuletzt als eine gleichwertige
neben die Kulturleistungen der durch geographische
Lage und Geschichte mehr begünstigten Völker getreten
ist. Wollten wir jetzt, nachdem wir dies erreicht
haben, anfangen, uns in gesteigertem Selbstbewußtsein
gegen das, was uns andere Völker zu geben haben,
ablehnend zu verhalten, so würden wir damit die
von alters her fließenden Quellen unserer Kraft und
Gesittung verstopfen.

Auch für den höheren Jugendunterricht ergibt
sich aus der Geschichte unserer Kultur eine wichtige
Folgerung. Wer deren Werden und Wachsen ver=
stehen will, der muß sich schon bequemen, die fremden
Einflüsse kennen zu lernen, denen sie ihre Entstehung
und Weiterbildung verdankt. Das ist ohne Kenntnis
der fremden Sprachen nicht möglich. Wer also diese
aus den höheren Schulen entfernt, der entfernt zu=
gleich die Möglichkeit echter historischer Erkenntnis,
der behindert die Ausbildung eines wahrhaft geschicht=
lichen Sinnes und der neben dem nationalen Selbst=
bewußtsein sehr nötigen und heilsamen nationalen Be=
scheidenheit. Man hat neuerdings allen Ernstes vor=
geschlagen, an Stelle des Griechischen und Lateinischen
auf den höheren Schulen Gotisch, Althochdeutsch,
Mittelhochdeutsch, ja sogar Altnordisch und Angel-

sächsisch treten zu lassen, oder doch zugunsten dieser altgermanischen Dialekte den Unterricht in den alten Sprachen zu beschneiden. Wer das erstrebt, der bedenkt nicht, daß er auf diesem Wege doch wieder zum Altertum zurückgelangt. Gotisch ist dem Geiste nach Griechisch, nur mit andern Lauten, Althochdeutsch ist Lateinisch, denn seine Denkmäler sind fast ausschließlich Umschreibungen spätrömischer, meist kirchlicher Schriften, und auch die mittelhochdeutsche Literatur führt den tiefer Eindringenden meistens auf lateinische und romanische Vorbilder, Stoffe und Formen zurück. Die Urquellen unserer Kultur fließen nun einmal im Altertum. Wenigstens ein Teil unserer gebildeten Jugend wird immer zu diesen, und zwar zu den ursprünglichen, unvermischten, hingeführt werden müssen, wenn der Zusammenhang mit unserer Vergangenheit im Bewußtsein der Nation nicht zerrissen werden soll.

Literatur.

J. und W. Grimm, Deutsches Wörterbuch (noch nicht vollendet) = DW.
Heyne, Deutsches Wörterbuch. Leipzig 1905—06.
Weigand, Deutsches Wörterbuch, 5. Auflage 1909, herausgegeben von H. Hirt.
Kluge, Etymologisches Wörterbuch der deutschen Sprache, 7. Auflage. Straßburg 1910.
Diez, Etymologisches Wörterbuch der romanischen Sprachen.
Körting, Lateinisch-romanisches Wörterbuch, 3. Auflage. Paderborn 1907.
Diefenbach, Glossarium mediae et infimae Latinitatis. Frankfurt 1857.
Du Cange, Glossarium mediae et infimae Latinitatis, 10 Bände. 1885—87.
Hirt, Etymologie der neuhochdeutschen Sprache. München 1909 = HW[5].
Raumer, Einwirkung des Christentums auf die althochdeutsche Sprache. Stuttgart 1845.
Roßberg, Deutsche Lehnwörter in alphabetischer Anordnung. Hagen und Leipzig 1881.
Franz, Die lateinisch-romanischen Elemente im Althochdeutschen. Straßburg 1883 (Dissertation).
Pogatscher, Zur Lautlehre der griechischen, lateinischen und romanischen Lehnworte im Altenglischen. Straßburg 1888 (Quellen und Forschungen, Heft 64).

Kluge, Vorgeschichte der altgermanischen Dialekte, 2. Auflage, zweiter Abdruck, Sonderabdruck aus Pauls Grundriß der germanischen Philologie I, 323—528. Straßburg 1906.

Kluge, Wortforschung und Wortgeschichte. Leipzig 1912.

Schrader, Reallexikon der indogermanischen Altertumskunde. Straßburg 1901.

Schrader, Sprachvergleichung und Urgeschichte, 3. Auflage. Jena 1907.

Hehn, Kulturpflanzen und Haustiere, 8. Auflage besorgt von Schrader, mit botanischen Beiträgen von Engler und Pax. Berlin 1911.

Hoops, Waldbäume und Kulturpflanzen im germanischen Altertum. Straßburg 1905.

Fischer-Benzon, Altdeutsche Gartenflora. Kiel und Leipzig 1894.

Lauffer, Das Landschaftsbild Deutschlands im Zeitalter der Karolinger. Göttingen 1896 (Dissertation).

Lauenstein, Der deutsche Garten des Mittelalters. Göttingen 1900 (Dissertation).

Heyne, Fünf Bücher deutscher Hausaltertümer. Leipzig. I. Wohnungswesen 1899; II. Nahrungswesen 1901; III. Körperpflege und Kleidung 1903.

Heyne, Das altdeutsche Handwerk (aus dem Nachlasse). Straßburg 1906.

Meringer, Das deutsche Haus und sein Hausrat. Leipzig 1906.

Cramer, Rheinische Ortsnamen aus vorrömischer und römischer Zeit. 1901.

Cramer, Deutschland in römischer Zeit. 1912 (Sammlung Göschen).

Cramer, Das römische Trier. Gütersloh (Gymnasialbibliothek) 1913.

Feist, Kultur, Ausbreitung und Herkunft der Indogermanen. Berlin (Weidmann) 1913.

Kauffmann, Deutsche Altertumskunde I. München 1913.
Dahn, Urgeschichte der germanischen und romanischen Völker. II, 1881.
Gebhardt, Handbuch der deutschen Geschichte. I, 1891.
Lamprecht, Deutsche Geschichte, 3. Auflage. 1902.
Steinhausen, Geschichte der deutschen Kultur. 1904.
Much, Deutsche Stammeskunde (Sammlung Göschen). 1900.

Abkürzungen.

DW.	= Deutsches Wörterbuch (Grimm).
ags.	= angelsächsisch.
ahd.	= althochdeutsch.
afrz.	= altfranzösisch.
altn.	= altnordisch.
engl.	= englisch.
fr.	= französisch.
got.	= gotisch.
hd.	= hochdeutsch.
H.W.[5]	= Weigand-Hirt (s. Literatur).
it.	= italienisch.
mnd.	= mittelniederdeutsch.
mndl.	= mittelniederländisch.
mhd.	= mittelhochdeutsch.
mlt.	= mittellateinisch.
nd.	= niederdeutsch.
nhd.	= neuhochdeutsch.
span.	= spanisch.
A. f. d. A.	= Anzeiger für deutsches Altertum.
Z. f. d. W.	= Zeitschrift für deutsche Wortforschung (erster Jahrgang 1899).

Wörterverzeichnis.

Aachen 71.
Abella 57.
Abzucht 143.
-äcum 66.
aducht 142.
Affe 33.
nach=ahmen 150.
aichen 108.
aikklēsjō(got.)234.
Aft 142.
Almosen 249.
Alsem 173.
Alzei 70.
amol (agf.) 219 A.
Amt 40.
Anbauche 143.
Auker 100.
Apfel 33. 57.
Apritose 164.
Arche 112.
Argentoratum 86.
-ari 206.
Ariovistus 37.
Arnsburg 83.
Arznei 228.
Arzt 228.

August 97.
Auler 216.
aurali (got.) 208. 215.
aurkeis (got.) 216.
aurtigards 157.

Bäcker 214.
badu 43.
balastar 80.
balz 88.
barmherzig 247.
Becher 110.
Becken 96. 225.
Beete 172.
Bießen 172.
Bießkohl 172.
Billig 70.
biot 220.
Birne 159.
Bischof 236.
biuchen 225.
Blei 46.
Böhmen 39.
Bohne 33.
Bolz 80.

Bottich 150.
-briga 69.
Bruch 48.
Brühl 70.
Brünne 46.
Buchsbaum 175.
Büchse 230.
bûhhila 88.
bulke 113 A.
Bullay 71.
burdichûn 114.
Burg 43.
Busch 175.

-cenna 69.
-cetum 69.

Damhirsch 200.
Dechant 248.
Decher 91.
Demut 246.
dezemôn 91.
Dienstag 95.
dimanche (fr.) 94.
dinor (agf.) 116.
Diotrîh 37.

Donnerstag 96.
Dorf 43.
Dorsche 172.
Drache 17. 81.
Dult 243.
-dumm 43.
Düren 68.
-durum 68.

earfe (ags.) 25. 183.
ebennaht 98.
ecchil 210.
Eid 42.
Einer 109.
Eisen 45.
Elefant 53.
Elfenbein 55.
Engel 237.
Eppich 173.
erbarmen 247.
Erbe 43.
Erbse 33.
erkobern 94.
Ern 126.
Ertag 240.
Erz 56.
Esel 113.
esso 116.
Essig 148.
Estrich 127.
Euter 216.
Evenuant 180.
evina 180.

Fackel 201.
Falte 201.

fann 24.
Fasan 192.
Faseole 183.
faski 229.
fasten 243.
Felge 167.
Fench 179.
Fenchel 173.
Fenster 128.
fern 244.
Feulen 71.
Fiebel 216 A.
Fieber 228.
Fiedel 230.
fifle (ags.) 216.
Fimmel 180.
Fisolen 184.
Flasche 152.
Flaum 190.
flazzi 126.
Fleet 126.
Flegel 187.
Flocke 190.
fochauza 213.
Fochez 213.
Forke 188.
frei 43.
Freitag 97.
Frucht 184.
fullero (ags.) 216.
furnacho 139 A.

Gabel 47.
Gaukler 231.
gebiza 219.

Geige 231.
Geisel 42.
geneztune 135.
Ger 46.
gimari 207.
Grieche 52.
Gudenstag 96.

hadu 43.
Hadurîh 37.
Hanf 16. 33. 51.
Hebbernheim 83.
Heide 242.
heilig 246.
Held 43. 68 A.
helfant 54.
Hölle 244.
Hose 48.
Humpen 52.

-il 208.
ihsili 93.
Imi 152.
impfen 177.
Insel 102.
Isegrimm 45.

Jänner 97.

Kachel 139.
Käfig 190.
kafsa 112.
kahl 224.
Kaiser 60.
Kalt 124.

Kalfar 71.
Kamerate 149.
Kamin 140.
Kamm 87.
Kammer 133.
Kammerz 149.
Kämpe 88.
Kampf 187.
Kanal 103.
kapillôn 224.
Kappes 172.
Kapsel 113.
carcern (ags.) 24.
Karch 50.
Karde 216.
Karre 50.
Karren 50.
Käse 193.
Kassel 85.
Kastanie 165.
Kastel 85.
Kater 197.
Katze 196.
kaufen 107.
Kaufmann 107.
ceac (ags.) 219.
ceaster (ags.) 85.
cheisuring 116.
chelisa 214.
Kelch 109.
Keller 131.
Kellner 132.
Kelten 35.
Kelter 149.
Kemenate 140.

cemes (ags.) 214.
Kempen 72.
Kenn 72.
Kennel 103.
Kerbel 173.
Kerker 92.
cherseboum 161.
Kerze 222.
Kessel 219.
Kesselstadt 85.
Kestenholz 166.
chestinna 166.
Kette 92.
Kettenls 92.
Kicher 21. 182.
Kilche 233.
Kirche 233.
Kirn 211.
Kirsche 161.
Kissen 190.
Kiste 113.
cleofa 26. 139 A.
Koblenz 71.
Koch 218.
kochen 218.
Kohl 172.
Kolmar 71.
Kolter 186.
Kopf 151.
Korb 113.
Koriander 173.
Kornellkirsche 162.
Körner 212.
kosen 93.
cosp 93.

Kranje 34.
Krieche 63.
Chriesi 161.
krisp 224.
Krist 237.
Krug 34.
Kübel 151.
Küche 217.
Kuchen 213.
Kuchel 217.
Kufe 150.
Küfer 150.
chuhma 219.
Kümmel 172.
Kump 34.
Kunkel 216.
Kupfer 116.
Kuppe 152.
Kürbis 169.
kurz 125.
cylle (ags.) 113 A.
cyln (ags.) 217.
cyrtel (ags.) 215.

labal 225.
labhi 227.
Lache 142.
lâchi 43.
Lachmann 43.
Lägel 108.
Lamprete 202.
Lärche 14. 21. 174.
Lauer 148.
Leder 48.
leech (engl.) 227.

Lein 32.
Leu 89.
Leuer 148.
Linje 182.
liugan 42.
Lorbeer 174.
Lorch 67.
Lork 148.
Lot 46.
Löwe 88.
Lurife 148.
Lurfe 148.

mager 226.
magus (got.) 43.
-magus 69.
Mähre 49.
Mai 97.
Mailand 70.
Malmedy 72.
Mandel 168.
Manderscheid 69.
mangâri 40.
Mange 80.
Mangel 81.
Marbod 37.
marikreitus (got.)
März 97. [54.
Mäsch 180.
Mäschel 180.
Mauer 124.
mauern 124.
Maulbeere 165.
Maultier 113.
Maurer 124.

Maut 248.
Mautern 248.
Mauser 191.
sich mausern 191.
mausig 191.
Meile 86.
Meilen 70.
Melone 170.
Menge 105.
Menger 105.
menihha 93. 214.
mercredi (fr.) 96.
Mergel 186.
mergricze 55.
Metz 68.
mias 221.
Miete 188.
militon 88.
milizza 88.
milli 179.
miltestre 26.
Minze 21. 172.
mischen 107.
Mispel 165.
Mittwoch 96.
Mohn 33.
Montag 95.
Most 148.
Mühle 211.
Müller 212.
Müllner 212.
-munt 69.
Münze 115.
Münzer 115.
mutti 91.

Nachahmen 150.
Naff 101.
Nape 172.
Nane 101.
noker 26.

Ofen 52. 134.
offrôn 249.
Ohm 150.
Öl 216.
olbanta 34. 54.
olbentari 207.
opfern 249.
orchard 157.
Örtlin 152.
orzôn 157.
Ostern 245.
ougatora 128.

Pacht 93.
pachten 94.
Passau 71.
Pastinake 172.
Pech 19. 21. 152.
pech 244.
pelzen 176.
pepel 26.
Pesel 136.
peskôn 203.
Pfad 33. 52.
Pfaffe 236.
Pfahl 83.
Pfalz 130.
pfanâri 113 A.
Pfand 93.

Pfanne 218.
Pfarre 248.
Pfarrer 248.
Pfau 191.
Pfebe 170.
Pfeffer 111.
Pfeidler 51.
Pfeife 230.
Pfell 79.
Pfeiler 129.
pfelli 214.
Pfennig 219.
Pferch 194.
Pferd 195.
pfetarâri 80.
Pfetter 249.
Pfiefel 136.
Pfifferling 111.
Pfingsten 239.
Pfinztag 239.
Pfipfs 191.
Pfirsich 14. 164.
Pfister 213.
Pflanze 177.
Pflaster 126. 229.
Pflaume 162.
pflücken 177.
Pflug 32. 185.
Pforte 19. 128.
Pforzheim 90.
pforzich 129.
Pfosten 129.
pfropfen 176.
Pfründe 249.
Pfühl 190.

pfulsen 203.
Pfund 116.
Pfütze 141.
phellôl 214.
pherintac 240.
phlûmari 207.
Piefel 136.
pihten (agf.) 216.
Pilz 173.
pimboum 174.
Pips 190.
pise (agf.) 25. 183.
polre 26.
Pommern 72.
Porree 172.
Porze 19.
Pott 47.
Presse 149.
Pütten 141.

Qualburg 71.
Quendel 173.
quern 212.
Quitte 163.

Ratte 198.
raunen 44.
Reich 41.
reiten 50.
Remagen 69.
Rettich 172.
Rieme 101.
Rieß 71.
Riol 70.
Rock 48.

Roggen 33.
Rômari 207.
Römer 60.
römisch 59.
Rotte 42.
Rübe 33.
Rune 44.

saban 214.
Sack 34. 112.
Säckel 112.
Saft 148.
Saibling 202.
Salm 202.
salzôn 231.
Samstag 97. 239.
Sarg 113.
Satertag 26. 97.
saturday (engl.) 26.
sauber 226.
Säumer 106. 207.
Saumtier 113.
Schaff 102.
Scheffel 102.
Schemel 221.
Schiff 101.
Schilf 175.
Schindel 125.
schließen 209.
Schlüssel 209.
Schneekoppe 151.
Schrein 113.
Schurz 215.
Schürze 215.
Schüssel 110. 219.

screona 135.
Sechter 108.
Seckel 43.
Segel 100 A.
segina 203.
sogn (agſ.) 24. 82.
Semmel 212.
senchilstein 100.
Senf 172.
serih 214.
Sester 108.
shirt (engl.) 215.
Sichel 188.
ſicher 93.
Siegmund 37.
Silber 32.
silihha 116 A.
simmo 34.
Simmern 70.
simminkel 34.
skuggva (got.) 223.
Socke 214.
Sohle 214.
Söller 131.
Sonnabend 97.
Sonntag 25. 95.
spalder (agſ.) 126 A.
Spannbett 222.
Speicher 91.
Spelt 181.
spenala 216.
Spiegel 223.
Sponde 222.
sprinca (agſ.) 34.

Spund 150.
Spundloch 150.
spyrte (agſ.) 113 A.
Stiel 184.
stīl 129 A.
ſtolz 227.
ſtopfen 215.
Stoppel 184.
Straßburg 86.
Straße 85.
Striegel 225.
Strippe 101.
Strüpfe 101.
Stube 137.
suftelara 214.
suiso 200.
Süll 129.
sunstede 98.
sunwende 98.
syrfe (agſ.) 26.

taper (engl.) 222.
taufen 243.
tohhamôn 91.
tonisch 200.
Teufel 237.
Tinen 34.
Tiſch 219.
Topf 140.
Torfel 143.
torfeln 149.
treeft 113.
tribuz 91.
Trichter 150.
Trier 69.

trimissa 116 A.
Trotte 149.
truht (agſ.) 202.
Tubben 109.
tuesday (engl.) 95.
tun 43.
tunc 135.
Tunke 135.
tünchen 124.
tunicha 124. 214.

ûla 216.
ulbandus (got.) 34.
Ulner 216.
unkja (got.) 116 A.
urzel 216.

verkaufen 107.
Voorburg 71.

=wal 53.
=walch 63.
Wall 20. 85.
Wallonen 39.
Walnuß 39. 166.
wangareis 208.
Wanne 188.
wazzarleiti 142.
wednesday (engl.) 96.
Weichbild 144.
Weiher 6. 92.
Weiler 6. 74.
=weiler 74.
Wein 105. 106.

welſch 39.
Wicke 182.
wîg 43.
= wil 74.
Wimmet 98.
windauga 128.
windema 148.
Windhund 200.
window(engl.)128.
winduma 148.
Windume 97.

Winkel 131.
Winterthur 68.
Winzer 147.
Wirtel 215.
wullareis (got.) 206.
wümmen 148.

Xanten 73.

zabal 232.
Zabern 71.

Zaun 43.
Zelt 86.
Zelter 195. 207.
Zleche 190.
Ziegel 125.
Zistag 96.
Zoll 90.
Zöllner 90. 207.
Zuber 109.
Zülpich 66.
Zurzach 73.

MIX
Papier aus verantwortungsvollen Quellen
Paper from responsible sources
FSC® C105338